“十二五”江苏省高等学校重点教材

高等职业教育“十四五”规划教材

园艺产品营销

（第2版）

何　钢　孙兴民　主编

中国农业大学出版社
·北京·

内 容 简 介

本教材从园艺生产经营者的视角出发，以市场营销理论为基础，结合园艺技术专业知识，以园艺产品营销为主线，从"市场分析"与"营销活动"两大模块组织课程内容。全书共分为 6 个项目，包括园艺产品营销初识、园艺产品市场调查、园艺产品市场分析、园艺产品的产品与价格营销、园艺产品的营销渠道与促销、园艺产品的网络营销等内容。

本教材可作为高职院校园艺技术专业及其他涉农类专业的教材，也可作为新型职业农民培训教材或社会园艺生产经营者参考用书。

图书在版编目(CIP)数据

园艺产品营销 / 何钢，孙兴民主编. -- 2 版. -- 北京：中国农业大学出版社，2023.12(2025.2 重印)

ISBN 978-7-5655-3141-5

Ⅰ.①园… Ⅱ.①何…②孙… Ⅲ.①园艺作物-市场营销学-高等职业教育-教材 Ⅳ.①F762.3

中国国家版本馆 CIP 数据核字(2023)第 246713 号

书　　名 园艺产品营销　第 2 版
作　　者 何　钢　孙兴民　主编

策划编辑 张　玉　　**责任编辑** 张　玉
封面设计 郑　川　李尘工作室
出版发行 中国农业大学出版社
社　　址 北京市海淀区圆明园西路 2 号　　**邮政编码** 100193
电　　话 发行部 010-62733489,1190　　编辑部 010-62732617,2618
出版部 010-62733440　　读者服务部 010-62732336
网　　址 http://www.caupress.cn　　**E-mail** cbsszs@cau.edu.cn
经　　销 新华书店
印　　刷 涿州市星河印刷有限公司
版　　次 2023 年 12 月第 2 版　2025 年 2 月第 2 次印刷
规　　格 185 mm×260 mm　16 开本　14.5 印张　360 千字
定　　价 49.00 元

第2版编审人员

主　编：何　钢　苏州农业职业技术学院

孙兴民　江苏农林职业技术学院

副主编：朱明德　上海农林职业技术学院

王明山　河南农业职业学院

参　编：郝景慧　苏州农业职业技术学院

陈美丽　南通科技职业技术学院

周　青　苏州秀田农业发展有限公司

主　审：程培堽　苏州农业职业技术学院

第1版编审人员

主　编：何　钢　苏州农业职业技术学院

副主编：朱明德　上海农林职业技术学院

参　编：吴松芹　苏州农业职业技术学院

　　　　翟立普　辽宁农业职业技术学院

第2版前言

《园艺产品营销》教材自 2016 年出版后，被多家高职院校作为“园艺产品营销”课程的配套教材，得到广大师生的认可与肯定。随着社会经济的发展，特别是数字化信息社会的发展，教材已无法满足相关使用者的学习要求。为此，中国农业大学出版社根据各地学习者的反馈意见及要求，特地组织相关学校的教师进行《园艺产品营销》教材第 2 版的修订。

党的二十大在擘画全面建成社会主义现代化强国宏伟蓝图时，对农业农村工作进行了总体部署，要求全面推进乡村振兴，到 2035 年基本实现农业现代化，到 21 世纪中叶建成农业强国。面对“三农”工作的新形势，我们以习近平新时代中国特色社会主义思想为指导，以立足全面推进乡村振兴、为农业农村现代化提供人才支撑为目标，对原版教材进行了修订。第 2 版教材的主要特点体现在以下几个方面：

第一，坚持课程思政原则。教材坚持正确的政治方向和价值导向，全面落实课程思政要求，每个情景案例都有机融入服务“三农”、振兴乡村的思政元素，实施耕读教育，引导学生（学员）树立正确的世界观、人生观和价值观，厚植学农、知农、爱农、为农的家国情怀。

第二，遵循教育教学规律原则。教材遵循“能力为核心、学生为主体、项目为载体、实施任务驱动”的新职教理念，反映人才培养模式和教学改革的最新成果，充分运用现代教育教学技术、方法与手段，促进在线课程、融媒体等数字化课程资源与教材的深度融合。

第三，对接营销新技术原则。教材围绕农业农村营销人才培养需求，适应信息社会发展要求，紧密对接现代农业产业转型升级和现代农业新媒体营销新业态、视频营销新模式、网络营销新技术，深度融合信息技术与教育教学，全面推进乡村振兴，加快农业农村现代化人才队伍建设。

第四，精简优化教材内容原则。教材以市场营销知识为基础，对接园艺产品生产经营主体产品营销等典型工作岗位，以及营销技能大赛，从“市场分析”与“营销活动”两大模块着手，以“学生为中心、能力为本位、教学做一体”模式进行教材内容模块化、项目化、精简化设计。

本版教材由何钢（苏州农业职业技术学院）、孙兴民（江苏农林职业技术学院）任主编，何钢负责全书的统筹、编纂与定稿，以及项目四的编写；孙兴民负责项目一及项目三中任务 3 内容的修编；朱明德（上海农林职业技术学院）任副主编，负责项目五中任务 1、任务 2 的修编；王明山（河南农业职业学院）任副主编，负责项目五中任务 3 及项目六的修编；郝景慧（苏州农业职业技术学院）参编，负责项目二内容的修编；陈美丽（南通科技职业技术学院）参编，负责项目三中任务 1、任务 2 内容的修编；周青（苏州秀田农业发展有限公司）负责全书的实训项目设计与编排；程培堽（苏州农业职业技术学院）负责全书的审稿。

本次教材修订，编者参考和借鉴了大量国内外相关著作、文献及报刊资料，在此谨向这些文献资料的著者、译者及编者表示衷心的感谢！特别感谢中国农业大学出版社张玉老师对本教材再版的支持与帮助！

由于编者水平有限，书中难免存在许多不妥之处，敬请广大读者批评指正，并提出宝贵意见，联系邮件：306898248@qq.com。

编　者

2023 年 5 月

在线课程

第1版前言

随着市场经济的发展，市场营销现在已经渗透到各行各业，为推进各行各业的发展与社会经济的商品繁荣发挥了重要作用。园艺在发展过程中，经常面临着农户的园艺产品“难卖”的现象，如何突破园艺产品“难卖”的困局，采取恰当的市场营销策略，化危机为机会，促进园艺产品的销售，园艺生产经营者的不断学习将是取胜的关键。

目前国内高职院校园艺类专业园艺产品营销课程教材多为通用类的市场营销教材，《园艺产品营销》教材几乎没有，现急需一本将专业知识与市场营销理论结合的针对性强的教材，为园艺业培养既懂专业知识，也能够把脉市场动向的复合人才成为当务之急。本教材整合了园艺专业与市场营销知识，深浅适度、理实结合、重点突出、实用性强，能够满足目前高职院校园艺专业对市场营销知识的需求。

本教材是基于“2014 年国家级职业教育园艺专业教学资源库” 中的园艺产品营销课程项目的配套教材，也是“江苏高校品牌专业建设工程资助项目”园艺技术（PPZY2015A081）专业建设的阶段成果之一。

本教材遵循“以职业活动为导向，以学生为主体，突出能力目标，注重项目训练，实施理实一体化教学”的职教理念，紧贴园艺职业岗位能力需求，以“能力为核心，项目为载体，实施任务驱动”的思路，整合、优化园艺专业与市场营销知识内容。全书分为 6 大项目内容，涉及园艺产品市场营销初识、园艺产品市场调查、园艺产品市场分析、园艺产品的产品与价格营销、园艺产品的渠道与促销营销、园艺产品的电子商务与网络营销等内容，每个项目分解成若干个任务，每个任务依据“情境案例—引出问题—生成任务—基础知识（或拓展知识）”思路进行编排，每个项目结束后还配有项目小结、项目实训及习题测试等内容，以进一步指导、强化学生动手实践，实现“教、学、做”的一体化。

本教材由何钢（苏州农业职业技术学院）负责全书的统筹、编纂与定稿，以及项目三、项目四的编写；朱明德（上海农林职业技术学院）负责项目五、项目六的编写； 吴松芹（苏州农业职业技术学院）负责项目一的编写；翟立普（辽宁农业职业技术学院）负责项目二的编写。

本教材在编写过程中，编者参考和借鉴了大量的国内外相关的著作、文献以及报刊资料，在此谨向这些文献资料的著者、译者、编者表示衷心的感谢！

由于本教材的编者水平有限，时间紧迫，错误和疏漏之处在所难免，敬请批评指正。

编　者

2016年6月

目 录 Contents

项目一

园艺产品营销初识

知识目标：

- 了解园艺产品的内涵、特点；了解园艺产品市场分类和园艺产品项目概念。
- 理解市场的含义；理解园艺产品的市场特点、市场营销的内涵和园艺产品项目风险防范。
- 掌握市场营销的核心要素；掌握营销组合理论和园艺产品项目评价方法。

能力目标：

- 能够识别园艺产品营销活动；能够运用盈亏平衡法评估分析园艺产品项目。

教学课件

任务1　认识园艺产品营销

情境案例

小苹果做成大产业，助力“乡村振兴”

“随着种植和维护水平的不断提升，每年家里光种植苹果就有3万多元的收入，是以前收入的十余倍。”洛川县永乡镇冯家村果农冯慧平向记者表示，现在的日子像苹果一样“红红火火”，幸福“甜美”。位于陕北黄土高原的洛川县，有两张特别的“名片”，一张是洛川会议纪念馆，另一张是“洛川苹果”。2008年8月，以洛川命名的“洛川苹果”地理证明商标获官方“认证”，让其知名度进一步提升。据了解，历经70多年发展的“洛川苹果”如今规模已达50多万亩，洛川县实现了一县一业、一业脱贫、一业富民，成为产业富民的典范。

“曾经洛川人主要靠种地卖粮维生，只能勉强填饱肚子，口袋并不富裕。”洛川县永乡镇堡子头村村民杜民子说，“现在家家户户住上了新房，村里的路变宽了，小汽车也多了。这些变化都与村里大力发展苹果产业‘息息相关’”。洛川县在发展苹果产业方面响应国家的政策号召，下足功夫，坚持优先发展“三农”，不断“取经”学习，革新种植技术，培育优势品种，推动“洛川苹果”产业转型升级，不断适应消费者需求。洛川县坚持统筹“前生产”与“后整理”，通过分级分选、冷链冷藏、品牌营销、系列化深加工、废旧物资源化利用等环节，不断延伸产业链，提升苹果产业附加值。小苹果已成为洛川县产业富民的大产业。

如今“洛川苹果”已经在全国32个城市建立了直销窗口，并出口澳大利亚、加拿大、印度等30多个国家和地区；2020年，洛川县的苹果产业综合产值突破百亿元大关，品牌价值更是以687.27亿元高居全国水果类榜首。95%的农民从事苹果产业，95%的收入来自苹果产业，让这片“红色土地”实现了从贫困到小康的历史“更新”，成为全国乡村产业振兴的典型。

【引出问题】陕西省洛川县是怎样靠“洛川苹果”成功实现贫困到小康的跨越的？

【生成任务】通过本案例，试述园艺产品营销工作的内容有哪些。

一、园艺产品

（一）园艺产品内涵

园艺(gardening)，又称园地栽培。《辞源》中称“植蔬果花木之地，而有藩者”为“园”，《论语》中称“学问技术皆谓之艺”，因此栽植蔬果花木之技艺，谓之园艺，原指在用围篱保护的园圃内进行植物栽培。园艺产品的内涵主要包含三方面内容：

一是隶属于农业。它一般是依附于土地，并利用土地资源生产果品、蔬菜及花卉的种植业。随着科学技术的发展，现代的园艺产业越来越多地采用基质栽培、水培等无土栽培种植技术、模式。

二是集约化栽培方式。传统园艺栽培是依据一定的生产栽培技术，小规模地在土地上进行精耕细作。而现代农业产业园区、农业高新技术园区等越来越多地采用大规模、标准化、设施化或者立体化的栽培方式。

三是具有较高的经济价值。园艺植物一般包括果树、蔬菜和观赏植物三大类，与其他农业作物相比，它们具有更大的单位经济价值。我国古代就有“一亩园十亩田”的说法。也正因为如此，相比于粮油作物，园艺作物经常被划入经济作物范畴。

世界各地的分类习惯不太一致，园艺作物与其他作物往往很难明确区别，如有些国家把马铃薯和甜玉米作为园艺作物，可在美国它们被列为农作物；油菜和蚕豆、豌豆分别是油料和粮食作物，但在小规模作为蔬菜用栽培时就成为园艺作物；草坪用的草类是园艺作物，而大规模栽培的牧草就成为饲料作物；欧洲还有把药用植物、香料植物归入园艺作物的，而中国则习惯上把它们连同烟草、咖啡等作为特种经济作物，归入广义的农作物一类等。21 世纪初，我国在园艺学科调整中，将茶学也调入园艺学科，隶属园艺作物。

园艺作物的根、茎、叶、花、果实、种子等具有食用、药用、观赏等功能。蔬菜、果树等园艺作物一直为人们提供营养、健康的食用园艺产品，同时，花卉等观赏植物类的园艺产品在城市绿化与环境美化上大量运用，成为人们评价环境好坏的重要指标之一。

(二)园艺产品分类

园艺产品种类繁多，从整体上可以分为果品类、蔬菜类和花卉类三大类及其衍生品。本书中的园艺产品都是指为了或者已经进入市场、用于出售的园艺产品，也称作园艺商品。

果品类一般指果树的果实、种子和西甜瓜等。在园艺学上，果树是指果实可食的树木，能提供可供食用的果实、种子的多年生植物及其砧木的总称，包括落叶果树、常绿果树、藤本和灌木性果树和一小部分多年生草本植物，主要是木本植物，例如苹果树、梨树、柑橘树等，也包括部分草本植物，例如香蕉、草莓等。

蔬菜以一、二年生草本植物为主，不限于利用果实，根、茎、叶、花、种子等部分也可以利用，可划分为果菜类、根菜类、茎菜类、叶菜类和花菜类等，此外也包括一小部分多年生草本和木本蔬菜以及食用菌、藻类植物。

观赏植物中既有一、二年生，多年生宿根或球根花卉，也有灌木、乔木等花木，可为人们提供美的享受和用于防止污染、改善环境、修复生态。观赏植物常被简称为花卉，狭义的花卉是指有观赏价值的草本植物，广义的花卉除包括有观赏价值的草本植物外，还包括草本或木本的地被植物、花灌木、开花乔木以及盆景等。

1. 果品类

果品类包括鲜果、干果、野果、瓜类及其加工制品。我国果品种类很多，一年四季都有不同的品种上市供应。

(1)按果品的结构分类

①仁果类，这类果实的果肉中有数粒种子，内含种仁。如苹果、梨、沙果、海棠、山楂、枇杷、木瓜、花楸、槟子等。

②核果类，这类果实的果肉中有一个木质硬核，核内有种子。如桃子、梅子、李子、杏子、樱桃、枣子、橄榄、杨梅、扁桃(巴旦杏)等。

③浆果类，这类果实成熟后，肉质呈糨糊状而富有浆汁。如葡萄、草莓、蓝莓、猕猴桃、醋栗、柿子、无花果、穗醋栗、阳桃、龙眼、荔枝等。

④柑橘类，又名橙果类。这类果实外表具有较厚的果皮，内部分多个肉质瓤瓣，每瓣外被薄膜，内侧生长许多肉质多汁的小瓤囊。如橘子、甜橙、柑子、柚子、柠檬、佛手、金橘、香橼等。

⑤坚果类，这类果实外层包有坚硬的皮壳，可食部分为果仁。如核桃、板栗、榛子、山核桃、椰子、香榧、银杏、松子等。

⑥复果类，这类果实果肉柔嫩多汁，味酸甜适口。如菠萝、菠萝蜜、面包果等。

(2)按商业经营分类

①鲜果类，是果品中最多的一类果实。按上市季节不同，分为伏果和秋果。伏果有桃子、杏子、李子、樱桃、葡萄、伏苹果等；秋果有梨子、柿子、海棠、红果、秋苹果、槟子、鲜枣等。此外，根据长江南北水果的分布，分为南鲜和北鲜。由江南常绿果树生产的水果叫南鲜；由江北落叶果树生产的水果叫北鲜。南鲜果有柑橘、香蕉、菠萝、枇杷、荔枝、龙眼、阳桃、椰子、油梨等；北鲜果有梨子、苹果、桃子、杏子、葡萄、鲜枣等。

②干果类，干枣、乌枣、干荔枝、干桂圆、杏干、柿饼、山楂片、松子、瓜子、核桃、板栗等。

③瓜类，有西瓜、甜瓜、哈密瓜、白兰瓜等。需要指出的是，西甜瓜属于园艺学的蔬菜范畴。

④加工品类，指鲜果经过加工而得的产品。如果脯、蜜饯等。

2. 蔬菜类

蔬菜按其生产用途可分为鲜菜类、加工类。

(1)鲜菜类，包括各种新鲜的、未进行加工的栽培(培养)类、野生类和海生(水生)类的各种蔬菜。

①栽培类，栽培类按食用器官又分为根菜类、茎菜类、叶菜类、花菜类、果菜类、幼嫩种子类。

根菜类：萝卜、胡萝卜、芜菁、根用芥菜等。

茎菜类：马铃薯、菊芋、姜、慈姑、莴笋、菜薹、香椿、竹笋、茎用芥菜、球茎甘蓝、山芋藤、南瓜藤等。

叶菜类：小白菜、青菜、叶用芥菜、菠菜、芹菜、莴苣、苋菜、结球甘蓝、大白菜、葱、韭菜、芫荽、茴香、茼蒿、蕹菜、紫苏等。

花菜类：花椰菜、金针菜、朝鲜蓟、青花菜、菊花等。

果菜类：瓜类、嫩荚豆类、番茄、茄子、辣椒等。

幼嫩种子类：甜玉米、去荚嫩豆粒类(如毛豆)等。

②培养类，包括各种人工培养的食用菌、芽菜类等。

食用菌类：蘑菇、草菇、平菇、凤尾菇、香菇、银耳、黑木耳、竹荪、金针菇、猴头蘑等。

芽菜类：绿豆芽、黄豆芽、萝卜苗、豌豆苗等。

③野生类，从野生植物中直接采收产品器官的蔬菜种类，主要有蕨菜、薇菜、发菜、蒲公英、完达菜、水芹菜、水菠菜、灰菜、苦菜、野生食用菌类等。

④海生(水生)类，包括一些海生植物和水生植物，主要有海带、紫菜、石花菜、裙带菜、莼菜、荸荠、茭白、藕、菱等。

(2)加工类，按照加工方法和产品特性，加工类包括速冻类、脱水干制类、罐制品类和腌渍类。这里所指的加工类，只包括分切等物理处理后的制品，处理并不改变蔬菜原来的特性，一些经过提取、精制等深加工的制品不包括在内。

①速冻类，以鲜菜类中的很多种类为原料，经分切、速冻而成的蔬菜加工品，主要有花椰菜、青花菜、结球莴苣、黄瓜、菜豆、豌豆、萝卜、番茄、辣椒、芹菜、胡萝卜等。

②脱水干制类，包括机械脱水类与自然烘干的各种蔬菜制品，主要有蒜粉、脱水大蒜片、脱水洋葱、黄瓜干、茄干、辣椒干、干姜、萝卜干、豇豆、菜干（干制小白菜）、黄花菜、笋干、西瓜干、甜瓜干、西葫芦干、干制食用菌类、干制山野菜类等。

③罐制品类，包括加工的整装、分装、汁液、酱并制罐而成的各种蔬菜，主要有菜豆、豌豆粒、玉米笋、蕨菜、薇菜、叶用芥菜、蘑菇等食用菌类、西瓜、甜瓜、小黄瓜、竹笋、荸荠、石刁柏、刀豆、各种菜汁、番茄酱、胡萝卜酱等。

④腌渍类，包括各种盐渍、醋渍、糖渍的初制品和由此单独或配佐的成品，主要可以由豆类、萝卜、芥菜类、球茎甘蓝、草石蚕、黄瓜、韭菜花、大蒜、香椿、胡萝卜、结球甘蓝、辣椒、白菜、海带、桔梗、紫苏、姜、番茄、西瓜、甜瓜等配制而成。

3. 花卉

花卉按生物学性状分为草本花卉、木本花卉和多肉、多浆植物。

（1）草本花卉。指茎中含木质成分较少；柔软、易折断，地面上不具宿存茎的花卉。

①一、二年生草花，是指个体生长发育在一年内或跨年度完成其生命周期的花卉。如凤仙花、鸡冠花、孔雀草、半枝莲、紫茉莉、金鱼草、金盏菊、三色堇、虞美人、桂竹香等。

②宿根花卉，植株入冬后、根系在土壤中宿存越冬，第二年春天萌发而开花的多年生花卉。如菊花、芍药、荷兰菊、玉簪、蜀葵、耧斗菜、落新妇等。

③球根花卉，花卉地下根或地下茎已变态为膨大的根或茎，以其贮藏水分、养分度过休眠期的花卉。球根花卉按形态的不同分为鳞茎类、球茎类、块茎类、根茎类、块根类 5 类。

④多年生常绿花卉，植株枝叶四季常绿，无落叶休眠现象，地下根系发达的花卉。这类花卉在南方作露地多年生栽培。如君子兰、吊兰、万年青、文竹、文殊兰等。

⑤水生花卉，常年生长在水中或沼泽地中的多年生草本花卉。按其生态分为：挺水植物、浮水植物、沉水植物、漂浮植物等。

⑥蕨类植物，指叶丛生状，不开花也不结种，叶片背面着生孢子，依靠孢子繁殖的花卉。如肾蕨、铁线蕨、鸟巢蕨、鹿角蕨等。

（2）木本花卉。指茎木质化，木质部发达，枝干坚硬，难折断的多年生木本花卉。根据形态分为 3 类。

①乔木类，地下部有明显的主干，侧枝由主干发出，树干和树冠有明显区别的花卉。如杜鹃花、山茶花、桂花、梅花、橡皮树、樱花等。

②灌木类，地上部无明显主干，由地面萌发出丛生状枝条的花卉。如牡丹、月季、蜡梅、栀子花、铁梗海棠等。

③藤木类，植物茎木质化，长而细弱，不能直立，需缠绕或攀缘其他植物体才能生长的花卉。如紫藤、络石等。

（3）多肉、多浆植物。植物茎变态为肥厚、能贮存水分、营养的掌状、球状及棱柱状；叶变态为针刺状或厚叶状，并附有蜡质且能减少水分蒸发的多年生花卉。常见的有仙人掌科的仙人球、昙花、令箭荷花，大戟科的虎刺梅，番杏科的松叶菊，罗摩科的佛手掌，景天科的燕子掌、毛叶景天、落地生根，龙舌兰科的虎皮兰、酒瓶兰等。

花卉按观赏部位分类可分为观花花卉、观叶花卉、观茎花卉、观果花卉、观根花卉等。

①观花花卉，植株开花繁多，花色鲜艳，花型奇特而美丽，以观花为主的花卉。如茶花、月季、菊花、非洲菊、郁金香等。

②观叶花卉，植株叶形奇特，形状不一，挺拔直立，叶色翠绿，以观叶为主的花卉。如龟背竹、花叶万年青、苏铁、变叶木、蕨类植物等。

③观茎花卉，植株的茎奇特，变态为肥厚的掌状或节间极度短缩呈连珠状，以观茎为主的花卉。如仙人掌、佛肚竹、文竹等。

④观果花卉，植株的果实形状奇特，果色鲜艳，挂果期长，以观果为主的花卉。如冬珊瑚、观赏辣椒、佛手、金橘、乳茄等。

⑤观根花卉，植株主根呈肥厚的薯状，须根呈小溪流水状，气生根为呈悬崖瀑布状，以观根为主的花卉。如根榕盆景、薯榕盆景、龟背竹等。

⑥其他观赏类，如观赏银芽柳毛茸茸、银白色的芽，观赏象牙红、马蹄莲、叶子花鲜红色的苞片，观赏球头鸡冠膨大的花托，观赏紫茉莉、铁线莲瓣化的萼片，观赏美人蕉、红千层瓣化的雄蕊。

4. 其他园艺产品及衍生品

可以分成如下几类：

(1)茶类。茶叶，俗称茶，一般包括茶树的叶子和芽。茶叶饮料是世界三大饮料之一。茶叶源于中国，目前发现最早人工种植茶叶的遗迹在浙江余姚的田螺山遗址，距今已有 6 000 多年的历史。饮茶始于中国，西湖龙井、洞庭碧螺春、安溪铁观音等都是耳熟能详的中国名茶。

茶叶可依据品种和制作方式以及产品外形分成六大类，即绿茶(不发酵茶)、黄茶(微发酵茶)、乌龙茶(又称青茶、半发酵茶)、红茶(全发酵茶)、黑茶(后发酵茶)、白茶(轻度发酵茶)。以各种毛茶或精制茶叶再加工可以分为花茶、紧压茶、萃取茶、药用保健茶、茶食品、含茶饮料、抹茶等。依据采制季节可分为春茶、夏茶、秋茶、冬茶。

(2)芳香植物类。芳香植物指在根、茎、叶、花、果、种子中有芳香成分的各类植物，是具有香气和可供提取芳香油的栽培植物和野生植物的总称。芳香植物给人心旷神怡的感觉，具有药用价值，且具有深刻的寓意，其越来越多地应用于我们生活中，如常常被用于制作精油等。精油是天然香精香料的重要组成部分，可用于医药、食品加工、化妆品等各个行业中。主要的芳香植物有以下 5 类。

①香草植物：香蜂草、薰衣草。

②香花植物：依兰香、矢车菊、桂花、梅花、水仙花、文殊兰、栀子花、玫瑰、瑞香等。

③香树植物：山苍子、肉桂、月桂、桂花、欧洲香杨、檀香树、小叶细辛、白千层、降真香、樟树、窿缘桉。

④香果植物：香荚兰、佛手、青花椒、胡椒。

⑤芳香蔬菜：罗勒、芝麻、芫荽、西芹、球茎茴香。

(3)药用植物类。药用植物，是指医学上用于防病、治病的植物。其植株的全部或一部分供药用或作为制药工业的原料。广义而言，可包括用作营养剂、某些嗜好品、调味品、色素添加剂，及农药和兽医用药的植物资源。

中国是药用植物资源最丰富的国家之一，对药用植物的发现、使用和栽培，有着悠久的历史。历代学者专门记载药物的书籍称为“本草”，我国先后形成药学专著《神农本草经》《本草经集注》《新修本草》《本草纲目》等。随着医药学和农业的发展，药用植物逐渐成为栽培植物。

(4)城市(园林)绿化类。城市绿化作为城市基础设施，是城市市政公用事业和环境建设事业的组成部分。城市绿化具有园艺植物产品的特性，包含着丰富的园林植物，可以发挥改善城市生态、美化城市的作用。像公园、植物园及城市道路绿化、市民广场、名胜古迹、亲子乐园等。这些都作为一种活的动态产品而存在，它为广大人民群众提供休息、游览、开展文化科学活动的园地，增进人们的身心健康，是园艺产品外延不断地扩展与升华。

中国共产党第十八次全国代表大会提出“美丽中国”的概念，强调把生态文明建设放在突出地位，融入经济建设、政治建设、文化建设、社会建设各方面和全过程。党的十八大以来，我国生态环境保护发生历史性、转折性、全局性变化，美丽中国正在不断变为现实。“美丽中国”对于园艺产业发展是全新理念和重大机遇，突出表现在充分开发和利用园艺园林产品对园林绿化、人居环境的打造上。

(5)园艺产品衍生品。园艺产品衍生品可包括园艺产品初加工、深加工产品、园艺工具、生产资料和文创产品等，往往和园艺产品生产、产业链延伸、一二三产融合发展、休闲观光农业相关或深度结合，展现出显著的社会效益、经济效益。

案例链接

引领绿色生产生活方式的生态引擎——园艺驿站

2021 年年初，北京海淀区植物园东南门外新开了一家“园艺驿站”。园艺驿站通过打造沉浸式体验、组织科普活动、进行植物销售等方式，满足大家对园艺、文创类产品的需求，建设成为一个丰富市民文化需求、体验植物文化内涵、享受生态文明建设成果的场所。在这儿，您不仅能歇歇脚，更能进行心灵的休憩和放松，园艺驿站通过各项园艺文化活动，以“润物细无声”的方式提升全社会生态文明意识，践行社会主义核心价值观，促进邻里、社区关系和睦。

依托北京植物园，园艺驿站将会按照不同时令，对其内摆放、售卖的植物进行更换，丰富植物种类，让不同季节的园艺驿站，呈现出不同的惊喜。园艺驿站里除了植物，各类工具、肥料也一应俱全。园艺驿站中还设有专门的活动区域，可进行植物科普、花艺学习等活动。此外，这里还结合北京植物园文化打造特色花卉衍生品、文创饰品，如桃花扇、郁金香铅笔、菊花香台，一个个小摆件精致且有趣。

园艺驿站结合家居进行环境布置，将园艺融入阳台、客厅、书房等生活场景，带给大家沉浸式体验，让顾客可以在一片绿意盎然中，悠享园艺慢生活。与其说这里是一家园艺驿站，不如说这是梦想中家的样子，优雅恬淡的美好生活状态，在这里得以淋漓尽致的体现。

(节选自：北京市海淀区融媒体中心，2021-02-17)

(三)园艺产品特点

园艺产品在社会经济与人们日常生活中占有十分重要的位置，除了园艺产品自身具有的生物学特征外，与其他产品相比还有自己的一些特点：

(1)园艺产品具有生产资料和生活资料的双重性质。水果、蔬菜、花卉等园艺产品,具有很高的观赏价值和医疗保健作用,除一部分需经加工而作为工业品外,大部分是以新鲜品直接供给最后的消费者,满足个人生活消费的需要,兼具生产资料和生活资料的效用。

(2)园艺产品的鲜嫩、易腐、不耐贮藏。果实、蔬菜、花卉等园艺产品的生物学特征,鲜活特性明显,含水量大,特别是蔬菜中的叶菜类,非常鲜嫩,在贮藏、运输、销售等过程中,保鲜期短,易腐败变质,不耐贮藏。

(3)园艺产品的生产地域性、季节周期性强。果树、蔬菜和花卉生长发育受自然条件的影响,形成了与当地自然环境条件相适应的生态习性,其质量受自然环境及季节的影响大,形成产品供应的淡旺季,如苹果主要在秋天收获,且陕西的苹果比其他地方的苹果糖分高,口感好。

(4)园艺产品个体差异化程度高。园艺产品生产过程中受自然环境气候的影响大,生长出来的最终产品在形状、大小、着色、成熟度、病虫害率等方面不同,导致园艺产品的形状各异,差异化程度较高。

(5)具有植物的生态学特征。城市绿化产品是一种特殊的园艺产品,它不随人们的消费而损耗,具有持续性与后续性,不但能够创建巨大的生态环境效应,还可以美化、净化环境,给人们提供休息、娱乐的场所,让人们在优美的环境中拥有一种精神上的享受,具有绿化生态效应。

二、园艺产品市场

(一)市场概述

我国古代就有关于市场(market)的记载,“日中为市,致天下之民,聚天下之货,交易而退,各得其所”,就是我国古代对在一定时间和一定地点交易商品的市场的描述。现代市场的概念根据研究的角度不同,不同的主体对其理解与阐述各不相同。经济学家从揭示经济本质的角度,认为市场是商品交换关系的总和,是社会分工和商品生产的产物,哪里有社会分工和商品生产,哪里就会有市场;而管理学家侧重从具体的交换活动及其规律去认识市场,认为市场是买卖双方或供求双方构成的相互联系、相互制约的统一体;营销角度的市场概念一般是站在经营者的角度研究市场,在这里市场可以理解为某种商品的现实购买者和潜在购买者的需求之和。

可见,从营销的视角来看,市场是专指买方和需求,不包括卖方和供给,卖方构成行业,买方组成市场。如水果的市场很大,指水果的需求量很大。市场是商品经济运行的载体或现实表现,商品越发达,市场范围和容量就越大。所以市场营销中决定市场的要素是人口、购买力和购买欲望,即市场=人口+购买力+购买欲望,这三个要素相互制约,缺一不可,三者共同构成了现实的市场,决定了市场的规模和容量。

(二)园艺产品市场分类

园艺产品市场有狭义与广义之分,狭义的园艺产品市场是指园艺产品交易的场所,如农贸市场、果品市场、花卉市场等;广义的园艺产品市场是指园艺产品交换关系的总和。一般来说,我们可以按照交易场所的性质、销售方式、商品性质和交易形式等标准,将园艺产品市场划分为不同的类型:

1. 按市场交易场所的不同

可将园艺产品市场分为产地市场、销地市场、集散与中转市场、电子商务市场。

(1)产地市场。产地市场是指在各个园艺产地兴建或形成的定期或不定期的园艺产品市场,产地市场的主要功能是为分散生产的农户提供了解市场信息和集中销售园艺产品的场所,同时便于园艺产品的初步整理、分级、加工、包装、贮藏和运输。产地市场的主要特点是接近生产者,以现货交易为主要交易方式,专业性强,主要从事某一种产品交易,以批发为主,如南京市八卦洲蔬菜交易市场、句容市老方葡萄市场。

(2)销地市场。销地市场指设在大中城市和小镇上的园艺产品销售市场,它还可进一步分为销地批发市场和销地零售市场。销地批发市场主要设在大中城市,购买对象一般是园艺产品零售商、饭店和企事业单位、机关食堂。销地零售市场主要分布在大中小城市和村镇,接近居民生活区。销地市场主要是把经过集中、初步加工和储运等环节的园艺产品销售给消费者。如北京鲜活农产品流通中心、江苏凌家塘市场发展有限公司。

(3)集散与中转市场。该类市场多设在交通便利的地方,如公路、铁路交会处,但也有自发形成的园艺产品集散与中转市场,有可能是在交通不便的地方,这类市场一般规模都比较大,建有较大的交易场所、仓储设施和停车场等配套服务设施。集散与中转市场的主要功能是将来自各个产地市场的园艺产品进一步集中起来,经加工、贮藏和包装,通过批发商分散销往各地的批发市场。如粤港澳大湾区肇庆(怀集)绿色农副产品集散基地。

(4)园艺产品电子商务市场。园艺产品电子商务市场简称园艺产品电商,是指在园艺产品销售过程中导入电子商务系统,通过网络平台,借助信息技术进行需求、价格等信息的发布与收集,依托园艺产品生产基地与物流配送系统,使园艺产品交易与货币支付迅捷、安全地实现。如通过园艺产品信息网络平台、电子商务平台等成交的园艺产品,如淘宝、京东、拼多多等电子商务平台。

2. 按市场交易产品的性质不同

可将园艺产品分为不同行业或类别的市场,如蔬菜市场、果品市场、花卉市场、茶叶城等。

3. 按园艺产品交易规模和类型不同

园艺产品市场可分为农副产品综合交易市场、专业批发市场、零售市场、城乡集贸市场等。园艺产品批发市场是指每笔交易量都比较大,成批量地销售园艺产品市场,不仅园艺产品产地和中转集散地设有批发市场,作为销地的大中城市也会设有园艺产品批发市场。园艺产品零售市场是指进行小量、单个交易的场所,农村的集市、城市的食品商店、副食品商店、超级市场和农贸市场也都是零售市场。

4. 按园艺产品交易形式不同

园艺产品市场可分为现货交易市场和期货交易市场。

(1)现货交易市场。现货交易市场是指能够即时付清货款的交易市场,我们一般消费者的园艺产品消费都是通过该市场进行的。

(2)期货交易市场。期货交易市场是指交易双方不在买卖发生的初期就交收实货,而是共同约定在未来的某一时候交收实货,期货交易的基本功能就是能够回避和转移价格风险,稳定产销关系,保护生产者的利益不受损失等。由于我国尚未形成健全的园艺产品市场价格调控机制,我国园艺产品市场上供求关系的微小变化,就会引起园艺产品,特别是园艺产品价格的大幅波动。如2010年起从“蒜你狠”“豆你玩”到“姜你军”“苹什么”接连不断;2012年初的“向钱葱”登场,当时北京、济南等地花10元钱仅能买两根大葱,杭州农贸市场大葱价格已爬到6元/斤高位,一根大葱价钱都快赶上一斤鸡蛋了;2018年中的“香死你”,香菜40元一斤,连酸菜鱼里的香菜都纷纷换成了香葱。这对园艺产品市场交易双方来讲,都要面临很大的市场风险。通过期货交易,对供给方来讲,是提前卖掉产品,锁住生产成本不受价格季节性、临时性波动的影响;对需求方来讲,能够有稳定的货源,提前安排运输、贮存、销售和加工生产,锁住经营风险,从而回避一些价格波动风险。期货交易市场已经成为园艺产品规避市场未知风险的有效交易手段。

(三)园艺产品市场特点

园艺产品市场在人们的日常生活中处于十分重要的地位,由于园艺产品的生产特点、产品特性和消费特点不同,与其他的市场相比具有不同的特点。

(1)园艺产品市场接近完全竞争市场。果蔬类园艺产品营养丰富、食用方便,平时每天都有大量的需求和消费,是人们日常生活中的重要的营养必需品,有数量巨大的人口每日消费,使得园艺产品的供给和需求都缺乏弹性,接近完全竞争市场。

(2)品种繁多且可替代品多。园艺产品种类、规格繁多,所含的基本成分类似和基本用途相同,园艺产品之间具有很强的替代性。如白菜价格高涨,人们就会减少白菜消费,增加萝卜的需求。

(3)产销矛盾突出,价格剧烈波动,市场调节滞后。园艺产品的生产有着较强的季节性与地域性,在产地生产旺季,园艺产品上市量非常大,时间也集中,此时产品供过于求,价格会很低,在淡季供应不足时,产品价格会非常高。如水果的收获旺季大多在每年的秋季,此时上市的果品特别多,导致价格下降。而柑橘在南方生产,苹果多在北方生产,所以北方市场的苹果价格低,而柑橘价格高。同时,园艺产品生产受自然条件影响大,产量不稳定,生产周期较长,供应量的调节明显滞后,使得产品的价格大起大落,种植户很难把握市场的行情,市场风险较大。

(4)园艺产品的价格低、利润低,市场准入门槛较低。园艺产品供应大众化产品多,特色产品少,使得园艺产品的价格低,利润薄,产品结构性过剩明显。园艺产品生产技术简单,进入壁垒较低,容易一哄而上或一哄而下,导致园艺产品市场安全存在隐患。

(5)园艺产品流通环节多,运输、贮藏成本较高。流通环节越多,流通时间越长,园艺产品损耗越大,流通效率降低。园艺产品的储备与保管问题突出,货架期短,长途贩运有较大风险。所以对贮藏和运输的要求远比其他商品要高。多数产品必须有完整的冷链系统才能保证质量,其结果是提高了成本。

三、园艺产品营销

随着我国社会经济的发展,农业技术的进步,我国园艺产品市场发生了重大变化,人们要求园艺产品多样化、优质化、特色化,这就造成与供给的矛盾日益突出。园艺产品“卖难”的问题也相当突出,园艺产品结构性过剩明显,园艺产品的直接经济效益下降。如何通过园艺产品的市场营销,指导企业生产及联结生产与销售的一系列经济活动,以最小的人力、物力、财力在市场中树立优质、特色、品牌的效应,获得最大的经济效益和社会效益,在激烈的市场竞争中立于不败之地，是园艺产品市场营销重点研究的内容和着重解决的问题。

(一)市场营销内涵

美国著名的营销学者菲利浦·科特勒提出，市场营销（marketing）是个人或集体通过创造，提供并同他人交换有价值的产品，以满足其需求和欲望的一种社会和管理的过程。那什么是市场营销？“市场营销”是指将商品和服务从生产者转移到消费者或用户所进行的企业活动，以满足消费者需要和实现企业的各种目标。市场营销决定应该生产什么产品，制定什么价格，在什么地方以及如何出售产品或做广告。

随着营销理论发展与不断完善，我们认为：市场营销是以消费者的需求和欲望为中心，开发设计产品，并综合运用产品、价格、渠道、促销等企业可控因素，将产品销售给消费者，满足消费者需求，并为其提供一系列服务，为企业赢得相应的利润的活动过程。

通过对市场营销的归纳与整理，我们发现市场营销的内涵包括以下四方面：一是市场营销的核心功能是交换，市场营销已成为企业的核心职能；二是市场交换的基本动因是满足交换双方的需求和欲望；三是市场营销本身是一种创造性的行为，它能够激发和解决消费者的潜在需求，响应企业营销的行为；四是市场营销已经渗透并影响企业生产经营的各个方面，它是一个系统的管理过程。

园艺产品市场营销，就是在变化的市场环境中，以满足消费者需求为中心进行市场分析，开展营销活动的过程。具体的包括市场调研、选择目标市场、产品开发、产品定位、产品促销、产品存贮和运输、产品销售及提供服务等一系列与市场有关的经营活动，以实现企业经营目标的过程。

(二)市场营销的核心要素

市场经济条件下，市场经济是一个很宽泛的概念，从产品到服务、从信息到渠道、从个人到组织、从政治到社会，不同的主体从不同的角度对市场营销的理解都是不同的，都有自己特定的含义。不管各个主体的理解是什么及市场营销的环境如何发生变化，市场经济中的需要、欲望、需求、商品、服务、效用、交换、营销管理等基本要素始终是构成市场营销的核心要素。

(1)需要。人们没有得到某些基本满足的感受状态，这些需要不是社会和营销者所能创造的，它们存在于人自身的生理结构和情感生活中，有时是无法实现的。

(2)欲望。想得到上述需要的具体满足品的愿望，是个人受不同文化及社会环境影响表现出来的对基本需求的特定追求。营销无法创造需要，但可以影响欲望，通过开发及销售特定的产品和服务来满足欲望。

(3)需求。需求是人们有能力购买并愿意购买某种具体商品的欲望，是对某种特定产品及服务的市场需求。营销者可以通过各种营销手段来影响需求，并对需求进行预测，来决定是否进入这一产品或服务市场，这说明营销管理本质就是需求管理。

(4)商品。任何能满足人类某种需要或欲望而进行交换的物品。商品价值不在于拥有它，而在于它能给人们带来的对欲望的满足。商品实际上只是获得服务的媒介。

(5)服务。服务指一方能够向另一方提供的任何一项活动或利益，它本质上是无形的，并且不产生对任何东西的所有权问题，它的生产可能与实际产品有关，也可能无关。但市场营销者应清醒，创造的产品形态不论如何，一旦不能满足人们的需要和欲望，就必然会失败。

(6)效用。消费者对商品和服务满足其需要的整体能力的评价。这种能力包括满足消费者购买该商品对其属性的需要,还包括一种消费者心理层次上的满足感,也是满足消费者某种心理的能力,消费者通常根据这种对商品价值的主观评价和支付的费用来做出购买决定,效用的最大化是消费者选择商品的首要原则。

(7)费用。消费者用于购买商品及使用该商品的支出。支出包括购买商品支付的成本,也包括使用成本,即消费者为了获得某种效用而必须支出的成本。

(8)价值。价值指消费者对产品满足各种需要的能力评估,即消费者通过对产品效用和费用进行比较而得到的一种主观心理评判。

(9)交换。交换指从他人处取得所需之物,而以自己的某种物品作为回报的行为。人们对满足需求或欲望之物的取得可以有多种方式,如自产自用、强取豪夺、乞讨和交换等,然而,只有通过等价交换,买卖双方彼此获得所需的商品或服务,才能产生市场营销活动。可见,交换是市场营销的核心概念。

(10)交易。交换的基本组成单位是交换双方之间的价值交换,交换是一个过程,在这个过程中双方达成的一致协议被称为发生了交易。交易有两种:一种是货币交易,一种是非货币交易,包括以物换物、以服务换服务的交易等。一项交易涉及至少两件有价值的物品,确定双方同意交换的条件、时间、地点,以及维护和迫使交易双方执行承诺的法律制度。

(11)目标市场。目标市场指企业在对整体市场和子市场进行分析评价的基础上,结合企业自身的条件和能力,确定的满足其需要并提供相应服务的相似消费者群,目标市场包括市场细分、目标市场选择和市场定位。

(12)营销活动。企业围绕满足消费者需求,为获取最大利润开展总体经营活动。通过产前的市场调研,进行消费分析、环境分析后,进行市场的细分,寻找到目标市场,完成目标市场中的产品市场定位等活动;在产中进行产品策略、价格、渠道及促销等策略的实施,完成产品的市场营销活动;最后不断地提升产品的价值,通过完善售后服务,进行信息的收集与反馈修整,从而树立企业产品的品牌形象,几乎涵盖了企业经营的全部过程。

(13)营销管理。企业为实现营销目标开展的营销活动管理,是市场营销管理哲学的体现,包括营销计划的编制与执行,对营销手段、分销渠道、产品价格等进行的控制,是营销活动不可缺少的重要环节。营销管理是指为了实现营销目标而对整个营销活动,对营销手段、营销渠道、产品价格等进行的控制,也包括营销计划的编制和执行。它主要分成三个阶段:一是分析市场机会,通过市场环境分析,进行市场细分,寻找目标市场,准确市场定位;二是进行市场营销,以消费者的需求为中心,通过影响企业营销的产品、价格、渠道、促销四个因素的最优化的组合实现市场营销的目标;三是管理营销活动,制订营销计划,实施组织与控制,保障营销能够按照预期的目标进行。

知识拓展

市场营销观念演变

市场营销是一种有意义的经营活动,是在一定的经营思想指导下进行的,这种经营思想就是我们所讲的营销观念。它是随着社会经济和市场的发展而不断变化的,主要经历了以下演变过程。

(1)生产观念:产生于19世纪末,该观念认为,消费者喜爱可以买得到和买得起的产品,企业的任务就是组织所有的资源,降低成本,增加产量。它是一种典型的重生产、轻市场营销的观念,一般是在卖方市场下产生的。由于商品供不应求,企业生产的产品不愁没有销路,于是生产什么就卖什么,实行以产定销。

(2)产品观念:产生于20世纪20年代以前。该观念认为,消费者喜欢那些质量好、价格合理的产品,企业的任务就是要提高质量,只要物美价廉,就会消费者盈门。这种观念过分注重产品本身,导致"市场营销近视症"。它是在卖方市场出现竞争的条件下产生的。

(3)推销观念:产生于第二次世界大战之前,该观念认为消费者一般不会购买非必需的东西,但企业如果采取一定的促销措施,消费者就会购买,企业的任务就是加强促销工作,实现产品变现。这种观念的实质是认为市场营销就是推销,是在卖方市场向买方市场过渡的时期产生的。

(4)市场营销观念:产生于第二次世界大战之后,该观念认为随着人们生活水平的提高,消费者一般喜欢赶时髦、求新奇,消费者的需求多变。企业的任务是了解市场需求,满足消费者的需求,它是一种以消费者的需求为导向的营销观念,是在完全的买方市场下产生的。

(5)社会市场营销观念:产生于20世纪70年代后西方资本主义国家出现能源短缺、通货膨胀、环境污染与消费者保护行为盛行的时期。该观念认为市场营销观念忽视了消费者需要与消费者利益和社会长远利益之间的矛盾,从而造成资源浪费和环境污染。企业的任务是不仅要满足消费者的需求和欲望,由此获得利润,而且要符合消费者自身利益和整个社会的长远利益。该观念兼顾消费者需要和消费者利益与社会利益。

(6)大市场营销观念:产生于20世纪80年代,是由美国的菲利普·科特勒教授首先提出的。该观念认为,面对保护型的市场,企业的市场营销组合除了产品策略、价格策略、销售渠道策略与促销策略外,还必须使用一定的政治手段和公共关系,从而形成大市场营销观念。

(三)营销组合理论发展

市场营销是一门艺术,也是一门科学,先进的营销理念将提高企业的市场业绩,从市场营销组合策略的角度分析,市场营销理念经历了4P、4C、4R理论等三个阶段。

1.4P营销理论

1964年,美国营销专家鲍敦提出了市场营销组合概念,是指市场营销人员综合运用并优化组合多种可控因素,以实现其营销目标的活动的总称。这些可控因素被麦卡锡归为四类,即4P:产品(product)、价格(price)、渠道(place)、促销(promotion)。从此以后,在各种市场营销策划活动中,都从4P营销理论的角度出发考虑问题。

4P营销理论是以单个企业作为分析单位,把对影响企业营销活动效果的因素分成两类:一类是企业不能影响与控制的,如政治、法律、经济、人文、地理等不可控的环境因素,我们也称之为企业的外部环境;一类是企业可以控制的,如生产产品、产品价格、销售渠道、促销等可控的因素。具体的生产产品是指企业要根据自身的能力，确定提供给目标市场的商品和劳务的组合，包括产品的质量、特点、式样、品牌、包装、服务等，但产品的功能还是第一位的；产品的价格是指企业要根据不同市场定位和企业、行业的特点，制定不同的价格策略，包括产品的基本价格、折扣、付款时间、信贷条件等；销售渠道是指企业为了使其产品进入和到达目标市场所进行的各种活动，包括销售方式、贮存措施、运输条件、库存控制等，通过对经销商的培育和销售网络的建立，加强企业与消费者的联系；促销是指企业宣传介绍其产品的各种活动，包括人员促销、广告、公共关系和营业推广等，以短期行为，如让利、赠送等销售行为的改变来刺激消费者，吸引潜在消费者来促进消费增长。

企业营销活动的本质是一个利用内部可控因素对外部不可控因素作为积极的动态回应，以适应外部环境，促成交易的实现和满足个人与组织的目标，所以，市场营销活动的核心就在于制定并实施有效的市场营销组合的过程。

2. 4C 营销理论

随着市场竞争日趋激烈，4P 营销理论越来越受到挑战。20 世纪 80 年代，以舒尔兹、劳特朋教授为首的营销学者从消费者需要的角度出发研究市场营销理论，针对 4P 营销理论存在的问题提出了 4C 营销理论，即消费者的需求和期望（customer）、消费者愿意付出的费用（cost）、消费者购买的便利（convenience）、与消费者的沟通（communication）。

4C 营销理论是以消费者需求为中心，变单向诉求和灌输为双向沟通。一是由产品到消费者转变，要瞄准消费者需求，先了解、研究、分析消费者的需要与欲望，而不是先考虑企业能生产什么产品。二是从价格到成本的转变，要先了解消费者的需要与他们愿意付出多少钱的成本，而不是给产品定价，向消费者要多少钱。三是从渠道到便利的转变，考虑消费者怎样方便地进行购物交易，而不是先考虑销售渠道的选择和策略。四是从促销到沟通的转变，以消费者为中心实施营销沟通，通过互动、沟通等方式，将企业内外的营销资源进行整合，将消费者与企业双方的利益无形地整合在一起，树立产品品牌在消费者心目中的地位，建立长期关系，达到消费者和厂家的双赢。

4C 营销理论注重以消费者需求为导向，相比 4P 营销理论有了很大的进步和发展。但 4C 营销理论是以消费者为导向，而市场经济要求的是竞争导向，消费者导向与市场竞争导向的本质区别是：前者看到的是新的消费者需求，而后者不仅看到了需求，还更多地注意到了竞争对手，冷静分析自身在竞争中的优、劣势并采取相应的策略，在竞争中求发展，全面准确的市场分析和产品切入点是决定产品入市成败的先决条件。

3. 4R 营销理论

4C 营销理论被动地适应消费者需求的色彩较浓。根据市场的发展，需要从更高层次以更有效的方式在企业与消费者之间建立起有别于传统的新型的主动性关系。如互动关系、双赢关系、关联关系等。针对 4C 理论的缺陷，美国学者舒尔茨提出了 4R 营销新理论，4R 理论是指关联（relevance）、反应（reaction）、关系（relation）及回报（retribution）四因素。

①关联。在竞争性市场中，消费者的忠诚度是变化的，要提高消费者的忠诚度，赢得长期稳定的市场，要通过有效的方式在业务、需求等方面与消费者建立一种互助、互求、互需的关联关系。②反应。在如今供求相互影响的市场中，如何倾听消费者的呼声，及时了解需求并迅速反应，满足消费者的需求。③关系。在企业与客户的关系发生变化的市场环境中，与消费者建

立长期稳固的关系成为抢占市场的关键，从交易变成责任，从消费者变成用户，从管理营销组合变成消费者的互动关系。④回报。市场营销的价值在于其为企业带来收入和利润的能力。当然，客户的回报体现在短期收入及长期多方面的收益上。

4R 营销理论的优势主要有四个方面：一是以竞争为导向，着眼于企业与消费者互动与双赢。二是体现并落实了关系营销的思想，通过关联、关系和反应，提出建立关系、长期拥有客户、保证长期利益的具体方式。三是反应机制为互动双赢、建立关联提供了基础和保证。四是回报兼容了成本和双赢，企业充分考虑消费者愿意付出的成本，实现成本最小化，以便获得更多的消费者份额，形成规模效益。这样企业为消费者提供价值和追求回报相辅相成，相互促进，客观上实现的是双赢效果。

4P、4C 与 4R 营销理论三者之间不是取代关系，而是完善和发展的关系。由于企业层次不同，情况千差万别，4P 营销理论是市场营销的基础与落脚点，4C 营销理论是市场营销的核心，以满足消费者需求为中心，符合市场的发展。4R 营销理论不是取代 4P 与 4C 理论，而是在 4P、4C 理论基础上的创新与发展。当然，以 4P 理论为基础的营销组合理论创新还有：4S 理论，即满意（satisfaction）、服务（service）、速度（speed）、诚意（sincerity）；4V 理论，即差异化（variation）、功能化（versatility）、附加价值（value）、共鸣（vibration）。这两种营销理论分别从不同角度提出了营销活动过程中所侧重的因素，具有一定的实践指导意义。

知识拓展

现代市场的营销策略

（1）知识营销。知识营销指的是向大众传播新的科学技术以及它们对人们生活的影响，通过科普宣传，让消费者不仅知其然，而且知其所以然，重新建立新的产品概念，进而使消费者萌发对新产品的需要，达到拓宽市场的目的。

（2）绿色营销。指企业在整个营销过程中充分体现环保意识和社会意识，向消费者提供科学的、无污染的、有利于节约资源使用和符合良好社会道德准则的商品和服务，并采用无污染或少污染的生产和销售方式，引导并满足消费者有利于环境保护及身心健康的需求。

（3）个性化营销。即企业把对人的关注、人的个性释放及人的个性需求的满足推到空前中心的地位，企业与市场逐步建立一种新型关系，建立消费者个人数据库和信息档案，与消费者建立更为个人化的联系，及时地了解市场动向和消费者需求，向消费者提供一种个人化的销售和服务，消费者根据自己的需求提出对商品性能的要求。企业尽可能按消费者要求进行生产，迎合消费者个别需求，并应用相关信息，采用灵活战略，适时地加以调整，以生产者与消费者之间的协调合作来提高竞争力，以多品种、中小批量混合生产取代过去的大批量生产。

（4）创新营销。创新是企业成功的关键，企业经营的最佳策略就是抢在别人之前淘汰自己的产品，这种把创新理论运用到市场营销中的新做法，包括营销观念的创新、营销产品的创新、营销组织的创新和营销技术的创新，要做到这一点，市场营销人员就必须随时保持思维模式的弹性，让自己成为“新思维的开创者”。

(5)整合营销。这是欧美国家20世纪90年代以消费者为导向的营销思想在传播领域的具体体现,起步于90年代,倡导者是美国的舒尔兹教授。这种理论是制造商和经销商营销思想上的整合,两者共同面向市场,协调使用各种不同的传播手段,发挥不同传播工具的优势,联合向消费者开展营销活动,寻找调动消费者购买积极性的因素,达到刺激消费者购买的目的。

任务2 认识园艺产品项目

情境案例

打造绿色高品质的草莓王国

草莓属于多年生草本植物,在保护地栽培条件下,可以提前到元旦、春节期间上市。此时正值寒冷季节,各种新鲜水果种类少,销售价格高,种植草莓能够取得较高的经济收益,目前已成为各地撬动乡村振兴的特色产业。

钟俊萍1995年从江西省嫁到浙江省建德市新安江街道丰产村,1998年开始与丈夫李建伟一起从事草莓种植和销售。2003年,建德市掀起"草莓过江"风,钟俊萍夫妇将种植面积扩展到30亩。2009年,钟俊萍又在梅坪村流转了120亩土地,通过大棚避雨轮作栽培模式,种植的草莓与西(甜)瓜品质优良,深受消费者喜爱,上市时供不应求,亩收入增加6 000元以上。轮作规模从原来的20亩扩大到50亩,成为建德市主要推广的高效农业种植模式之一。

草莓行业从业人员文化程度普遍不高,所产草莓品质良莠不齐,不少农户依旧使用过多的化肥、农药等,食品安全问题日益凸显。针对行业乱象,钟俊萍一直致力于绿色草莓种植的研究,在农业技术部门的指导下,钟俊萍不但种植红颊等新品种,还不断尝试新技术、新模式,推进绿色生态生产新模式,建立农场农产品溯源体系,从土壤检测、农残检测、营养物质检测、农事记录等多维度建立草莓生产档案。

"一枝独秀不是春,百花齐放春满园。"作为草莓种植女能手,钟俊萍在圆了自己致富梦的同时也没有忘记身边的乡亲。2009年,她成立了俊伟果蔬专业合作社并任社长。钟俊萍的农场在2020年总产值260余万元,其中采摘游收入达60余万元,成为浙江省农业标准化生产示范创建"一品一策"科技示范基地、浙江省水肥一体主推技术示范基地,草莓产品取得了绿色食品认证。每年农场接待全国各地专家和莓农1 200多人次,合作社平均亩产值从原来的13 000元增至23 000元以上,带动100余户社员种植草莓,直接增加收入1 000万元以上。基地每年为农村妇女增加固定就业岗位10余个、临时就业岗位200个以上。

【引出问题】钟俊萍在进行草莓投资时是如何进行投资决策的?

【生成任务】在园艺产品项目投资时,应做好哪些工作?

一、园艺产品项目概述

现代企业面临巨大的市场竞争压力，产品生命周期缩短，商业机会稍纵即逝，产品的复杂性和技术含量提高，全球市场逐步实现了一体化。企业能抓住商业契机对客户需求迅速做出反应吗？面对一个临时性的重大活动能够高效地完成吗？要解决这些问题，项目管理是一个必需的工具和竞争手段。运用项目管理可以快速响应外部需求，加速产品研发，取得技术突破，从而更好地把握商业环境中稍纵即逝的机遇。

那什么是项目(project)呢？项目是一组有起止时间的、相互协调的受控活动所组成的特定过程。受控活动中的时间、项目成本和资源供给等方面要符合规定的条件，是受约束的，通过这个活动过程，可以创造独特的产品或服务，并能够实现要达到的目标。项目实施是按照一定的顺序、完成一系列相互关联的任务，这些任务都要围绕项目目标来安排。无论规模多么大的项目，在实施时都要被分解为具体的系列工作包，由一个人或小组完成一个工作包，并最终形成可交付的结果，当完成所有的工作包，形成可交付结果的集成，就是项目的产出总结果或目标，它可以是实物，也可以是服务。

一般而言，项目具有以下特征：

(1)项目最重要的特征就是整合管理，通过项目可以把不同专业、不同组织的力量有机地整合在一起，共同完成项目目标。

(2)有明确的开始和结束时间，做项目就要在规定的时间内结束它，而不是无限期地运行下去。

(3)有明确的项目目标或结果，且是在一定的人、财、物资源约束下的产出结果或项目的目标。

(4)每个项目都是独一无二的，每个项目都是一次性的事项，没有完全相同的两个项目。

根据上面的定义，项目是一个宽泛的概念，涵盖的范围非常广，如组织一次春游、参加一次中西部贸易洽谈会、举办一场婚礼等都可以作为项目对待，本书中的项目主要是指园艺产品的投资项目。由于市场环境下的不确定性特征，投资项目越来越体现出综合性与复杂性的特点，会涉及多个专业、行业领域等不同类型的项目，可以采用专门的方法和工具进行管理。

二、投资项目的选择

项目是一次性的，所以它不像作业那样是重复性的，可以在以后的重复操作中得以纠正，园艺产品项目也是如此。项目的失误带来的损失是非常大的，组织与个人需要对各种项目机会做出比较与选择，将有限资源以最低代价投入于收益最高的项目设想，以确保个人或组织的发展，这就是项目选择。对于一个国家、一个企业或其他的投资主体来说，经常面临着众多的投资机会，或者说有许多事情要做。因而需要在多种投资机会中认真选择，只有选择了正确的投资项目，才能保证将有限的资金用在关键领域，才能保证获得较高的投资效益，项目成功才有基础。项目的选择是经由项目筛选、项目评估和资产组合分析这样一个三层决策的过程。

(一)项目筛选

项目筛选就是在各种项目设想产生之后要进行粗略的初选。项目筛选并不复杂,但是仅凭经验和直觉却容易失误,尤其易于忽略某些关键因素,所以有时可利用一些模型来帮助决策者筛选。

特征模型是用得比较广的模型之一。它是由决策者对项目建议的主要特征进行评价的模型。这些评价可由个人或一个小组进行,所有评价都是定性的,没有数字估计。通过对比各投资建议的评价结果,将那些明显不具有优势的建议淘汰掉。利用特性模型选择项目,要将影响投资决策的项目的主要特征排列出来,每个特征应尽量确定一个基本的衡量标准,但对个别难以确定标准的特征应由评价人根据具体情况判定。

特征评分模型是另一种筛选模型,它要求决策者事先区分项目设想的主要特征和标准,然后再对每个备选项目加以评价,并根据标准对每个要求给予评分。最后,将各项目的特征评分分别汇总,以便得出该项目的总分,根据得分情况进行筛选。特征评分模型既反映了项目各主要特征的基本情况,又提供了备选项目的总体评分,从而改善了特征模型。

项目筛选的直接成果是编写《项目建议书》。项目建议书是根据企业的经营战略目标,结合本地区、本企业的资源状况和物质条件,经过市场调查,分析需求、供应、销售状况,寻找投资机会,构思投资项目概念而编写的书面文件。在建议书中通过对投资项目的轮廓进行描述,从宏观上就项目建设的必要性和可能性提出预论证,进而向投资单位推荐项目,从而成为项目选择的一个法定文件。一般《项目建议书》包括如下内容:

(1)项目名称、承办组织、项目负责人;

(2)项目提出的目的、必要性和依据;

(3)项目的产品方案、市场需求、拟建规模与初步设想;

(4)资源情况、人力条件、协作关系;

(5)投资估算和资金筹措方案及偿还能力预计;

(6)项目进度的初步安排计划;

(7)项目投资的经济效益和社会效益的初步估计。

(二)项目的可行性研究

尽管项目建议书提供了一个项目的初步框架,但是它所提供的信息是有限的,因而要最终选定投资领域和投资项目还需要进一步分析项目管理中可能出现的各种因素,我们称可行性研究。

可行性研究就是项目在展开实质性工作之前,对与项目有关的一切因素进行全面的调查,进而在综合分析的基础上对项目是进行还是放弃给出答案。一般可行性研究后的建议有项目可行、项目延缓、项目不可行三种结果。可行性研究是包括机会研究、初步可行性研究、可行性研究三个阶段的一种系统的投资决策分析方法。可行性研究一般都要求成立相应的组织,在一定的时间内完成,而且会涉及若干部门与方面。一份全面的高质量的可行性研究报告可有效地避免或减少决策的失误,从而提高项目的成功率和投资的综合效益。

园艺产品项目的可行性研究第一阶段称为机会研究,也称为投资机会鉴定。第二阶段是初步可行性研究,又称预可行性研究。其目的是对园艺产品项目的构想做出初步估计,进一步判断项目的经济效益和社会效益。其要解决的主要问题包括三个方面：一是机会研究是否有前景；二是是否需要进行详细的可行性研究；三是有哪些关键性问题需要做辅助研究。具体的初步可行性研究的内容包括：

(1)全面收集与选定和项目有关的各种信息，进行深入细致的分析研究，进一步制定投资机会的前景，从而决定项目是否具有进行详细研究的必要。

(2)对影响项目是否可行的关键性问题做辅助研究，如进行市场调查。

(3)明确项目的概貌，如人力资源、风险、资金、进度、项目规模等。

(4)估算各种经济指标，初步评估项目的经济效益，初步可行性研究对投资估算的精度在20%左右。

(5)筛选方案，淘汰那些经济效益明显不高的方案，选择少量方案进行更深入的研究。

(6)在综合分析的基础上，判定项目的可行程度，判定所做的研究是否使项目的构想对企业有足够的吸引力。初步可行性研究在研究内容上与详细可行性研究基本一致，只是收集资料的范围和研究的深度不同。也有把它与详细可行性研究合并在一起做的，对规模小的项目尤其如此。初步可行性研究所需时间为4～6个月，费用占投资的0.25%～1.5%。

如果说机会研究和初步可行性研究是为解决是否进行项目建设决策提供依据的话，那么，可行性研究则是为了如何进行项目建设提供科学依据。进行可行性研究时，以下问题必须明确：

(1)明确项目的目的。任何项目都有其确定的目标，但是目标与目的是不一样的，在许多情况下项目的真正目的并不清楚。

(2)确定项目方案。对于一个具体项目可能存在着若干种相近的方法，所以不仅需在多套可行方案中选优，而且还需要制订相应的替代方案，以防意外。

(3)选定可行性。对任何项目首先要考虑有无必要进行财务和经济分析，其次在经济分析中是否进行效益费用分析，以判定其可行性。有些项目除经济可行性外，尚需从法律、环保等方面来论证其可行性。

(4)粗略估算项目效益的主要方面。项目的效益有可计算效益和不可计算效益。有些项目效益可直接计算，而有些不能直接计算，如治理环境、投资教育项目。

可行性研究的产物是可行性研究报告，它是对项目各方面的可行性进行全面深入分析的文件，需要认真、细致地编写，并按一定规格撰写。项目的成功与否很大程度上取决于项目的前期论证工作，项目管理必须从前期论证工作开始，否则即使以后的有效的项目管理方法都用上去，项目也会因先天不足而失败。

三、投资项目的评价

园艺产品项目的投资决策需要提出多个可行方案，通过分析、计算、评价和选优，得出最佳投资方案，以便更好地利用资源，取得较好的经济效益。因此，在项目可行性研究和项目评估过程中，评价方法的选择十分重要，它直接关系到投资方案的取舍，是项目选择的依据。

项目投资方案的类型不同，其评价方法也不一样。按项目相互之间的经济关系，投资方案大致有三类：一是独立方案，它是指一组互相独立、互不排斥的方案。各投资方案所需的人力、物力和财力均能得到满足，每一方案是否可行，仅取决于本方案的经济效益。二是互斥方案，它是指互相关联、互相排斥的方案。指一组方案中的各个方案彼此可以相互代替，采纳方案组中的某一方案，就会自动排斥这组方案中的其他方案，因此，互斥方案具有排他性。三是互补方案，它是指在一组方案中，某一方案的接受有助于其他方案的接受，方案之间存在着相互依存的关系。

项目评价方法针对不同的投资项目，评价方法也有不同，可以从财务角度来分析，也可以从经营的风险角度来评估，从财务角度的分析我们称之为项目的财务分析评价；从经营的风险性角度来评估可分为有确定性和不确定性之分。不确定性分析包括敏感性分析、盈亏平衡分析和概率分析。

(一)项目的财务分析评价

财务评价是在国家财税制度和市场价格体系下，在确定的建设方案、投资估算和融资方案的基础上，分析预测项目的财务效益与费用，计算财务评价指标，考察拟建项目的盈利能力、偿债能力，据以判断项目的财务可行性。一般在进行财务评价时要考虑资金的时间价值、折现与现值等涉及时间变量的指标。

资金的时间价值是指由于投资决策影响未来时期，所以我们需要考虑资金的时间价值。例如，若把 1 000 万元存入银行，利率为 10%，那么到年底投资者得到的本利和为 1 100 万元。显然，投资者应该选择这个投资机会，因为投资能带来更高的收益。但若等到两年后才能得到 1 200 万元，那投资者肯定不会选择这个投资机会，因为把 1 000 万元按 10% 利率存入银行，两年后可获得的收益是 1 210 万元。这个例子说明在不同的时点，资金有不同的价值。

折现是将未来正的或负的现金流转化为现值的方法，它考虑了这样一个事实：将来的 1 元，其价值可能会少于现在的 1 元，因为现在的 1 美元可以通过投资在未来的 5 年间产生一系列收入。现值就是指现在的价值。

投资项目的具体评价阶段，应在参考传统选择方法的基础上，有针对性地对投资项目做出全面的科学评价。一个好的评价标准一般符合以下三个条件：第一，考虑资金的时间价值，以便将不同时点上的现金流量调整为同一时点进行比较；第二，考虑项目整个寿命期的现金流量；第三，在对互斥项目进行比较时，应能选出使企业价值最大化的项目。因此，在项目可行性研究和项目评估过程中，评价方法的选择十分重要，它直接关系到投资方案的取舍。

1. 动态投资回收期法

在考虑资金时间价值的条件下，按照预先设定的基准收益率计算出收回投资所需的时间。当投资回收期小于标准回收期时，可以选择此项目，当投资回收期比标准回收期大时，应拒绝此项目。投资回收期。它表明全部投入资金从每年增加的利润或每年节约的成本中回收的年限。其计算公式为：

投资回收期(年) = 投资总额/年利润增加额

【实例分析 1-1】

某农场建设机井，投资建井费为 14 000 元，柴油机及水泵费为 4 000 元，建井房为 1 500 元，田间工程需花费 3 000 元。建机井后可增加水浇地 100 亩，每年可增加纯收入 4 500 元。由此计算的投资回收期为：

(14 000 + 4 000 + 1 500 + 3 000)/4 500 = 5(年)

对于一些单项设备和工程、厂房建筑等项目，投资使用后无法直接与利润额比较的，可用成本节约额来计算投资回收期。计算公式为：

投资回收期(年)＝投资总额/(投资前年总成本额－投资后年总成本额)

投资回收期越短，经济效果越好。

2. 净现值法

净现值是指企业投资项目在投入使用后的净现金流量，它是根据企业要求或资金成本达到的报酬率折算值减去初始投资现值之后所得到的余额，它能够在很大程度上反映出投资项目在建设期与在生产服务年限内的综合获利能力。当净现值大于0时，可以选择该项目，否则应当拒绝该项目。

净现值＝未来报酬总现值－初始投资额

$$NPV=\sum_{t=1}^{n}\frac{NFC(t)}{(1+K)^{t}}-I$$

式中：NPV 表示净现值；$NFC(t)$表示第 t 年的现金净流量；K 表示折现率；I 表示初始投资额；n 是项目预计使用年限。

净现值法是评价投资方案的一种方法。该方法是利用净现金效益量的总现值与净现金投资量算出净现值，然后根据净现值的大小来评价投资方案。净现值为正值，投资方案是可以接受的；净现值是负值，投资方案就是不可接受的。净现值越大，投资方案越好。净现值法是一种比较科学也比较简便的投资方案评价方法，根据净现值进行投资决策，考虑了资金时间价值，增强了投资项目的经济性评价；考虑了全过程的净现金流量，体现了流动性和收益性的统一；考虑了投资风险，风险大则采用高折现率，风险小则采用低折现率。但是由于净现值是一个绝对数，不能解释各投资方案本身可能达到的实际报酬率是多少，因而有一定的局限性。

【实例分析 1-2】

有个项目A第一年年初投资100万元，从第一年年末连续3年有40万元的回报，而项目B第一年年初投资100万元，第一年年末有30万元，第二年年末有40万元，第三年年末有50万元，项目A和项目B哪个投资有价值？年利率为5%(这个就是收益率给出的)。

分析：如果光从金额来看都是投资100万元，回报都是120万元，但是由于货币的时间价值，两者是不同的。这就要看哪个净现值(NPV)大？

$$NPV(\text{项目 A})=-100+A\times(\frac{P}{A},i,n)=-100+40\times(\frac{P}{A},5\%,3)$$
$$=-100+40\times2.723=8.9(\text{万元})$$

$$NPV(\text{项目 B})=-100+\frac{30}{(1+5\%)}+\frac{40}{(1+5\%)^{2}}+\frac{50}{(1+5\%)^{3}}$$
$$=-100+28.57+36.28+43.19=8.0(\text{万元})$$

因为 NPV(项目A)＞NPV(项目B)，所以项目A优于项目B。

3. 内部报酬率法

内部报酬率是指投资项目净现值等于零的贴现率，它能够在很大程度上真实反映出投资项目的真实报酬。就现阶段的投资项目评价手段而言，很多企业都在使用该项评价指标。当内部报酬率大于资金成本时，可以接受该项目，当比资金成本小时，则拒绝该项目。

(二)投资项目的不确定性分析

项目经济评价中所采用的数据大部分是预测和估计的，存在着较大的不确定性，数据的变化会影响项目评价的结论，甚至导致项目决策的失误。不确定性分析就是对影响项目投资效益变化的不确定性因素进行分析，以判断项目可能存在的风险，确定项目在经济上的可靠性。一般的方法有盈亏平衡分析、敏感性分析等，盈亏平衡分析主要用于财务效益分析，敏感性分析可以同时用于国民经济效益分析。

1. 盈亏平衡分析

盈亏平衡分析法，又称量、本、利分析法，是通过分析产量(或销售量)、成本(或费用)、利润三者之间数量关系进行决策的方法。其基本原理是任何企业进行生产经营投资活动时，都要有一定的投入(成本或费用)，获得一定的产出(收入)并且得到一定的利润。评价一个投资项目时，最基本的条件就是总收入大于或等于总的投入，这样投资才可行。假设利润为零(此时为盈亏平衡)，则投入的总成本等于获得的总收入；如果要获取一定的利润，则投入的总成本等于总收入减去利润。利用以上两个等式列出方程式，就可以得到所需要生产的产量，这也是我们进行投资时所需要达到的最少的产量。这样才可以不亏损。

企业的总成本中，有些成本项目是随产量(或销售量)多少的变化而变化的，称为变动成本，如原材料费、电费、生产人员的工资报酬等。有些成本项目是不随产量(或销售量)多少的变化而变化的，称为固定成本，如固定资产的折旧费、企业管理人员的固定工资等。

成本项目是否随产(销)量的变化而变化是区分固定成本和变动成本的关键。把成本项目分成固定成本项目和变动成本项目，是盈亏平衡点分析法的一个技巧。在实际运用时，要善于区分哪些是固定成本项目，哪些是变动成本项目。

根据以上原理，在盈亏平衡时，

$$\text{总收入}=\text{总成本}=\text{固定成本}+\text{变动成本}$$

即：

$$\text{产量}\times\text{价格}=\text{固定成本}+\text{单位产品变动成本}\times\text{产量}$$

$$\text{产量}=\frac{\text{固定成本}}{\text{价格}-\text{单位产品变动成本}}$$

此时的产量称为盈亏平衡点产量(也称临界产量)。要获得利润时：

$$\text{总收入}=\text{总成本}+\text{利润}=\text{固定成本}+\text{变动成本}+\text{利润}$$

即：

$$\text{产量}\times\text{价格}=\text{固定成本}+\text{单位产品变动成本}\times\text{产量}+\text{利润}$$

$$\text{产量}=\frac{\text{固定成本}+\text{利润}}{\text{价格}-\text{单位产品变动成本}}$$

此时的产量称为目标产量。

对于企业而言，固定成本、单位产品变动成本、产品价格、欲实现的利润等都能够确定，在这种情况下进行的评价投资决策才是比较有把握的决策。

【实例分析 1-3】

某企业生产并销售一种食品，产品的单价为 30 元/千克，生产单位产品的变动成本为 10 元，生产该产品的月固定成本为 16 000 元，试求盈亏平衡点产量。如果该企业欲实现月利润 30 000 元，试求目标产量。

$$盈亏平衡点的产量(临界产量)=\frac{固定成本}{价格-单位产品变动成本}$$

$$=\frac{16\,000}{30-10}=800(个)$$

$$利润为30\,000元时的目标产量=\frac{固定成本+利润}{价格-单位产品变动成本}$$

$$=\frac{16\,000+30\,000}{30-10}=2\,300(个)$$

根据上述的计算可知，我们在决策园艺产品项目的投资选择时，只有达到 800 个产品，才能不亏损，利润达 30 000 元时，产量要达到 2 300 个。

2. 敏感性分析

敏感性分析是考察与项目有关的一个或多个主要因素发生变化时对项目经济效益指标影响程度的一种分析方法，其目的是对外部条件发生不利变化时投资方案的承受能力做出判断。从理论上说，所有评价效益指标都可以作为敏感性分析的指标，如产品销量、售价、折现率、投资额、汇率等，在实际工作中一般选择一种或若干种指标进行敏感性分析。机会研究阶段常用投资回收期，详细可行性研究阶段采用内部收益率和净现值。

敏感性分析的过程：在确定分析指标和不确定因素的基础上，将设定的因素从确定性分析所采用的数值开始变动，且每次变动幅度相同，计算每次变动对评价指标的影响程度，比较变化大小即可找出最敏感的因素。

四、园艺产品项目投资的风险防范

项目选择与风险(risk)防范是投资的两个方面。由于投资者在一个充满不确定性的环境中进行投资决策，所以投资风险是永远存在的。很多事件，如政策改变、市场环境的变化、替代品的出现等，都可能给园艺产品项目实施带来灾难性的影响。

近几年来，受多重社会经济因素影响，我国园艺产品市场价格出现异常波动，成为社会普遍关注的焦点。“蒜你狠”“豆你玩”“姜你军”“糖高宗”等词生动描述了园艺产品市场价格的异常变动现象，这些现象都体现出因价格波动所带来的园艺产品市场风险日益凸显。因此搞好园艺产品项目的市场风险管理与防范，缩短园艺产品供求宏观调控滞后，对稳定和提高农民收入有着十分重要的现实意义。

(一)我国园艺产品项目市场风险的形式

(1)园艺产品的价格风险。根据价值规律，产品的市场价格围绕其价值呈上下波动状态，园艺产品也不例外。但相对于其他产业，较大规模的农业产业园区、适度规模经营的公司、家庭农场仍然较少，农业生产主体多为小农户，其生产大多是分散的、小规模的，当市场中某种园艺产品相对价格较高时，农户竞相生产，增加市场供给；反之竞相减产，或者扩大自给性消费以减少商品供应量。而农户根据市场价格增加或减少园艺产品的供给反过来又影响着园艺产品销售市场价格的变化。这样，由于农户的分散性和市场价格调节的随机性使园艺产品生产量和市场供给量都难以在事先予以估算，这样势必加大了园艺产品市场的价格风险，不可避免地使部分农户遭受重大损失。如前文提到的“蒜你狠”“豆你玩”，价格波动就像“过山车”，不同年份相差几倍、十几倍甚至几十倍。

(2)园艺产品滞销风险。我国园艺产品滞销的新闻时常出现，甚至同时呈现几种园艺产品的滞销。如 2014 年 4 月，河南中牟芹菜实现大丰收，却面临着一斤仅两毛钱的亏损局面，甚至有的超市免费赠送芹菜，不少芹菜被扔掉或者直接烂在地里。如 2022 年初，海南部分农产品大面积滞销，三亚杧果收购和销售渠道受阻，滞销多达 30 万斤，乐东黎族自治县的大量哈密瓜在地里处于“无人接管”的状态，面临“零落成泥碾作尘”的境地。淘宝、京东、拼多多等多个电商平台和自媒体经常冒出滞销的、价廉物美的“产地直营特产”。诸如此类的园艺产品滞销的案例不胜枚举，一波未平一波又起的园艺产品滞销似乎构成了当前园艺产品市场的常态。

(3)与农业相关的政策发生变动的风险。与农业相关的政策出现变化，如国家的货币政策、进出口政策、国家或地方调控基金的使用等，这些都会影响农民的生产和园艺产品的销售。加入 WTO 以后，我国农业政策更多地向 WTO 主流政策靠拢，以符合国际规范，政策的变动使农业生产经营面临更大的风险和挑战。

(4)园艺产品的融资风险。对于园艺产品的项目投资而言，除了上述风险，还有一个与投资成败密切相关的风险，即融资风险。按期限来分，投资资产分为长期资产和短期资产，长期资产包括厂房、设备、土地和一些有价值的无形资产，短期资产包括现金、可流通证券、应收账款与存货；与此对应，融资分为长期融资和短期融资，长期融资包括长期借款和股权融资等，短期融资包括应付账款、短期借款和其他一年内的承诺付款。如何匹配是防范融资风险的关键。一种情况是投资者用短期融资的方式为长期资产筹资，这是一种高风险高收益的组合方式。投资者利用短期融资方式购置厂房、设备，由于市场竞争激烈，长期资产回收期长、盈利慢，企业短期债务还款在即又融资无门，使资金周转迅速恶化。如有一家金属制品公司，由于市场供需变化，生产资料价格上扬而产品价格下降，企业利润空间越来越小，项目刚刚试运行就不得不停产。另一种情况是用长期借款的方式为短期资产融资。如一家鞋业公司申请了三年期限贷款购买鞋革入库贮存，这意味着资产和投资均为低风险、低收益组合。毫无疑问，企业的经营是安全的，但这是一种高成本、低收益的行为：资金使用效率降低，公司不必要地浪费了资金的时间价值。正确的融资策略是把低风险、低收益的资产与高风险、高收益的融资结合起来，把高风险、高收益的资产与低风险、低收益的融资结合起来，形成具有潜在利润而又安全的风险收益组合。

(二)园艺产品市场风险的成因

(1)园艺弱质性的产业特征决定其必然存在园艺产品市场风险。园艺是与天然交织在一起的产业，具有天生的弱质性。首先，农业对自然高度依赖，承担高强度的自然风险。其次，园艺要面对市场风险。园艺为人们提供生存必需的食品和原料。在需求层次中，园艺产品处于最底层，需求弹性小，园艺产品的特性不会为园艺产品提供一个更大的市场空间，很容易发生过剩，出现“卖难”，造成丰产不丰收现象。同时，多数园艺产品是鲜活产品，难以长期保存，短期内销售不出去就极易腐烂，产品价格无法充分体现。园艺产品生产具有季节性，生产周期较长，其供给调整远远滞后于市场的变化，这种不对称使园艺产品供给对市场价格的反应有时滞后，市场价格波动所造成的风险基本上由农业生产者承担。

(2)蛛网效应明显，影响农民对园艺产品市场供求变化的判断。在完全竞争的市场结构中，价格发挥着对园艺产品生产的调节作用，上一期价格影响本期的生产活动，本期生产状况又会影响下一期的价格。这样，周而复始，园艺产品的供求很难实现真正平衡，价格总是在上涨和下跌中波动，经济学理论将这种现象称为蛛网效应。园艺产品市场中蛛网效应的存在是必然的。然而，在我国更主要的原因是我国园艺产品市场信息不对称，缺乏有效信息，农民对市场的判断力较弱。目前，我国涉农信息网站有 1 万个左右，但却普遍存在信息雷同、准确性不高、时效差的问题，尤其缺少对园艺产品市场具有预测性、指导性的信息，农民接收到的信息大部分都是滞后的，在市场中很难及时寻找和准确解读市场需求，很难根据市场需求的变化及时进行生产结构的调整。这些因素就可能导致农民的逆向选择和道德风险，使农民的生产具有很大的盲目性，出现竞相压价和“旺销—扩种—卖难”的怪圈现象，从而加剧园艺产品市场的风险。

(3)小农生产模式导致农民缺少园艺产品定价权。长久以来，我国园艺生产一直处于“一家一户”的小农生产模式。改革开放后，家庭联产承包责任制的实施，充分激发了农民生产的积极性和创造性。但由于未能建立有效的土地流转机制，小规模的生产格局也未改变，我国农业生产仍采用粗放型的生产方式，导致我国园艺产品市场处于一种“小生产、大市场”的状态。园艺产品生产集中度低、产品间差异程度弱，在市场上缺乏竞争力。在市场上，众多农民面对少数园艺产品经销者，而少数园艺产品经销者又面对众多消费者，“双喇叭”型的园艺产品市场结构长期存在，并且还有放大趋势。在这种情况下，园艺产品市场价格的决定权集中在少数经销者手中，农民与消费者只是价格的被动接受者。分散的小农生产模式，决定我国农民对园艺产品市场价格缺少影响力，农民成为园艺产品市场风险的主要承担者。

(4)我国园艺产品流通环节的专业化趋势，加剧了园艺产品价格的波动。随着经济的不断发展，我国园艺产品经济发展迅猛，园艺产品流通领域逐渐产生许多经纪人、专业收购商、专业运输户、专业批发商和超市零售商等，社会分工越来越细，专业化程度也越来越高。园艺产品流通环节的专业化，大大减少了农民自销产品的时间和成本，也在一定程度上解决了园艺产品销售难的问题，缩短了园艺产品流通周期。但这种传统的从产地批发到销地批发再到零售的园艺产品流通渠道，存在着流通链条长、交易环节多、物流成本高的弊端。将许多社会因素引入到园艺产品价格的形成过程中，当某个环节的某一项成本发生变化，都会通过这个流通链条传递到最终园艺产品价格上，从而造成园艺产品价格的形成存在更多的不确定因素，进而加剧了园艺产品市场的风险性。

(5)国内国际市场联动，加大了国际价格波动对国内的影响。我国是园艺产品主要贸易国之一，在整个园艺产品国际市场中，不同种类园艺产品的国际价格对国内市场的影响程度不一。我国的某些园艺产品如蔬菜、水果，在国际市场上占一定优势，国内价格对国际市场有一定影响力。然而，我国的大豆、食用油等产品则对国际市场的依赖度较高，大豆的国际依赖度已达 70%。在这种情况下，这些产品国际市场价格的变动对国内市场价格产生极大影响，甚至左右国内市场价格。国内、国际两个市场的联动，使我国农业生产经营者不仅需要判断国内市场的变化，还要时刻关注国际市场的走势，农民生产经营活动面对更多的不确定因素，风险源增加，面临的市场风险进一步加大。

(三)我国园艺产品市场风险的防范对策

防范园艺产品市场风险，除保证农业生产稳定、供给充足外，还要运用适当手段对市场的风险源进行有效控制，以减少风险发生的可能性，降低或分散市场风险给农业生产经营者造成的损失。根据目前我国园艺产品市场风险的特点，应建立以政府、市场、企业、农民为多元主体的园艺产品市场风险防范模式。

（1）加强园艺产品市场信息服务，提高农民科学决策能力。针对我国园艺产品市场信息不完全与不对称的现实，政府部门作为信息的主要提供者，应强化对农民、企业和市场的信息服务。搞好现代信息传播设施的建设和使用，实现互联网络与传统信息传播载体的优势互补，充分利用中介组织的渠道，保障信息传播畅通。加强园艺产品信息体系建设，建设高效、灵敏、快速的信息系统，尤其要加强园艺产品市场供求与价格走势的分析预测，指导园艺产品生产经营者的经营活动，提高农民科学决策的水平和能力，减少因信息匮乏、信息偏差、信息传播不畅导致的园艺产品价格波动。搞好园艺产品市场信息发布制度建设，在制定信息发布规划、规范发布行为上发挥主导作用，确保发布的信息及时、准确、有效。通过高效的信息服务手段，在产前就尽可能避免或减少园艺产品市场风险发生的可能性。

（2）加强优势园艺产品区域建设，发展差异化产品。政府要根据各地农业特色和优势，开展科学规划和论证，进一步加强优势园艺产品区域的建设，大力发展“三品一标”园艺产品。强化设施农业的建设，在有条件的地方扩大设施温棚的建设规模，错开同类园艺产品的上市时间，延长园艺产品的上市周期。通过科学有序地调整农业生产结构，达到园艺产品的时间差异化、品种差异化、品质差异化、口味差异化、色泽差异化、外形差异化和包装差异化等，使园艺产品线更加丰富，以降低市场波动的风险。

（3）加强园艺产品流通体系建设，降低流通环节成本。我国园艺产品流通环节过多，加强园艺产品流通体系建设，减少不必要的流通环节，降低流通成本，可在一定程度上保持园艺产品市场价格的稳定。大力发展园艺产品物流配送企业，推动园艺产品生鲜超市建设，采取从产地收购到市场零售一体化的“农户-超市”的直销营销模式。制定相关法律，加强企业信用体系建设，规范配送企业和超市的营销行为。既要保证园艺产品质量的安全，又要做到让利于民，防止因流通环节不合理造成价格上涨而发生市场风险。

（4）加强金融机构的服务意识，建立园艺产品市场风险补偿机制。农业产业面临自然风险和市场风险的双重压力，国家的农业补贴政策在一定程度上缓解了农民生产风险的压力，但这并不是一种长效机制，国家还需充分发挥金融机构的职能，增强其服务“三农”的意识，利用金融工具，建立一种能长期规避风险的农业保险机制。扩大农业保险的范围，在继续稳定和加强粮食、生猪、奶牛等生产保险力度的基础上，还需向水果、蔬菜等易遭受灾害损失的园艺产品延伸。建立园艺产品市场风险基金，对从事园艺产品市场营销的企业，因遇到雪灾、暴雨、台风等突发事件而造成的损失，要给予风险补偿，以避免园艺产品市场价格突涨。

（5）加强期货市场建设，规避价格波动风险。期货市场有一个集中交易、公平竞争、秩序化强、信息公开的价格形成机制，会员制的交易场所通过实施“三公”原则来形成即期、近期、远期价格，这些优势是现货市场不具备的。期货市场所形成的价格对各种价格因素反应极为灵敏，具有一定的权威性和预测性。同时，期货市场的套期保值功能将市场风险转嫁到投机者身上，确保农民和企业的基本利益。因此，我国要大力发展园艺产品的期货市场，提高期货市场的地位和作用，增加交易品种，鼓励农业企业和农民进入期货市场，发挥期货和期权市场信息的统一性和超前性优势，充分利用其价格发现和套期保值功能，有效控制园艺产品价格风险。

案例链接

苹果价格高涨，贸易商压货惜售，期货定价促产业升级

2018 年春季，在苹果生长的盛花期，甘肃、陕西、山西和河北主产区出现大面积低温冻害天气，造成大幅度减产。随之而来的是 2018 年秋季苹果收购价格大幅度上涨，以直径 80 毫米的红富士苹果为例，全国批发均价超过 4.6 元/斤，这样的价格也是近五年来的高位。

减产预期兑现，苹果价格高涨

侯仲峰是陕西省渭南市白水县的果农，他告诉记者，2018 年家里的 16 亩果园，一共收获近 3 万斤苹果，相比上一年减产了一半还多。不过，令他欣慰的是，目前这些苹果全部卖了出去，而且价格是他种苹果二十多年来卖得最高的。据侯仲峰介绍，除了价格卖得高，卖的速度也是超过他想象。2018 年 10 月初，苹果采摘后，还没出地头就卖完了，而往年基本要到下一年六七月份才能全部卖完。中国果品流通协会的统计数据显示，2018 年全国苹果产量预计在 3 200 万吨左右，相比 2017 年减产 1 000 多万吨。产量的大幅度下降带来了价格高涨。

入库率五年来最低，贸易商压货惜售

受年初天气的影响，苹果的产量有所减产，再加上优质苹果不多，所以市场价格一直是高开高走，虽然价格上去了，但是销量和往年相比却减少了许多。目前全国苹果的入库量也是五年来最低点，由于看好后市行情，很多贸易商也出现压货惜售。在陕西省渭南市白水县一家大型苹果贸易企业，负责人告诉记者，2018 年由于苹果大幅度减产，他们从 9 月中旬就开始抢收苹果，相比往年提前了至少半个月。然而即便是这样，他们现在的苹果库存也只有 9 000 多吨，比往年减少了一半还多。据了解，冻害天气不仅影响了苹果产量，同时也影响了苹果质量，导致入库量减少，一般情况下，只有质量好的苹果才能入库。数据显示，2018 年全国苹果入库量约为 600 多万吨。相比前几年的 1 000 万吨左右，至少减了 400 万吨，这也是五年来入库量最低的水平。库存大幅度下降，苹果价格高涨，销量也比往年少了很多。苹果市场交易冷清，销量不及往年。

苹果期货一年间改变定价模式，促进产业升级

实际上苹果价格高涨，在期货上就有所体现，主力合约从 2018 年 5 月初的 8 000 元/吨左右，到 9 月份一度上涨超过 12 000 元/吨。业内人士认为，苹果期货上市一年多以来，对产业链上下游带来了一定的影响和变化。陕西华圣果业集团是国内规模较大的苹果贸易企业，企业负责人介绍，在以往的苹果收购季节，由于市场透明度不高，苹果收购价格主要是在贸易商和果农的博弈中逐步形成，及时性和准确性不足。2018 年苹果秋收，由于减产带来市场变化较大，但是价格却不乱。大家都围绕盘面价格售出，定价模式透明。此外，在苹果期货上市前，贸易商等对苹果分级多依靠主观判断，容易造成同一批苹果品质

各异，影响苹果的整体价值。在苹果期货上市后，市场各主体逐渐重视苹果的标准化分级。通过自动化筛选设备，苹果的大小、表面的伤痕、糖度等，甚至是不是有霉心病都可以检测出来。全产业链上的企业，不管是冷库还是物流企业，都会提高自己的管理水平和技术标准。因为交割标的物，对冷库物流方面的结果性的指标都能体现出来。如贮存不好，硬度降低，到时候成为不了交割品，就无法交割了。苹果期货通过搭建资本与产业对接，一方面可以有效帮助果农和企业规避风险；另一方面，也可以通过淘汰落后的技术、理念、方法，引领产业升级。保险公司可以利用期货市场对冲它的价格风险，从而开发出适合于农民使用的价格保险。

（节选自：央视财经，2019年1月3日）

项目小结

本项目包括两方面内容：一是认识园艺产品市场营销，在园艺产品内涵、分类及特点等基本概念基础上，阐述了市场概念及市场三要素，园艺产品市场分类及市场营销内涵，市场营销核心要素，营销组合理论等基础知识；二是认识园艺产品项目，在介绍园艺产品项目概念、特征的基础上，提出园艺产品项目投资选择，如何进行项目评价及风险防范等内容。

项目实训

实训项目：认识园艺产品营销

实训目标：能够识别园艺产品的市场营销活动。

实训要求：通过以2～3人小组为单位，对市场园艺产品销售活动进行调查，结合市场营销基本要素对该活动进行分析，辨别其是否为营销活动，并阐述理由。

习题测试

一、基本概念

园艺产品　市场　市场营销　市场营销组合　园艺产品项目　盈亏平衡法　敏感性分析

二、单项选择题

1. 市场营销管理的实质是（　　）。

A. 刺激需求　B. 需求管理　C. 生产管理　D. 销售管理

2. 企业对其营销活动及管理的基本指导思想就是（　　）。

A. 市场营销观念　B. 社会营销观念

C. 市场营销管理哲学　D. 生产或销售观念

3. 从营销理论的角度而言，企业市场营销的最终目标是（　　）。

A. 满足消费者的需求和欲望　B. 获取利润

C.求得生存和发展　　　　D.把商品推销给消费者

4.企业最显著、最独特的首要核心职能是(　　)。

A 市场营销　　B.生产功能　　C.财务功能　　D.推销职能

5.产生于资本主义国家由"卖方市场"向"买方市场"的过渡阶段的营销观念是(　　)。

A.生产观念　　B.产品观念　　C.推销观念　　D.市场营销观念

6.推销观念和营销观念最本质的区别在于(　　)。

A.推销观念已经不适用于当今市场,而营销观念会有更广阔的前途

B.推销观念考虑如何把产品变成现金,而营销观念则考虑如何来满足顾客的需要

C.推销观念产生于卖方市场,营销观念产生于买方市场

D.推销观念注重卖方需要,营销观念注重买方需要

7.市场营销组合的因素对于企业来说是(　　)。

A.可控因素　　B.不可控因素　　C.静态组合　　D.单一结构

8.(　　)认为,消费者喜欢高质量、多功能和具有某种特色的产品,企业应致力于生产高值产品,并不断加以改进。

A.生产观念　　B.产品观念　　C.推销观念　　D.营销观念

9.能使投资方案的净现值等于零的折现率,叫作(　　)。

A.现值指数　　B.净现值率　　C.投资利润率　　D.内部收益率

10.从市场营销的角度来看,市场是指(　　)。

A.买卖双方进行商品交换的场所　　B.买卖双方之间商品交换关系的总和

C.以商品交换为内容的经济联系形式　　D.某种商品需求的总和

11.现代市场营销观念的最大特色就是企业以(　　)为中心。

A.生产　　B.销售　　C.消费者　　D.服务

12.当贴现率与内部报酬率相等时(　　)。

A.净现值小于零　　B.净现值等于零　　C.净现值大于零　　D.净现值不一定

13.我国园艺产品项目市场风险的形式主要有(　　)。

A.价格风险　　B.滞销风险

C.政策发生变动风险　　D.融资风险

三、复习思考题

1.简述园艺产品的内涵。

2.简述项目的特征。

3.简述园艺产品市场营销的核心要素。

4.简述市场营销组合理论的发展。

四、案例分析

小王从农校毕业后,准备进行盆景园项目创业。他设计研发了某新盆景,预售单价148元/盆,该盆景项目的单位产品变动成本为28元/盆,生产该项目的月固定成本为6 000元,试求该项目的盈亏平衡点产量。如果该项目欲实现月利润9 000元,试求目标产量是多少。

项目二

园艺产品市场调查

知识目标：

- 了解市场调查的含义及作用；了解市场调查方案的含义和市场调查问卷的含义。
- 理解市场调查类型、市场调查方案内容和问卷设计程序。
- 掌握园艺产品市场调查内容、市场调查的方法；掌握问卷问句的措辞。

能力目标：

- 能够编制园艺产品市场调查方案，设计调查问卷，开展园艺产品市场调查活动。

教学课件

任务1 编制园艺产品市场调查方案

情境案例

枫泾黄桃走进高端超市

实施乡村振兴战略是建设现代化经济体系的重要基础,农村经济是现代化经济体系的重要组成部分。上海金山区枫泾镇以产业兴旺带动乡村振兴,大力发展黄桃产业。2015年枫泾黄桃的种植面积已达4 160亩,以锦绣、锦香、锦园、锦花四个品种为主,黄桃合作社有18家。其中已进入盛产期的黄桃种植面积达3 000多亩,2015年亩产量普遍在2 500～3 000斤左右。为了保证"枫蜜"这一黄桃品牌的质量,枫泾镇实行严格的绿色食品认证标准,以"绿色果园"建设为抓手,严把农产品质量安全关,努力做到产前、产中、产后安全可控。目前,全镇已建成"绿色果园"25个,其中黄桃果园有10个。该镇还委托第三方建设农产品追溯体系,每家"绿色果园"均建立了二维码追溯体系,全面覆盖农产品生产及销售整个过程。

2015年,看到黄桃的高收益,进入该产业的人越来越多,竞争也越来越激烈,黄桃面临着不好卖的局面。为拓展黄桃高端城市超级市场,枫泾镇组织相关人员开展了深入的市场调查,根据调查,消费者反馈,"枫泾黄桃新鲜美味,但包装有待提升。传统箱装黄桃量太多,一个小家庭在保鲜期内根本吃不完",他们及时调整了黄桃的包装。

8月16日,上海金山区枫泾黄桃成功入驻上海OLE港汇店、OLE静安嘉里店、OLE浦东嘉里店、Citysuper国金中心、Citysuper时代广场等高端城市超市。小巧精致的2只装、经济实惠的6只装、体面大方的12只装、货真价实的5千克装黄桃销售包装应运而生,让爱吃黄桃的消费者"量力而购"。消费者不仅可以现场免费试吃,扫码关注"舌尖上的枫泾"微信公众号还可获2只装黄桃礼品装一份。当天,关注并转发活动指定信息的网友,还有机会获得枫泾古镇门票、黄桃券等奖品。

【引出问题】枫泾镇为何要开展市场调查?他们调查了哪些内容?

【任务内容】根据该案例,编制一份园艺产品市场调查方案。

一、园艺产品市场调查概述

(一)园艺产品市场调查的含义

园艺产品市场调查,是指针对特定的营销问题,运用科学的方法和手段,有目的、有计划地系统收集、整理和分析研究与市场有关的信息,提出解决问题的建议,为园艺产品的营销管理人员营销决策和市场预测提供依据和参考。

(二)园艺产品市场调查的作用

市场调查对于园艺产品生产经营者的营销活动提供重要的决策依据,对市场营销有着检验与校正的作用。

(1)为企业发现市场机会提供依据。市场情况瞬息万变,难以预测。激烈的竞争给企业进入市场带来困难,同时也会给企业创造许多机遇。通过市场调查可以确定市场的潜在市场需求和销售量的大小,了解顾客的意见、态度、消费倾向、购买行为等,据此进行市场细分,进而确定其目标市场,分析市场的销售形势和竞争态势,作为发现市场机会、确定企业发展方向的依据。

(2)为企业制订市场营销组合策略提供依据。市场情况错综复杂,有时难以推理,有些经济现象会掩盖了问题的本质,如有些产品的销路不畅,有些产品的价格变化不定,有些产品经过促销可以扩大销量,有些产品对促销则没有反应等,这些市场现象都需要通过市场调查来提供市场信息,作为企业制订市场营销组合策略的重要依据。

(3)为企业产品更新换代提供依据。科学技术的日新月异,顾客需求的千变万化,市场竞争日趋激烈,新的产品层出不穷,产品更新换代的速度越来越快,通过市场调查,可以发现企业的产品目前处于产品生命周期的哪个阶段,以便适时调整营销策略,对是否要进行产品的更新换代做出决策。

(4)是企业增强竞争能力,提高经济效益的有力途径。通过市场调查,企业可以及时了解市场上产品的发展变化趋势,掌握市场相关产品的供求关系,清楚顾客需要什么,并据此制订市场营销计划,组织生产适销对路的产品,增强企业的竞争能力,实现企业的盈利目标,提高企业的经济效益。

总之,园艺产品市场调查对于掌握园艺产品市场的变化动态,了解园艺产品市场的供求规律,制定园艺产品市场营销决策和策略,提高经济效益有着非常重要的作用。

(三)市场调查的类型

市场调查按照研究的问题、目的、性质和形式的不同,一般可以分为以下四种类型。

(1)探测性调查(试探性调查)。是园艺产品生产经营者对需要调查的问题不清楚,无法确定需要调查哪些具体内容时的试探性调查。一般处于整个调查的开始阶段。试探性调查可以帮助查明问题产生的原因、找出问题的关键,确定进一步调查的重点内容(或者说需要研究问题的症结所在),以便再采用其他类型的调查。例如,某园艺企业近几个月的蔬菜产品销售量下降,是什么原因造成的?是品质,还是价格?还是出现了新的竞争产品,或消费者兴趣发生转移等,可向一些消费者或代理商进行调查,收集市场情况资料,以便从中发现问题,找出问题的原因。至于问题如何解决,则根据需要再进行研究。这种调查方法相当灵活,多以定性为主。有些比较简单的问题,如果探测性调查已弄清其来龙去脉,也可不再进行进一步的调查。进行探测性调查的主要方法:查阅企业内、外部资料,非结构性的个人或小组访问,案例研究等。

(2)描述性调查。描述性调查是针对调查的问题,或者为进一步研究问题的症结,采用一定的方法,对市场的客观情况进行如实的描述和反映。回答诸如消费者买什么、什么时间买、在哪买、怎样买之类的问题。例如，对园艺产品的市场潜量、市场占有率、推销方法、销售渠道、顾客态度与偏好、竞争对手等问题的调查，都属于描述性调查。描述性调查，一般要进行实地调查，收集第一手资料，更注重对实际资料的记录，比探测性调查更为详细、具体，需要把已经找出的问题一一说明，并进行分析研究，寻找解决问题的办法。因此，调查计划要比较周密，更强调资料的可靠性。描述性调查所取得的市场信息资料是进行市场预测和市场分析的重要依据。描述性调查方法多采用询问法和观察法。

(3)因果性调查。因果性调查是为了弄清某一因素的变化对另一因素产生作用的大小，即在于弄清问题的原因和结果之间有关变量的对应关系。通常是在描述性调查所收集、整理资料的基础上，通过逻辑推理和统计分析方法，找出不同因素之间的因果关系或函数关系。例如，研究园艺产品降价幅度对销售额增加量的影响程度。因果性调查又分为定性调查和定量调查。定性调查就是在各因素之间，分析到底是哪一因素起决定作用；定量调查是要鉴定各相关变量之间的数量影响大小，研究原因和结果之间的函数关系。因果性调查最理想的是先采用实验收集数据，再运用统计分析方法或其他数学模型进行分析，这样得出的结论最为科学和准确。

(4)预测性调查。市场需求的预测问题是企业制订市场营销方案和市场营销决策的前提。对未来市场的需求进行估计，对企业制订有效的营销计划，避免较大的风险和损失，有着特殊的意义。预测性调查涉及的范围比较广，可采用的研究方法较多，研究的方式较为灵活。

二、园艺产品市场调查内容

(一)市场营销环境调查

园艺产品市场营销环境是指影响园艺产品生产经营者的经营管理活动的外部各环境因素的总和，这些环境因素的变化对企业营销活动有着很大影响。

(1)政策法令的变化。掌握一定时期内政府关于产业发展、价格、税收、财政、金融、外贸、环保等方面的政策和法令，调查和分析在这些政策法令影响下市场的变化情况。

(2)经济和科技的发展。掌握一定时期内社会生产总值及社会产品购买力的变化；了解新技术、新材料、新工艺及新品种的开发情况，分析经济与科技的发展对营销的影响。

(3)社会文化变化。了解居民文化教育程度及其职业构成、民族分布特点及宗教信仰、生活习惯等。

(二)市场供需调查

市场供需调查主要包括以下几个方面的内容。

(1)市场供应的调查。了解市场资源情况，包括资源总量、构成、质量、价格和供应时间等。

(2)市场需求的调查。了解现实需求量、潜在需求量及其变化趋势、消费需求结构等情况。

(3)消费者(顾客)状况调查。了解消费者类型(个人或团体，个人的民族、年龄、性别和职业)，消费者购买水平，消费者的欲望和购买动机，消费者购买偏好、购买习惯等情况。此外，还应了解社会、经济、文化等因素对消费者购买行为的影响和了解潜在消费者的需求情况。

(4)竞争对手调查。了解有没有直接或间接的、潜在的竞争对手，如果有，是哪些？了解竞争对手产品价格与特征、产品销售量与市场占有率及覆盖面；了解竞争对手采取的各种营销战略和策略及其对市场的影响。

（三）产品状况调查

产品状况调查主要是指对产品在市场上的现状进行调查，主要包括以下几个方面：

（1）产品实体调查。包括了解消费者对营销的产品质量方面的评价、意见和要求；了解产品所处的生命周期属于哪个阶段。

（2）产品形体调查。了解消费者对产品规格、包装等方面的要求；了解产品的商标是否便于记忆、易于联想。

（3）产品服务调查。了解市场对售前、售中、售后服务的要求，以及经营者所进行的系列服务活动的效果，特别是服务态度和服务方式是否适当。

（四）产品价格调查

（1）消费者价格心理的调查。了解消费者愿意接受的产品价格范围是什么。

（2）产品成本及比价调查。了解产品生产、经营过程中的各种成本费用，为合理定价提供依据；了解同一时期同一市场上各种相关产品间的比价关系；了解同类产品消费者可以接受的各种差价。

（3）价格与供求关系的调查。调查研究各种园艺产品的供求曲线和供求弹性，为合理制订和调整价格策略提供依据。

（4）定价效果的调查。了解消费者对经营者所提供的产品价格的反映；本经营者的产品与竞争对手同类产品的价格差异及其对需求的影响；了解产品价格的合理性及价格策略的有效性；调查分析调整价格和价格策略的可行性和预期效果等问题。

（五）销售渠道调查

（1）现有销售渠道的调查。了解产品现有销售渠道的组成状况；各组成部分的作用及库存情况；渠道成员被竞争者利用的情况及其对各经营者的态度；各渠道环节上的价格折扣及促销情况。

（2）经销单位的调查。了解各经销单位的企业形象、规模、销售量、推销形式、顾客类型、所提供的服务等。

（3）渠道调整的可行性分析。了解新建渠道的成本、费用及预期收益，为合理调整销售渠道提供依据。

（六）促销状况调查

促销的主要任务是向消费者传递产品和服务信息，扩大销售。促销方式有广告、营业推广、公共关系和人员推销等形式。在促销活动中应着重调查研究消费者对促销活动的反应，了解消费者最喜爱的促销形式。具体内容包括：

（1）调查各种促销形式的特点。是否独具一格、具有创新性；是否突出了产品和服务的特点。

（2）调查消费者对各种促销形式的接受程度。能否给消费者留下深刻的印象。效果与投入比有无不良反应。

(3)调查各种促销形式最终吸引顾客的效果以及促销形式争取潜在消费者的作用。如对广告目标、媒体影响力、广告设计及效果、公共关系的主要动作及效果、企业形象的设计和塑造等,都需进行有目的的调查。

(七)经营企业形象调查

经营企业形象是指经营企业及其产品在社会公众心目中的地位和形象。调查主要内容包括以下几个方面:

(1)经营企业理念形象的调查。了解经营企业高层领导的经营理念、经营风格与信条,调查了解经营企业的文化氛围、员工素质。通过调查与分析,为企业形象精神系统的设计及企业的社会风格定位提供依据。

(2)经营企业行为形象的调查。调查了解经营企业的经营现状、发展战略、同行业及同类产品的竞争态势和特色;调查了解经营企业的社会责任、公益活动、公共关系活动的实施状况及其效果,通过调查与分析,为企业的经营行为的规范化系统设计及企业的市场定位提供依据。

(3)调查了解社会公众对经营企业的印象;了解和征询经营企业标志系统。通过调查与分析,为企业的象征图案、文字、色彩等标志系统的设计以及视觉传递系统的策划提供依据。

三、园艺产品市场调查方法

要做好园艺市场调查,首先要选择科学、合适的市场调查方法。常见的市场调查的方法有询问法、观察法和实验法。

(一)询问法

询问法是由调查人员以询问的方式进行调查,从被调查者的回答中获取所需资料。按调查人员与被调查者之间的接触方式的不同,询问法可分为个人访问调查、电话调查、信函调查和网上调查 4 种。前 3 种在园艺产品营销中常应用。

1. 个人访问调查

个人访问调查是调查者面对面地向被调查者询问有关问题,对被调查者的回答可适当记录。调查方式可采用走出去、请进来或召开座谈会的形式,进行一次或多次调查。调查可根据事先拟定的询问表(问卷)或调查提纲提问,也可采用自由交谈的方式进行。

这种方法的优点:一是能当面听取意见并观察反应;二是能相互启发和较深入地了解情况,对问卷中不太清楚的问题可给予解释;三是根据被调查者的态度灵活掌握,或详细调查,或一次调查或停止调查;四是资料的真实性较高,回收率高。

这种方法的缺点:一是调查费用高;二是受调查者的态度、语气等影响而产生偏见,调查结果易受调查人员技术熟练与否的影响。

个人访问调查适用于调查范围较小,且调查项目较复杂的调查。

2. 电话调查

调查人员根据抽样设计要求,用电话向调查对象询问收集资料的一种方法。

这种方法的优点：一是资料收集快，成本低；二是可按拟定的统一问卷进行询问，便于资料统一处理。

这种方法的缺点：一是只能限于接听电话的用户调查；二是调查时间不能太长，难以询问较为复杂的问题，不易深入交谈和取得被调查者的合作。

3. 信函调查

信函调查又称为邮寄调查。将设计好的询问调查表、信函、订货单等邮寄给被调查者，填好后寄回。

这种方法的优点：一是调查区域广；二是被调查者回答问题时有充分时间思考，又不受调查人员影响，因此调查资料较真实。

这种方法的缺点：一是调查表回收率较低，且回收时间较长；二是被调查者可能误解询问表某些事项的含义而填写不正确，或答卷者可能不是被调查者本人，影响调查的代表性。

信函调查适用于较大范围和较复杂问题的调查。

(二)观察法

观察法是调查人员用自己的眼睛或借助器材，如照相机、摄像机、录音机等，在调查现场直接观察和记录被调查者的行动，以获取所需调查资料。采用观察法的调查形式有多种，如果按调查人员在观察过程中是否暴露身份，可分为公开观察和隐蔽观察。不同形式的观察，对调查人员和被调查者的要求不同，其调查结果的真实性也会不同，应根据调查的内容和调查现场的情况，采取相应的观察形式。观察性调查的具体方式有以下 3 种：

1. 现场观察法

现场观察法是指调查人员到现场，如经销门市部、大超市、批发市场、展销会、交易会等，亲自观察和记录顾客的购买情况和情绪，以及同类产品竞争程度和各种产品的价格、包装等。例如，调查人员亲自到大超市的水果和蔬菜货架上观看消费者购买情况，如购买兴趣和购买数量等，以获取第一手资料。

2. 痕迹观察法

痕迹观察法是指调查人员通过观察某事项留下的实际痕迹来了解所要调查的情况。例如，在超市内某水果罐头产品货架上安装摄像机，记录顾客目光的运动过程，以弄清顾客如何浏览水果罐头的各种品牌。

3. 比较观察法

比较观察法是指调查者对事物所做的对比观察。例如，某园艺企业为要了解何种包装的果汁对消费者最有吸引力，于是把需要比较的玻璃瓶、塑料瓶和铁皮盒装的果汁放在同一商店内销售，现场观察消费者的购买态度。结果发现，玻璃瓶包装的果汁最受欢迎，企业据此组织生产果汁后销量大增。

观察法的优点是可以直接观察和记录被调查的事实和被调查者的行为，调查结果更接近实际。但其缺点是观察不到内在因素，如被观察者的受教育程度、心理状态、购买动机、收入水平等。只能报告事实的发生，不能说明其原因，比询问法花钱多、调查时间长、成本也高，此外，对观察人员业务水平要求较高，从而使观察法的利用受到限制。

(三)实验法

实验法是指从影响调查问题的许多因素中选出一两个因素，将它们置于一定条件下进行小规模实验，然后对实验结果做出分析，研究是否大面积推广。尤其在因果性调查中常采用此种调查方法。

实验法在园艺产品调查中应用范围较广，一般来说，变换产品包装、调整产品价格、推出新产品、变动广告形式内容、变动产品陈列等，都可以采用实验法调查测试其结果。常用的实验法主要有事前事后对比实验、控制组同实验组对比实验、有控制组的事前事后对比实验和随机对比实验4种，这里仅介绍前两种方法。

1. 事前事后对比实验

事前事后对比实验是最简便的一种实验调查。先对实验对象进行事前测量，在正常情况进行测量，即事前测量，并记录下测量值，然后再测量记录试验后的情况，进行事前事后对比，通过对比观察了解实验变数的效果。

案例链接

事前事后对比实验

某果汁生产企业为了扩大销售，经过对市场情况的初步分析，认为应该改变原来的包装，但对新设计的包装效果究竟怎么样没有把握。为此，企业决定运用事前事后对比实验法，对市场进行一次实验调查。

该企业将500毫升和1 500毫升两种规格的果汁饮料作为实验对象，实验期定为1个月。实验过程中，首先统计汇总未改变包装前一个月两种规格果汁的市场销售额。然后改变包装，经过在同一市场销售1个月后，再统计汇总新包装果汁的市场销售额。经过实验调查，结果如表2-1所示。

表2-1 果汁饮料换包装前后销售额对比

规格/毫升	事前销售额 y_1/元	事后销售额 y_2/元	变动/元
1 500	8 000	12 000	+4 000
500	5 000	7 000	+2 000
总计	13 000	19 000	+6 000

注：实验变数效果 = $y_1 - y_2$

从表2-1中测量的数据变化可以看出：两种规格的果汁饮料改变包装后，销售额普遍增加。1 500毫升规格的果汁饮料销售额增加了4 000元，500毫升规格的果汁饮料销售额增加了2 000元，共计增加了6 000元。由此可以判断果汁饮料包装对果汁饮料的销售有很大影响，因此改变包装是值得的。

2. 控制组同实验组对比实验

实验控制组，又称为对照组，用来与实验组进行对照比较。控制组与实验组对比实验，就是将控制组和实验组在同一时间内进行对比，不需要按时间顺序分事前事后对比，这样就可以排除由于对比时间不同而可能出现的外来变数的影响，在同一时间进行对比实验则可大大提高实验的准确性。如选择对产品销售量有明显影响的价格和包装两个因素作为实验因素，在其他因素不变的情况下，进行销售实验，从销售量的变化中，便可表明价格和包装对销售量的影响。像一些园艺企业早已采用的产品试销、试用、展销等都属于实验法。

上述介绍的询问法、观察法和实验法的市场调查方法，在应用时应视调查的问题和调查的目标而灵活运用。一般在调查消费者的态度时，可采用询问法；调查消费者的注意点时，可采用观察法；调查某一营销因素对消费者的影响程度时，则可采用实验法。

知识拓展

抽样样本设计

一般地，企业为了某个营销目标在进行市场调查时，大都采用抽样调查的方式进行，因为抽样调查是一种非全面调查，调查工作量小，所需时间、费用相对较少，有利于保证调查的时效性。这里抽样调查样本大小及样本数量的确定是关键。抽样方法主要有两类：随机抽样和非随机抽样。

1. 随机抽样

它是按照随机原则抽取样本，即完全排除人们主观意识的选择，总体中每一个体被抽取的机会是均等的。随机抽样的具体方法有简单随机抽样、分层随机抽样和分群随机抽样 3 种。

(1)简单随机抽样。又称为完全随机抽样或单纯随机抽样，是指从总体中随机抽取若干个体为样本，抽样者不进行任何有目的的选择，而是用纯粹偶然的方法抽取样本。它是随机抽样中最简便的一种方法。在市场调查活动中常用的简单随机抽样方法，通常有抽签法和随机号码表法，以此方法来实现随机原则抽取样本。

(2)分层随机抽样。又称为类型抽样法或分类抽样法，是指将调查的市场母体划分成若干个具有不同特征的次母体，这些次母体一般称为层(或组)，再从各层中随机抽取样本，综合成一个调查样本。怎么样分层，并无一定规则。例如，调查某地区的园艺产品经营企业的水果周转情况，先按其经营规模分为大型、中型和小型企业 3 种类型(次母体)，然后再从 3 种类型中分别随机抽取样本。如果是调查消费者，一般可按照收入、性别、年龄、家庭人口、教育程度、职业等分层。总之，要尽量使各层之间具有显著不同的特性，同一层内的个体则具有相同的特征。一般来说，当总体中的调查单位特性有明显差异时，可分层随机抽样。

(3)分群随机抽样。又称为集团抽样法，是先将调查总体按一定的标准(如地区、单位)分为若干群体，再从中按随机原则抽取部分群体，由被选中的群体中的所有单位组成样本的抽样调查方法。分群随机抽样法所划分的各群体，其特性大致要相近，而各群体内则要包括各种不同特性的个体。

2. 非随机抽样

它是指按照调查目的和要求，根据一定的主观设定的标准来选择抽取样本，对总体中的每一个体不给予被选择抽取的平等机会。非随机抽样的具体方法有以下3种。

(1)任意抽样。又称为便利抽样，它是指样本的选择完全根据调查人员的方便来决定，通常没有严格的标准。例如，在商店柜台销售水果的过程中向购买者询问调查或在街上向过路人随意访问调查等。实行任意抽样法的基本理论根据，就是认为母体中的每一分子都是相同的，故任意选出的样本与总体的特性并无差别。其优点是使用简单方便，较为经济。但抽样偏差大，其调查结果可信程度低。因为它很难进行误差分析，在正式市场调查中不宜采用，而在非正式的市场调查中，却是被应用得最多的一种调查取样的方法，尤其是对一些保健品等的调查。

(2)判断抽样。又称为目的抽样或主观抽样，是指按照市场调查者对实际情况的了解和主观经验选定调查样本单位的一种非随机抽样方法。使用这种方法，样本的选定者必须对总体的特征有相当的了解，选样本时应该选择“多数型”样本(即在调查总体中选择能够反映大多数单位情况的个体为样本)或选择“平均型”样本(即选择在调查总体中能代表平均水平的样本)，避免挑选“极端型”样本，使样本更具有代表性。判断抽样法所选定的样本，易于符合市场调查人员的调查需要，同随机选定的样本相比，回收率比较高，而且简便易行，所以具有一定的实践意义。

(3)配额抽样。又称为定额抽样法，是指将调查对象按规定的控制特征分层，按一定控制特征规定样本配额，由调查人员随意抽取样本的抽样方法。配额抽样是按调查人员的主观判断直接抽取样本。配额抽样的优点是简便易行，成本低，没有总体名单也可进行。但是当控制特性多时，计算较复杂，且缺乏统计理论依据，无法准确估计误差。

四、市场调查程序

(一)编制市场调查方案

市场调查是一项复杂细致的工作，具有高度的科学性与群众性。调查过程中会涉及大量的、不同的社会人员参加，所以制订详细的调查工作实施方案，是任何一个市场调查都必不可少的。园艺产品营销市场调查方案是营销人员根据营销目的与任务的要求，运用科学的调查方法，有计划、有组织地向社会搜集园艺产品市场信息过程的总体工作安排。市场调查方案是市场调查准备阶段的主要内容，是市场调查的基础，调查方案编制将影响整体市场调查项目的质量和最后的效果。市场调查方案的内容主要包括以下几方面。

1. 明确调查目的

在调查方案中首先应该明确调查目的、任务和意义。调查目的是调查所要达到的具体目标，它所回答的是“为什么调查”，要解决什么样的问题，调查具有什么样的社会经济实践意义等。明确调查目的是调查方案设计中首先应解决的问题，只有在这些问题明确之后，我们才能确定向谁调查、调查什么以及采用什么方法进行调查。调查目的的说明应简明扼要。

2. 确定调查项目内容

调查目的明确后，就要确定调查哪些项目内容，可以实现调查目标。调查项目内容是调查的具体内容，它可以是调查单位的数量特征，如一个人的年龄、收入、企业的产品产量、产值、销量、市场占有率等，也可以是调查单位的某种属性或者品质特征，如一个人的性别、职业，一个企业所属的行业类别等。

3. 选定调查对象和调查样本

调查对象是根据调查目的确定的调查研究的总体或者调查范围。调查单位是构成调查对象中的每一个单位，它是调查项目和指标的承担者或者载体，是我们收集数据、分析数据的基本单位。调查对象和调查单位所解决的是"向谁调查"，由谁来提供所需数据的问题。

调查对象是我们确定抽样的总体，在总体中被抽选到的具体个体则是调查样本。实际调查中，调查样本可以是调查对象的全部单位，也可以是部分单位，如普查或抽样调查。在园艺产品市场研究和调查中，基本上都是采取抽样调查方式。

4. 确定调查方法

调查方法是搜集具体数据和信息的方式方法。在园艺产品市场调查中，根据调查对象的范围，可以分为全面调查和非全面调查。如果是非全面调查，还可以分为抽样调查、重点抽查或是典型调查。若是抽样调查，还应明确抽样总体、抽样方法、数据分析推断方法等。

市场调查中，明确了调查样本的选择方式外，还要确定具体的调查方法。市场调查方法一般包含询问法、观察法及试验法。

5. 设计调查表或调查问卷

为了便于整理和汇总调查的数据，一般把调查项目内容编制成调查表。调查表必须规范，一般有单一表和一览表。单一表是供调查单位单独登记的表格，可以详细列示调查的项目，有多少个调查样本就要用多少份表格。一览表是可同时登记若干个调查样本的，适用于调查项目内容相对较少的情况。

调查问卷是一种特殊形式的调查表。调查问卷应根据调查对象、调查内容、调查方法的不同特点进行设计。它是在表中按照一定逻辑结构组成的问题集向被调查者搜集对相关问题的反应和看法。调查问卷的设计要主题明确、形式简明、文字通俗、容易理解、便于回答。问题问句设计要切合主题并有逻辑性，提问方式要讲究技巧。

6. 制订调查组织实施计划

为了保证调查工作顺利进行，还必须制订详细的调查组织实施计划，内容有：一是明确调查工作完成的期限及工作进度。明确调查工作期限及工作进度，不但可以保证调查工作的及时完成，还能保障调查搜集到的资料的时效性符合调查要求；二是要有把握全局的负责人，统筹组织整个调查活动、主持调查座谈会、对调查报告进行审核把关等；三是要有业务骨干参与，这对于深挖问题实质、延伸调查深度非常重要，必要时还可以邀请相关领域的专家学者、研究机构力量共同参与；四是要有写作经验丰富的人员，要全程参与整个调查，将调查中收集到的各种市场信息、业务人员的研究分析成果转化为书面语言，形成表述准确、用词严谨的调查报告；五是要做好市场调查经费预算，“有多少钱办多少事”，这是市场调查的基本保障。市场调查一般都要走出去，面向社会，会涉及人员交通、调查资料的打印、调查对象的礼物沟通，以及调查后期的数据整理分析、文献查询等调查费用的支出，以保障市场调查工作的有序推进。

总之，编制的市场调查方案应科学、合理、可行。市场调查方案内容应涵盖调查工作的全过程，并做到条理清楚，文字力求简洁、明了，有关的调查指标解释、调查要求、调查方法、说明等必须符合国家相关标准，必须具有调查的可行性和可操作性，只有这样多方面审核并完善调查方案，做好市场调查方案的设计编制工作，才能为园艺产品市场调查工作的顺利实施创造条件。

(二)实施市场调查

实施市场调查就是到现场实地收集资料，这是市场调查的第二阶段。实地调查是调查人员到现场收集资料的过程，是市场调查的关键。现场调查工作质量的好坏，直接影响调查结果的正确性。因此，调查人员要尽量关注调查现场的情况，避免调查对象提供不真实或有偏见的信息等现象出现。

(三)调查数据整理分析

调查数据整理分析是指对现场实地调查所获得的资料进行筛选、分类、统计和分析。①筛选梳理。剔除出现抽样设计错误、被调查者回答错误等问题的资料，保证资料的系统、完整和真实可靠。②分类。把筛选过的资料根据其问题分类并编号，以便下一步的统计和分析。③统计。对经过分类的资料进行统计计算，并制成各种统计图表，以便直观反映问题。④分析。从统计数据中分离出重要的、适用的信息，进行深入的系统分析，在此基础上，找出原因，得出结论，提出改进建议或措施。

(四)撰写市场调查报告

撰写调查报告是市场调查的最后一个环节，也是最重要的环节。所谓市场调查报告，就是对某一情况、事件或问题，经过对客观实际情况的调查了解，将调查了解到的全部情况和材料进行分析研究，找出存在的问题，揭示其内在本质及规律性，总结出经验教训，或针对问题提出解决办法与建议，最后以书面形式陈述出来，形成报告，向上级领导汇报。

1. 调查报告的格式

调查报告主要包括两个部分：一是调查情况；二是分析研究。调查情况是经过实地调查，准确地反映被调查的客观事实，不能主观臆想，详细占有第一手材料。分析研究，是在掌握客观事实的调查数据基础上，认真分析，“去粗取精、去伪存真、由此及彼、由表及里”地透过数据现象揭示事物的本质和规律。调查报告可以提出一些对策，但不是主要的。因为对策的制订是一个深入的、复杂的、综合的研究过程，调查报告提出的对策正确与否还需要实践的验证。

大体来说，市场调查报告格式结构一般包括 4 部分。

第一部分为序言(或前言)。序言主要介绍调查研究课题的基本情况。包括封面(包含有调查主题、委托单位名称、调查单位名称、报告日期)、目录和索引。

第二部分为摘要。摘要是对调查活动所取得的主要成果进行概括性说明。包括调查的对象、调查的范围、调查方法、调查结论和建议，是调查报告的“骨架”。而说明调查的主要结果、详细的论证资料在正文中阐述。

第三部分为正文。正文包括研究的全部事实，对调查研究的背景、目的、方法、过程、结论和建议进行详细的阐述。大致包括导言（引言）、调查方法与步骤介绍、资料介绍与分析、结论与建议等部分。

第四部分为附录。主要有附属的图表、公式、附属资料及致谢和文献目录等。

2. 调查报告的要求

撰写调查报告应注意报告内容紧扣调查主题，突出重点，力求客观扼要，文字要简练，观点要明确，分析要透彻，尽可能使用图、表说明，以便经营决策者在最短的时间内能对整个报告有一个概括的了解。

第一，客观真实、材料丰富。这是调查报告的前提，材料的来源有两个方面：一方面来自实地考察的直接资料，另一方面来自书报、杂志和互联网的间接资料。要依据调查目的，脚踏实地地在实践中进行细致的市场调查，掌握大量符合实际的第一手资料。调查报告引用的材料、数据需真实可靠，要实事求是，反对弄虚作假。

第二，中心要突出，切忌面面俱到。对于获得的大量的直接和间接资料，要做“去粗取精、去伪存真、由此及彼、由表及里”辨别真伪的工作。在第一手材料中，筛选出最典型、最能说明问题的材料，对其进行分析，从中揭示出事物的本质或找出事物的内在规律，得出正确的结论，总结出有价值的东西。这是写好调查报告的关键。

第三，调查报告要用词准确，语言通俗易懂。调查报告一般是针对解决某一问题而产生的。如果用词概念不清，就难以了解事物的本来面目，也就达不到解决问题的目的。切忌为了追求用词新颖，把简单的事物用复杂的词语来表达，把简单的道理说得深奥难懂。

第四，调查报告要逻辑严谨，条理清晰。调查报告能够按照调查活动开展的顺序，前后衔接，环环相扣。论据和观点要有严密的逻辑关系，条理清晰。论据不单是列举事例，讲故事，逻辑关系是指论据和观点之间内在的必然联系。如果没有逻辑关系，无论多少事例也很难证明观点的正确性。

案例链接

超市自有品牌满意度调查方案设计

超市自有品牌商品的经营与开发是超市的一项重要利润来源。顾客对超市自有品牌的满意度直接影响着顾客忠诚度，关系到超市的成败兴衰，研究超市自有品牌的满意度有着重要的意义，而调研的首项工作就是进行超市自有品牌满意度调查方案设计。调查方案设计，就是根据调查研究的目的和调查对象的性质，在进行实际调查之前，对调查工作总任务的各个方面和各个阶段进行的通盘考虑和安排，提出相应的调查实施方案，制订出合理的工作程序。调查方案是整个调研工作的行动计划和纲领，对调查工作的顺利、有效开展具有重要的指导作用，决定整个调查活动的成败。

一、确定调查目的

确定调查目的是解决为什么要调查的问题，它是调查设计的首要问题，只有确定了调查目的，才能确定调查的范围、内容和方法，否则就会列入一些无关紧要的调查项目，而漏掉一些重要的调查项目，无法满足调查的要求。一般确定调查目的必须包含三个方面：一是确定这项调查是为谁服务的，是为企业还是为社团组织服务，或者为了学术研究需要；二是确定所获得的市场信息有什么作用，有什么意义；三是确定通过调查了解哪方面的市场信息。

首先，要确定××超市自有品牌满意度调查的调查目的，这项调查的目的应该是为××超市服务的，为超市提供决策依据；其次，要说明调查的意义，也就是为什么要进行××超市自有品牌满意度的调查；最后，确定通过自有品牌满意度的调查要了解哪些市场信息：要了解消费者是否购买过××超市自有品牌商品，购买过哪些商品，通过什么渠道获知相关信息，对××超市自有品牌各个方面是否满意，是否会继续购买××超市自有品牌。因此××超市自有品牌满意度调查的调查目的可以描述如下：

了解消费者对××超市自有品牌商品的认知度、满意度、重购率，以及对××超市自有品牌商品经营的期望和意见，以便于公司不断改进工作，提高服务水平，为超市经营和开发自有品牌商品提供科学的决策依据，最终提高顾客的忠诚度。

二、确定调查对象

明确了调查目的之后，就要确定调查对象和调查单位，这主要是为了解决向谁调查和由谁来具体提供资料的问题。调查对象就是根据调查目的、任务确定调查的范围以及所要调查的总体，它是由某些性质上相同的许多调查单位所组成的。根据调查目的，要了解××超市自有品牌的满意度，必须向××超市的消费者调查。因此××超市自有品牌满意度调查的调查对象为××超市各分店的消费者。××超市主要辐射徐州市，消费者主要为××超市附近的各中小学、大专高校的教职工和学生，以及附近的企事业单位职工、个体户以及附近居民。

三、确定调查项目和调查问卷

确定调查项目就是确定调查什么的问题，调查内容要根据调查目的确定。在确定调查项目时，除要考虑调查目的和调查对象的特点外，还要注意以下几个问题：第一，确定的调查项目应当既是调查任务所需，又是能够取得答案的。凡是调查目的需要又可以取得的调查项目要充分满足，否则不应列入。第二，项目的表达必须明确，要使答案具有确定的表示形式，如数字式、是否式或文字式等。否则，会使被调查者产生不同理解而做出不同的答案，造成汇总时的困难。第三，确定调查项目应尽可能做到项目之间相互关联，使取得的资料相互对照，以便了解现象发生变化的原因、条件和后果，便于检查答案的准确性。第四，调查项目的含义要明确、肯定，必要时可附以调查项目解释。××超市自有品牌满意度调查的调查目的是了解消费者对××超市自有品牌商品的认知度、满意度、重购率，以及对××超市自有品牌商品经营的期望和意见。因此调查项目可以确定如下：第一，被调查者的基本情况，包括年龄、性别、文化程度、职业、家庭收入等。第二，××超市自有品牌商品的认知度，包括知道哪些自有品牌商品、对××超市自有品牌的印象、购买过哪些商品、影响购买的因素有哪些、知晓的渠道。第三，××超市自有品牌商品的满意度，包括对性价比、质量、包装、服务、摆放位置、宣传促销等方面的满意情况。第四，××超市自有品牌商品的重购率、是否继续购买以及原因、是否会给别人推荐，对××超市自有品牌的意见和建议等。

四、调查时间和调查期限

调查时间是指调查资料所属的时间。如果所要调查的是时期现象，就要明确规定资料所反映的是调查对象从何时起到何时止的资料。如果所要调查的是时点现象，就要明确规定统一的标准调查时点。调查期限是规定调查工作的开始时间和结束时间。超市一般周末人流量最大，因此调查时间确定在周末，同时连续选择几个周末去调查，可以确保样本的代表性更高。例如，徐州××超市自有品牌满意度调查期限可以设计为11月份连续四个周末。资料所属时期指标可以根据实际情况分项规定。

五、调查的组织方式

调查的组织方式包括上述没有提到的事项。例如，明确调查地点、选择调查的组织形式等问题。在调查方案中，要明确规定调查地点。××超市自有品牌满意度调查的地点可以选在××超市。还要选择合适调查组织方法，为了便于调查，了解××超市自有品牌商品的消费者的特征，可以采用简单随机抽样，可以采用问卷调查法、观察法、采访法等多种方法结合进行调查。除了明确调查地点和调查方法外，还应规定数据的整理和分析方法。例如，××超市自有品牌满意度调查就可以对合格的问卷进行录入、计算，得出可供分析使用的初步计算结果，进而对所调查结果做出准确描述及初步分析，为进一步的分析提供依据。实施时需应用有关统计分析软件。将本次调查的实施情况、调查结果及初步分析结果付诸文字，形成《××超市自有品牌满意度调查报告》。

总之，超市自有品牌满意度调查是通过调查研究获取顾客对本企业产品或服务的有关评价信息，在此基础上，对顾客的满意度进行综合性评定，分析认知度、满意度、忠诚度或重购率水平的高低，剖析顾客缺憾，揭示提升顾客满意度的关键因素，为企业制订提高顾客满意度的策略，减少顾客抱怨和顾客流失，增加重购率，创造良好的口碑，提升企业形象，确保稳定、持续的利润增长提供信息支持。顾客满意度调查是定期进行的，一般每隔半年就要进行一次，因此在调查前设计一份合理的调查方案就非常重要。

（选自：刘勤侠. 超市自有品牌满意度调查方案设计. 商场现代化，2009(05)：161-162.）

任务2 设计园艺产品市场调查问卷

情境案例

义桥农产品网络营销现状调查

近年来，义桥镇大力发展现代农业。义桥镇是一个闻名遐迩的古镇，位于钱塘江、浦阳江和富春江三江汇合处，农业资源丰富。在农产品建设上，北坞村水库的萧山大种鸡充满野性，能飞能游泳，还被央视《每日农经》报道过；徐童山下村是萧山第一个使用温室大棚、喷滴灌设施种植蓝莓的生产基地，被评为“浙江大学农业物联网应用示范基地”；当地有名的“义桥羊肉”曾上过央视的节目，是义桥及周边地区人们筵席上不可或缺的佳肴；还有寺坞岭山的高山西瓜、义桥老街的洋糖糕和农民自制的菜蒲头干等其他农产品。如今，人们收入水平提高，消费观念转变，消费需求慢慢从量转向质，更加追求健康与绿色的食品。萧山区义桥镇大多数农产品质量合格、价格适中，在当地获得消费者的青睐，但是对外销量却不是很理想，也没有采取措施去销售推广。

当地政府为增加农民增收，积极推动农产品销售的转型升级，解决农产品销量不理想的现状，组织人员于2020年7月开展调查，以义桥镇及周边地区为调查范围，通过问卷星线上调查，并采访当地几家个体农户（如爱果生鲜、义桥阿兴羊肉店等）和消费者，来了解当前义桥镇农产品营销状况。调查小组共发出125份问卷，回收有效问卷121份。得到结果如下：对于购买农产品方式的调查，有53.78%的居民仍保持着线下即选即买的方式；线上购买农产品的方式逐渐被接受，占23.53%；线上线下均有的占21.85%；自给自足的占0.84%。

（节选自：吴晓奇，倪天文．萧山义桥农产品网络营销现状及对策分析[J]．山西农经，2020(21)：88-89.）

【引出问题】什么是调查问卷？调查问卷主要包含哪些内容？

【生成任务】根据该案例的介绍，设计一份园艺产品市场调查问卷。

一、市场调查问卷的含义

市场调查不仅要制订完备的调查方案、选择合适的调查方法，还要善于运用各种调查技术，获得完整、准确的资料。调查问卷就是常用的调查技术之一。调查问卷，也称为市场调查表，它是一种以书面形式了解被调查对象的反应和看法，并以此得到资料和信息的载体。调查问卷是根据调查目的而以提问方式设计的问题集合。

问卷设计的根本目的是设计出符合调查与预测需要的问卷，能获取足够、适用和准确的信息资料，以保证访问调查工作能够准确、及时、圆满地完成。问卷设计的好坏，在很大程度上决定着调查问卷的回收率、有效率，甚至关系到市场调查活动的成败。问卷设计的科学性在市场调查中具有关键性作用，问卷设计已成为调查前一项重要的准备工作。访问类市场调查方法中的邮寄调查、面谈法和电话调查一般都采用问卷的形式进行调查。

二、调查问卷设计程序

在调查问卷的设计过程中，首先要把握调查的目的和要求，同时要取得调查对象的充分合作，保证调查对象提供准确有效的信息。问卷设计具体可分为以下 4 个步骤。

1. 明确调查目的，确定所需要的信息资料

在问卷设计之前，市场调查人员必须明确问卷调查的目的，通过该问卷收集的信息，可以帮助我们解决什么问题，能否实现调查的目的。具体的要求调查人员要实现营销目标，应该解决什么问题，影响这些问题的因素有哪些，根据影响的因素来归纳相关的信息资料，列出具体的调查项目清单，这样才能较好地说明所要调查的问题，达到调查目的。例如，某果品饮料生产企业，要了解消费者对本企业产品的反应，那么在确定所需要的信息资料时应考虑了解以下几方面的内容：一是调查对象的个人基本情况，如性别、年龄、文化程度、职业、收入等；二是调查对象对本企业产品的购买情况，如购买时间、地点、购买数量、频率等；三是调查对象对本企业产品的态度反应，如对产品的味道反应、包装反应、价格反应、广告印象以及对本企业产品的改进意见等。这些基本内容都应该在调查问卷中表达出来。根据这样的调查项目清单，问卷设计者就可以设计出一系列具体的需要调查者答复的问题，从而获得所需要的信息资料。

2. 问题的设计与选择

在确定所要收集的信息资料后，问卷设计者就可以着手具体问题的设计。问卷设计者应根据所列出的调查项目清单来决定问卷应包括什么类型的问题，问题如何提出，有些信息一个问题不足以答复，可考虑设计一组问题，以确保获得全面的信息。但是，问题的设计并不是越多越好，因为问卷空间有限，一份问卷中问题太多，会使调查对象感到厌烦而拒绝合作；而且，太多的问题也会增加调查的成本、时间和问卷处理难度。因此，在进行问题设计时，应保证问卷中的每一个问题都是必要的，一个问题如不能提供调查者所寻求的信息，就要从设计的问卷中删除。

3. 确定问卷问句的顺序

在设计好各项单独问题以后，应按照问题的类型、难易程度安排询问问题的次序。问卷中问题的排列顺序同样会对市场调查的结果产生影响，因此，问题的排列要合乎逻辑，使调查对象在回答问题时有循序渐进的感觉，同时能引起调查对象回答问题的兴趣。

4. 问卷的测试与修改

在问卷用于实地调查以前，应先选一些调查对象进行试调查，在实际环境中检验每个问题的提法能否使调查对象明确了解，有些问题对问卷设计者来说是很容易回答的，但调查对象有时却无从回答，或答非所问；有的问卷在设计阶段似乎包括了所有的问题，但在实际应用时，往往发现它尚未包含整个研究的主题。经过试调查，可以发现调查问卷的缺点，并加以改进。如果预先测试导致问卷产生较大的改动，应进行第二次测试。

知识拓展

问卷设计与统计分析——伦理、隐私和保密性问题

作为问卷设计者或者调查者，该如何处理问卷的伦理、隐私和保密性问题呢？

①因为大部分的市场调查的数据仅仅用作数据分析，没有其他的商业用途，所以会对受访者提供的数据进行保密，但是受访者可能会担心他们的隐私被泄露、被用于不当用途。因此，出于职业道德、出于对受访者的义务，问卷设计者（调查者）需要在问卷的引导语或附言中明确会对这些信息进行保密，一方面让受访者获得问卷用途的知情权，另一方面可以消除受访者心中的顾虑。

②如果是一些小规模市场调查，由于委托方需要根据得到的数据来更新其数据库，然后针对市场进行定向研发，比如说调查用户的满意度、测试用户对某一种新产品的接受程度，这样就不会对这些数据进行保密。这种情况，就需要调查方明确肯定地告诉受访者他们将如何运用这些数据，绝对不能有隐瞒。

③在实际操作中，应该对所有完成的书面调查封存起来，只有少数的人可以接触。在得到了相关的数据分析结论后，就要把调查资料销毁。可以给每个调查者分配一个号码，识别其身份信息（比如姓名、身份证号等），这种“去身份化”的操作，既可以与调查回答分离开来，而又可以保持其与回答之间的关联。

④在网络调查中，允许网络调查者选择自己的标识名和密码。

⑤如果使用的是电子邮件通知受访者有关调查的事情并给出链接，那么这些地址应该只能被选定的某些调查者接触到。

⑥如果是公共的或者私人机构进行的调查，都要遵守知情同意和保密的规则。提供知情同意书，要给潜在的受访者提供充分的书面信息，以便他们决定是否能完成调查。

三、调查问卷的格式

一份好的调查问卷，首先要求问卷内容简明扼要、重点突出，要有满足调查目的所需要的足够信息；其次，问题的设计与安排要通俗易懂、合乎逻辑，便于被调查者积极配合回答；最后，调查后的问卷信息资料要便于分析和处理。

一份调查问卷通常由前言、主体内容、结束语三部分组成。

（一）前言

问卷前言主要是对调查目的、意义及填表要求等的说明，文字须简明易懂，主要用来指导被调查者正确填写问卷，能激发被调查者的兴趣。内容包括标题、问候语、自我介绍、问卷填写说明。重点在于说明调查目的和要求，消除被调查者的疑虑，使之引起共鸣，产生兴趣，并对被调查者予以合作表示感谢（如有礼品送给被调查者也可加以写明），例如，

蝴蝶兰市场需求调查问卷(前言部分)

尊敬的先生/女士：

我是××公司的调研员。我们公司现进行一项蝴蝶兰市场需求调查，耽误您几分钟宝贵时间，咨询您一些问题，希望得到您的配合和理解。衷心表示感谢。

调查时间____年____月____日　地点______________　问卷编号__________

被访问者合作情况__________　调查员信息__________　核查员姓名__________

(二)问卷主体内容

问卷主体内容包括三方面：一是被调查情况，主要是了解被调查者的基本情况，如年龄、性别、民族、家庭、职业、机关、宗教、文化程度、经济状况等。如果被调查者是组织，其特征资料包括行业类别、资金、经营规模、职工人数等。二是调查的问题问句信息，也是市场调查者要收集的主要信息，是问卷的核心部分。它由一个个问题及相应的选择项目组成，是提出相关问题和相应备选答案，以及作答方式或填答问题指导性说明等内容，通过主题部分问题的设计和被调查者的答复可以对被调查者的个人基本情况和对某一特定事物的态度、意见倾向以及行为有较充分的了解。这部分内容要求问题的问句必须具体、客观、简明、可操作性、通俗易懂。三是问卷问句编码，一般的问卷调查时，为了便于调查后期对问卷大量信息的处理，减少误差，我们在问卷设计上往往设计计算机编码。这样，在获得第一手调查资料后，便可以使用计算机进行处理、汇总、分类、排序、分析等，以保证信息快速、正确地处理。

(三)问卷结束语

问卷结束语主要表示对被调查者合作的感谢，记录下调查人员姓名、调查时间、调查地点、被调查者的姓名、单位等。如采用匿名调查则不写被调查者姓名，这样有利于问卷调查数据的检查、修正等。结束语要简短明了，如果问卷有封面的话，这一部分一般放在封面的右下角；如果是简单的问卷，就放在最后，独立成为一部分，有的问卷也可以省略。

一份完整的问卷包括以上几部分内容，但在实际调查过程中，不同访问方式对问卷设计的要求是不一样的。主体部分(问卷及其备选答案)是问卷的核心，是必不可少的内容，而其余部分相对来说是可有可无、可简可繁的。

四、调查问卷问题设计

(一)问卷问题的类型

根据问题的提问方式主要有开放式问题、封闭式问题、量表应答式问题三类。

1. 封闭式问题

封闭式问题是指调查问卷上事先给定了问题的备选答案，答题者只能在所给定的答案范围内进行选择。封闭式问题不仅方便被调查者答题，而且便于调查人员整理统计调查结果。

但封闭式问题有可能给草率应付的被调查者提供乱答一气的条件。

2. 开放式问题

这种问题被调查者可以充分自由地按自己的方式发表意见，但这种问题需要被调查者具有较高的知识水平和文字表达能力，被调查者花费的时间和精力也较多，调查者只能对这些资料进行定性处理和分析。开放式问题的优缺点与封闭式问题的优缺点正好相反。

3. 量表式问题

量表式问题又称为程度评定法，对一些不好回答的问题，如对服务质量的评价、消费者使用产品的满意程度或喜欢程度等不好具体衡量评价的程度问题，要求被调查者表示其对某问题的态度和认识程度。常提供多个备选答案，一般是以量表形式来设置问题，请被调查者选择其中的一种作答。这种方法可以把原来不容易处理的程度数据转化成定量的方式，便于数据处理与比较分析。

(二)问句的形式及设计

问卷要能把研究目标转化为特定的问题，把调查目的转化为应答者能理解的形式。因此，理想的问句设计应能使调查人员获得所需的信息，同时被调查者又能轻松、方便地回答问题。这就要求调查人员能依据具体调查内容要求，设计选用合适的问句进行调查。常用的提问和作答方式有以下几类：

1. 事实问句

事实问句是要求被调查者依据现有事实来回答问题，不必提出主观看法。诸如“你家庭的年人均收入是多少?”“你的职业是什么?”等。这类问题常用于了解被调查者的特征(如职业、年龄、收入水平、家庭状况、居住条件、教育程度等)以及与消费商品有关的情况(如产品商标、价格、购买地点、时间、方式等)，从中了解某些商品消费的现状。这类问题对调查人员确定某类产品的目标市场有很大的帮助。事实问句的主要特点是问题简单，回答方便，调查覆盖面广，调查结果便于统计处理，但也存在着不足，如由于时间长等原因，被调查者对某些事实记忆不清，或由于某些被调查者的心理因素影响，而使回答的结果在一定程度上失真。

2. 意见问句

意见问句主要是用于了解被调查者对有关问题的意见、看法、要求和打算。例如，“你平时喜欢吃什么水果?”等。这类问题可以帮助调查人员了解被调查者对商品的需求意向，使企业能够根据消费者需求不断改进产品设计，经营运用对路的商品，从而增强企业的生存能力，为决策者提供未来需求信息。但它也存在着不足：其一是这类询问仅能了解被调查者的意见、看法，而无法了解产生这些意见、看法的真正内在原因；其二是这类问题在一定程度上受心理因素影响，如在了解消费打算等问题时，被调查者会因家庭财产问题而不愿说真话等。

3. 阐述问句

阐述问句又称解释问句，主要是想要了解被调查者的行为、意见、看法产生的原因。根据询问是否给出问题的选择答案，相应地可分为封闭式阐述询问和开放式阐述询问。这类询问可以在一定程度上弥补事实询问存在的不足。如“你希望购买哪种品牌的汽车?”若想进一步了解购买行为的原因，可提出“您为什么希望购买这种品牌的汽车?”这就是阐述性询问。

阐述问句的主要特点是能够较为深入地了解消费者的心理活动，从而找到问题及问题产生的原因，为解决问题提供依据。但是这种询问也存在不足：其一是答复的结果不易整理；其二是此类问题涉及被调查者的主观因素较前面两种询问多，被调查者因各种原因而回避问题，或只讲问题的次要方面，从而使调查结果的真实性受影响。

4. 二项式问句

二项式问句又称是否式问句、真伪式问句。这种问句的回答只有两种备选答案，请被调查者必须二者择一。例如，

您家中有牡丹花吗？　　A. 有　　B. 没有

二项式问句的优点是答案明确，方便回答，便于统计。但这种方法不能表示意见程度的差别，回答只有"有"与"没有"两种选择。若被调查者还没有考虑好这个问题，即处于"未定"状态，则无从表达意愿。

5. 多项选择式问句

多项选择式问句是对一个问题事先列出几个（三个或三个以上）可能的答案，让被调查者根据实际情况，从中选出一个或几个最符合被调查者情况的作为答案。例如，

您曾喝可口可乐公司的哪几种饮料？　　A. 可乐　　B. 雪碧　　C. 芬达　　D. 醒目

采用多项选择法时，应注意备选答案的设计，不能遗漏可能的答案，答案之间不能重复，否则会使得到的信息不够全面、客观。

6. 量表式问句

有一种专门用于测量消费者满意程度的量表，有对称性量表和不对称性量表两种形式。例如，询问消费者对蔬菜门市部的服务质量的看法，可以设计如下两种五段量表：

（1）对称性量表

好	较好	一般	较差	差
（　）	（　）	（　）	（　）	（　）

（2）非对称性量表

很好	好	较好	一般	差
（　）	（　）	（　）	（　）	（　）

为了便于统计，对上述的五段量表以数值进行计量。如对称性量表可以从左边起，分别记2、1、0、−1、−2。而非对称性量表则可以记为5、4、3、2、1。不论采用何种数值标记，都要口径一致，以利于最后汇总，提高调查结果的平均可信水平。最后分别统计五种情况所占的百分比，确定这种商品在消费者中的总体满意程度。

7. 顺位式问句

顺位式问句是指在提问时给出多个提示答案，请被调查者根据自己的认识确定提示答案的顺序。例如，

请写出您在购买苹果时考虑下列因素的先后顺序（请将顺序号填写在答案前面的□内）。
□ 品种　　□ 价格　　□ 品质　　□ 产地

采用顺位法能获得被调查者行为的动机、目的等资料，对调查结果的统计分析也较为方便。在设计顺位法问题时，应注意提示答案不宜过多，提示答案的位置排列不要有暗示性，最好将提示答案印刷成多种排列次序。

8. 自由回答式问句

自由回答式问句又称开放式问句，这种问句的特点是调查者事先不拟定任何具体答案，让被调查者根据提问自由回答问题。自由式问句比较适用于调查受消费者心理因素影响较大的问题，如消费习惯、购买动机、质量、服务态度等，因这些问题一般很难预期或限定答案范围。这种询问在探测性调查中常常被采用。例如，

您对某园艺企业蔬菜门市部的销售服务有何意见和建议？或在购买香蕉时，我最重要的考虑是……

自由回答法能获取一些建设性的意见和看法，但其答案众多，难以整理分析。

9. 过滤式问句

过滤式问句，它是逐步缩小提问范围，引导被调查者对调查主题的回答。通常用于了解该调查者对回答有顾虑或者一时难以直接表达的问题。这种询问法不是开门见山、单刀直入，而是采取投石问路、引水归渠的方法，一步一步地深入，最后引出被调查者对某个所要调查问题的真实想法。

如某企业欲了解消费者对购买电脑是否影响孩子学习的意见，若一次性提问（非过滤式提问）：

“你不购买电脑是怕影响孩子的学习吗？”

上述问句会给被调查者一种很唐突的感觉，是不妥的提问法，因为不购买电脑往往是多种原因引起的，很难直接回答，可用如下过滤式问句提出问题：

“你对电脑的印象如何？”

“你是否限制孩子玩电脑？”

“有人说玩电脑对孩子学习有影响，也有人认为玩电脑没有影响反而有好处，你是如何看待这个问题？”

从上面的例句中，我们可以看到，通过调查人员的逐步引导，使被调查者有一个逐步考虑问题的过程，从而自然真实地回答了调查者的问题。

（三）问卷问句的措辞

问题问句设计是问卷的核心。在设计问卷时，问卷措辞的确定具有很大的灵活性和创造性，不同设计者往往具有不同的风格。这里主要针对问题的表述、问题的类型及提问与作答方式、问题的排列顺序等方面进行认真推敲，尽量避免措辞引起的误差。一般来说，问题的表述要注意以下几方面：

（1）问题的用词要通俗、准确，文字要简短，尽量避免使用专业化术语或不易回答的问题。例如，对一般居民则不宜问：您家的消费结构怎样？而应该改问：您家的收入主要用在哪些方面？

(2)问题的内容要具体,每一个问题只能包含一项内容,避免把两个或两个以上的问题合在一起问。例如,某商场要了解顾客对该商场的产品和服务是否满意,不能只问:您对本商场是否感到满意?这样询问不能得到顾客对该商场产品和服务的反应,而应该是具体化问:您对本商场所售产品是否感到满意?您对本商场的服务是否感到满意?

(3)避免使用诱导性、暗示性问句。如果在问句中所使用的字、词或语气有可能把回答者的答案引向某一方向,这个问卷就具有诱导性。如果调查问卷中流露出调查者自己的观点或倾向,这个问卷就具有暗示性。例如,大多数人认为红富士苹果品质最好,您是否有同样的看法?问题本身有明显的倾向性,被调查者往往在趋同心理的支配下,做出肯定的回答。为避免诱导性与暗示性,设计时应使用中性字眼,不带任何倾向性,从而能够使被调查者客观地表述自己的看法与态度。

(4)对敏感性问题的调查,如被调查者的人格与隐私等。应注意问题表述的技巧和方法,努力打消被调查者的顾虑,使其做出真实的回答,可采取以下几种方法:

①采用间接的方式提问。例如,询问人们对企业实行民主管理的态度,可以这样问:对于实行民主管理,有人认为利大于弊,有人认为弊大于利,您同意哪种看法?

②在询问被调查者的观点之前,先假设某一情景作为问题的前提。例如,了解企业对职工的凝聚力,可以问:假如允许人员自由流动,您是否愿意留在本企业继续工作?这样更容易得到被调查者的真实想法。

③把被调查者不愿回答的问题放在一组问题中提出。例如,人们的经济收入问题,可将收入分为几个档次,用区间的方式提出问题:1 000 元以下(包括 1 000 元);1 001～3 000 元;3 001～5 000 元;5 001～8 000 元;8 001～10 000 元;10 000 元以上,让被调查者从中做出选择。

④在问题之前加一段消除被调查者顾虑的话。例如,对同一问题有不同看法是一种正常现象,每一个人都应该有自己的观点,您认为目前企业实行小组承包的做法对吗?

⑤关联提问法。例如,年轻女士通常不愿公开自己的年龄,调查人员可以提问:您的生肖是什么?然后由此推断出被调查者的实际年龄。

⑥在问题的开始声明调查的匿名性和保密性原则,消除被调查者的顾虑。

(四)确定问题的排列顺序

在各项单独问题设计好之后,如何将它们按一定的顺序列入问卷之中,是问卷设计的又一个重要的技术性问题。对问卷中所设计问题的编排一般应遵循如下要求:

(1)按问题的复杂程度,先易后难,由浅入深进行排列。问卷开始的问题应能引起被调查者的兴趣和注意,难度较大的问题和敏感性问题应尽量往后放。

(2)问题的排列要有逻辑性,同类性质的问题应尽量安排在一起。问题次序安排方面,可运用“漏斗法”,即先问范围较广的问题;然后把范围逐渐缩小,问一般性问题;最后是具体的专门性问题。

(3)开放式问题应放在问卷的最后。在编排问题顺序的同时,问卷设计者还应注意把一些无关紧要、脱离实际或被调查者难以回答的问题予以剔除,以保证问卷设计的客观性、科学性和可行性。

(4)在设计调查问卷时,应采用统一的编码技术。问题设计与编码同步进行,这样便于借助计算机来统计和分析通过调查所获取的数据。

案例链接

家庭园艺调查问卷

尊敬的种植爱好者：

您好！感谢您对家庭园艺的关注，此问卷是针对蔬菜类产品的家庭园艺种植项目设计的，并只作为蔬菜事业部发展家庭园艺项目参考使用，绝不对外公开，请留下您宝贵的想法，以便我们可以提供更好的服务！

本次调查问卷共有两个部分，第一部分是关于本次菠菜种植活动的回访；第二部分为家庭园艺综合性调查，共计 19 个问题。

第一部分：菠菜种植活动回访

1. 您所在的城市？ *

□北京 □上海 □大连

2. 您家庭内主要的种植爱好者的性别是？ *

□男士 □女士

3. 您家庭内主要的种植爱好者的年龄是？ *

□17 岁以下 □18～29 岁 □30～59 岁 □60 岁以上

4. 您的家庭园艺种植的区域是？（多选）*

□露天阳台 □全封闭式阳台 □半封闭式阳台 □自己的院子 □露台
□租用专业种植棚

5. 您的家庭园艺可供种植的面积是？（多选）*

□5 m^2 以下 □5～10 m^2 □10～15 m^2 □15～100 m^2 □露台

6. 您是否参加了菠菜种植活动？ *

□是，并及时播种
□是，已经领取了种子，并未播种
□否，报名成功，但并未领取种子

7. 您是否按照种植提醒邮件来播种？ *

□是，完全按照提醒种植 □是，已经领取了种子，并未播种

8. 您种植的菠菜是否已经收获？

□成功收获 □60%成功 □30%成功
□还未播种，以后有时间会种植 □没有收获（请说明原因）

9. 您是否对本次活动满意？

□非常满意
□50%满意 □不满意（请说明原因）

10. 请留下您对本次菠菜种植活动的建议和意见，以便我们改进________________

第二部分:家庭园艺综合性调查

11. 您是否有在家种植蔬菜的想法?

□完全没有兴趣

□有想过,但不敢尝试

□非常感兴趣,很想尝试　□已经在种

12. 您愿意每年为家庭园艺所支付的费用(包含种子、培养土、肥料、种植工具等)是?

□500 元以内　□501～1 000 元　□1 001～2 000 元　□2 000 元以上

13. 如果没有种植,导致您一直没有尝试家庭园艺的原因是?(多选)

□成本太高　□种子、幼苗、土肥、种植工具等材料准备麻烦

□不知道如何准备　□太费时间　□其他(请说明原因)

14. 如果已经种植,请问您在种植的过程中遇到哪些问题?(多选)

□没有问题

□播种后的管理

□种植环境(光照、温度、湿度、通风等)的管理

□施肥、浇水等的养护知识

□病虫害管理

□管理消耗太多时间

□种植成本较高

□其他(请说明原因)________________

15. 您偏向哪一类的品种的种植?(多选)

□果实类(番茄、甜椒、辣椒、茄子、西甜瓜、黄瓜等)

□叶菜类(菠菜、生菜、甘蓝等)

□花菜类(白菜花、西蓝花等)

□根茎类(胡萝卜、洋葱等)

16. 您更愿意接受哪种形式的后期技术指导及服务?

□文字书面形式□电话沟通形式□视频沟通形式□公开课形式

其他形式(请提供建议)________________

17. 如果可以提供种植套装(包含种子或者种苗,栽培土壤、肥料、工具等),您会直接选购吗?

□不需要,喜欢单独购买　□需要,节省时间,好管理

18. 在选择种植的品种和方式的时候,您会考虑的因素是什么?

□价格　□种植的品种　□是否好养护

19. 请留下您对家庭园艺项目的建议和意见________________

谢谢您的参与!

五、评价问卷

一旦问卷草稿设计好后，问卷设计人员应再回过来做一些批评性评估。必须考虑这样几个问题：问卷是否能提供必要的管理决策信息？问题设置是否考虑到应答者的基本素养？是否满足编辑、编码、数据处理的要求？简而言之，一份问卷必须具有以下功能：第一，它必须完成所有的调查目标，以满足经营决策的信息需要；第二，它必须以可以理解的语言和适当的智力水平与应答者沟通，并获得应答者的合作；第三，对访问员来讲，它必须易于管理，方便记录下应答者的回答，同时它还必须是有利于方便快捷地编辑和检查完成的问卷，并容易进行编码和数据输入；第四，问卷必须可转换为能回答经营决策者最初的问题。

知识拓展

优秀问卷的要点

莱恩·纽曼(Lynn Newman)，是冯瑞兹(Maritz)公司市场研究部的副主管，曾谈到撰写一份优秀问卷的要点。如果你曾将你认为的最终问卷送给一位市场研究人员，结果拿回的问卷上到处是添加或删改的痕迹及其他编辑意见，这并不奇怪。乍一看，撰写问卷并不是一件非常困难的任务：只要表达出你想了解什么，并写出能得到那些信息的问题即可。虽然撰写问卷很简单，但撰写优秀问卷却不容易。这里有一些在撰写问卷时应该做什么和不应该做什么的要点：

(1)避免应答者可能不明白的缩写、俗语或生僻的用语。比如，你对 PPO 的意见是什么？很可能不是每个人都知道 PPO 代表优先提供者组织(preferred provider organization)。如果这一问题以一般公众为目标应答者，研究人员可能会遇到麻烦。另外，如果问题针对物理学家或医院管理者，那么缩写 PPO 很可能是可接受的。

(2)要具体。含糊的提问得到含糊的答案。例如，您的家庭收入是多少？当应答者给出此问题的数字答案时，其答案是各式各样的，如 1994 年的税前收入，1994 年的税后收入，1995 年税前收入，1995 年税后收入。

(3)不要过头。当问题的要求过多时，人们是不会回答的，他们或者拒绝或者乱猜。例如，1996 年您读了多少本书？需给出一个范围：① 无；②1～10 本；③11～25 本；④26～50；⑤多于 50 本。

(4)确保问题易于回答。要求过高的问题也会导致拒答或猜想。例如，请您以购买新车时考虑因素的重要性将以下 20 项排序。你正在让应答者做一次相当大的计算工作。不要让人们为 20 项排序，应让他们挑选出前 5 项。

(5)不要过多假设，这是一个相当普遍的错误。问题撰写者默认了人们的一些知识、态度和行为。例如，您对总统关于枪支控制的立场倾向于同意还是反对？这一问题假设了应答者知道总统对枪支控制有一个立场并知道立场是什么。

(6)注意双重问题和相反观点的问题,将多个问题结合起来或运用相反观点的问题会导致模棱两可的问题和答案。

(7)检查误差。带有误差的问题会引导人们以某一方式回答,但这种方式不能准确反映其立场。有几种使问题存在偏向性的方式。一种方式是暗示应答者本应参与某一行为。例如,今年看电影《狮子王》的人比看其他电影的人多,您看过这部电影吗?为了不显示出“不同”,应答者即使没有看过也会说是的。问题应该是,您曾看过电影《狮子王》吗?另一种使问题具有误差性的方式是使选择答案不均衡。例如,近期我国每年在援助外国方面花费______万美元,您认为这个数字应:①增加;②保持不变;③稍减一点;④减少一点;⑤大量减少。这套答案鼓励应答者选择“减少”选项,因为其中有3项“减少”,而只有一项是增加。

(8)预先测试。所有的修改和编辑都不能保证成功。事先测试是保证你的问卷研究项目成功而费用最低的方式。事先测试的基本目的是保证问卷提供给应答者以清晰、容易理解的问题,这样的问题将得到清晰、容易理解的回答。

项目小结

本项目包括两个任务:一是编制园艺产品调查方案,在明确园艺产品市场调查含义、作用及类型的基础上,明确了园艺产品市场调查内容、调查方法等基本内容,阐述了市场调查方案的主要内容,市场调查过程:编制方案—实施调查—数据整理分析—撰写报告等步骤;二是设计园艺产品调查问卷,在市场问卷概念的基础上,就市场问卷设计的程序、格式,问卷的问题类型,问句的形式、设计及措辞,问卷评价等内容进行了阐述。

项目实训

实训项目:园艺产品市场调查

实训目标:编制园艺产品市场调查方案,设计园艺产品市场调查问卷。

实训要求:以3~5人为限来组建市场调查小组,每个小组选择自己所熟悉的某个园艺产品开展市场调查。编制园艺产品市场调查方案,设计调查问卷,能够依据调查方案设计调查问卷,开展市场实地调查,在获取到第一手市场数据后,对数据开展分析、汇总与归纳,最后,以小组为单位完成该产品市场调查报告的撰写。

习题测试

一、基本概念

市场调查　调查问卷　询问法　观察法　实验法　市场调查报告

二、单选题

1. 对鲜切花销售渠道的调查属于(　　)。

A. 探测性调查　　B. 描述性调查　　C. 因果性调查　　D. 预测性调查

2. 市场调查的四种类型中,属于非正式调查的是(　　)。

A. 探测性调查　　B. 描述性调查　　C. 因果性调查　　D. 预测性调查

3. 调查园艺产品政策法令的变化,属于市场调查中的(　　)。

A. 市场供需调查　　B. 产品状况调查　　C. 促销状况调查　　D. 市场营销环境调查

4. 调查人员亲自到超市蔬菜货架观看消费者的购买情况,这属于(　　)。

A. 现场观察法　　B. 痕迹观察法　　C. 实验法　　D. 询问法

5. 市场调查首先要解决的问题是(　　)。

A. 确定调查方法　　B. 落实调查人员　　C. 明确调查目的　　D. 解决调查费用

6. 实地调查方法不包括(　　)。

A. 询问法　　B. 观察法　　C. 查阅企业资料　　D. 实验法

7. 企业获得资料的途径很多,通过(　　)所获得的资料不属于第二手资料。

A. 国家发布的资料　　B. 问卷调查

C. 大众传播媒体资料　　D. 行业协会发布的资料信息

8. 以下内容不符合写好调查报告要求的一项是(　　)。

A. 掌握丰富、符合实际的材料　　B. 尽量图表化

C. 调查报告要面面俱到　　D. 逻辑严谨,条理清晰

9. 被称为是市场调查的行动纲领的是(　　)。

A. 非正式调查阶段　　B. 设计调查方案阶段

C. 现场资料收集阶段　　D. 调查结果处理阶段

10. “您家中有牡丹花吗?”“A. 有 B. 没有”属于(　　)问句。

A. 量表式　　B. 意见　　C. 阐述　　D. 二项式

11. “大多数人认为红富士苹果品质最好,您是否有同样的看法?”这一提问存在的问题是(　　)。

A. 包含内容过多　　B. 问题不清楚

C. 内容过于笼统　　D. 问题具有诱导性

12. 在市场调查报告的格式中,(　　)被称为调查报告的“骨架”。

A. 序言　　B. 摘要　　C. 正文　　D. 附录

13. 下列选项中,不属于非随机抽样的是(　　)。

A. 分层抽样　　B. 任意抽样　　C. 判断抽样　　D. 配额抽样

14. 某园艺企业为要了解何种包装的果汁对消费者最有吸引力,于是把需要比较的玻璃瓶、塑料瓶和铁皮盒装的果汁放在同一商店内销售,通过对商店内消费者购买不同包装的果汁现象进行统计,这是属于(　　)市场调查方法。

A. 询问法　　B. 观察法　　C. 实验法　　D. 文献法

15. 对经过分类的资料进行统计计算，并制成各种统计图表，是(　　)阶段的工作。

A. 设计调查方案　　B. 实施调查　　C. 调查结果处理　　D. 撰写调查报告

16. 调查问卷是在表中按照一定逻辑结构组成的(　　)，向被调查者搜集对相关问题的反应和看法。

A. 问题集　　B. 问句　　C. 顺序　　D. 答案

三、复习思考题

1. 简述园艺产品市场调查的内容。

2. 简述市场调查的三种类型及其优缺点。

3. 简述市场调查方案的内容。

4. 简述问卷设计中问句的形式。

5. 简述问卷问句设计的措辞要求。

项目三

园艺产品市场分析

知识目标：

- 了解园艺产品营销宏观环境因素、微观环境因素；消费者购买行为；市场细分的标准；市场定位的内涵。
- 理解消费者购买行为的影响因素；消费者的需求心理；市场细分因素；目标市场策略及模式。
- 掌握消费心理的营销策略；目标市场的影响因素；目标市场的定位依据及策略。

能力目标：

- 能够应用SWOT分析法开展园艺产品市场环境分析；能够分析消费者的购买行为；能够对园艺产品进行市场细分及定位。

教学课件

任务1　园艺产品市场环境分析

情境案例

大润发被收购:时代抛弃你,不会打招呼

前段时间阿里巴巴投资200多亿拿下了大润发,不到3个月的时间,已经换了6个董事会的人。大润发创始人黄明端离职的时候说,战胜了所有对手,却输给了时代。确实是这样,大润发在零售行业是顶级的存在,是一个号称19年不关一家店的零售行业霸王龙。大润发没有被任何竞争对手打败,而是败给了这个时代。"时代抛弃你,不会打招呼。"借用刘慈欣的小说《三体》里的一句话:"我要毁灭你,与你有何相干?"

方便面现在每年的销量以几十亿包的速度在减少,遭遇如此断崖式的危机,难道是产品出问题了吗?不是的,反而是越做越精致,越来越全面,大的小的,干拌的,开水泡的,各种口味层出不穷,还请了一些口碑极好的明星代言宣传,但仍旧挽回不了衰败的颓势。为什么这个曾连续18年销量保持增长的国民美食,在越做越用心的情况下,反而销量严重下滑呢?

自从外卖行业横空出世,各种可口的美食半小时左右就能送到顾客手上,这时候基本就没方便面什么事了。打败康师傅的不是统一,不是今麦郎,更不是白象,不是任何一个平日里厮杀惨烈的竞争对手,而是美团、饿了么这些新兴公司,是散布在城市里大大小小的外卖美食小作坊。

就好像大润发超市,没有被沃尔玛干掉,没有被家乐福抢走地盘,但仍被阿里巴巴收购,高层集体走人。这个时代的残酷在于,往往你被抛弃了还一头雾水,事先不会和你打一声招呼。那些干掉你的,通常是你从未谋面过的陌生人,或是一些你从未放在心上的人和事,他们同你无冤无仇,但却来势凶猛,如同洪水猛兽般令人招架不住。

【引出问题】大润发被收购、方便面快速减少的原因是什么?

【生成任务】通过该案例,分析园艺产品营销的市场环境。

一、认识市场营销环境

营销活动要以环境为依据,企业要主动地适应环境,通过营销努力地去影响环境,使环境有利于企业生存发展,有利于提高企业的经营利润。所以市场营销环境是指与企业营销活动相关的所有外部因素和条件,包括宏观营销环境与微观营销环境两大类。不管是宏观的,还是微观的,这些因素和条件都是由企业外部的行动者与力量所组成,企业无法控制,相反,它们还会影响企业的发展,以及维持目标顾客所提供产品或服务能力的满意程度。

市场上各种力量之间的变化复杂无常,对企业来说既是机遇,也是威胁。每一个环境因素的变化都可能为某些企业创造机会,也可能对另一些企业造成威胁,随着市场环境的

变化，市场机会和威胁在一定的条件下还可以互相转化。市场上不存在永远受欢迎的产品，现代营销以消费者需求为中心，企业要适应市场消费环境的变化，掌握市场需求动态，趁势而为，合理规避环境风险，比竞争对手快一步地满足消费者需求，最终实现盈利目标，否则就会被市场淘汰。

寻找、分析和评价市场机会，是市场营销活动中营销管理人员的主要任务，也是市场营销管理的首要步骤。市场营销机会可以给企业带来营销利益，是未满足的市场需求，企业要随着市场环境变化，经常寻找和发现新的市场机会。我们做园艺产品市场营销的，不仅要善于寻找、发现有吸引力的市场机会，而且要善于对发现的市场机会作出评价，决定哪些市场机会让本企业有利可图。

因为并不是每个市场机会都能成为企业的机会，市场机会能否成为企业的机会，主要看该机会是否与本企业的任务、目标、资源条件相一致，该企业是否具备利用这种机会进行经营获利的条件，该企业是否利用这种机会经营能比其他竞争者获得更大的优势，从而享有最大的差别利润等。只有与企业的任务、目标、资源条件相一致，企业具备相应的条件和优势，享有最大差别利润的机会，才是企业的市场机会。

(一)园艺产品营销宏观环境

市场营销的宏观环境是企业经营的总体环境，是能够对企业产生影响的几大社会力量所构成的，包括政治法律、经济、人口、自然、科学技术、社会文化等企业不可控制的宏观因素。企业的微观营销环境也都受到这些社会力量的制约和影响。

1. 政治环境

政治环境包括那些能够强制和影响社会上各种组织和个人行为的政治体制、法律、政府机构、公众、政局的稳定性。

政治体制规范制约着各种组织的行为。各种法律和规范，有的是保障所有权，有的是保护竞争，有的是保护消费者的利益，有的则保护着社会的长远利益，它们影响着企业的营销活动。政府机构的设置和运作方式以及对市场活动的干预程度，很容易产生、维持、增加或消除某些市场机会。

公众主要包括媒介公众和压力集团(如我国的消费者协会)，近年来，它们对国家立法、政策和社会舆论的影响越来越大，构成政治环境的重要因素。政局的稳定性是影响整个社会所有问题的首要因素。政局稳定性包括企业所在国家和地区的政局稳定性，也包括企业的供应者、产品的使用者所在国家和地区的政局稳定性。当然，政局不稳定，如果处理得好，也能发现机会。例如，1979 年初伊朗的政局动荡，使大部分汽车公司蒙受了损失，但通用汽车公司却因提前开发出节油的小型汽车而大大获利。

2. 经济环境

经济环境一般指影响企业市场营销方式与规模的经济因素，如消费者的收入与支出状况、经济发展状况等。经济环境包括经济发展水平、社会购买力、消费者收入和支出、宏观经济政策和经济体制因素。

经济发展水平对企业营销的影响是显而易见的。经济发展快，一方面，使人均收入增加，社会购买力增大；另一方面，各行各业都会有良好的发展势头，因此使企业有更多的营销机会。

反之，经济衰退，市场就会出现萎缩，因而会给企业带来威胁。不过，如果处理得好，不景气反而是一种机会。例如，在 20 世纪 30 年代的大危机期间，美国的雷诺公司针对各个商店都在印制海报招徕顾客的情况，大胆地收购了一家破产待售的印刷机工厂，通过经营印刷机为大商店提供印制海报的方便而大大盈利。

社会购买力是指一定时期社会各方面用于购买产品的货币支付能力，形成社会购买力，它决定着市场规模和容量的大小，决定现实的需求和潜在的需求大小。因而，社会购买力的增减变动就可能影响着企业的发展。

消费者收入的多少、支出方式，是决定市场规模及其质量的重要指标。各个地区收入和支出的差异，使市场具有不同的特点。

经济体制是一切经济活动的前提，它必然影响着企业的营销活动。宏观经济政策则体现着宏观经济发展的需要，因而对不同行业的企业有不同的影响。

3. 人口环境

由于市场是由那些具有购买欲望并且有购买能力的人所构成的。因此，人口的数量、地理分布、年龄结构、家庭单位的规模、受教育程度、人口环境的变化动向等因素就构成企业市场营销活动的人口环境。它对市场需求的影响是很大的，这种影响也是整体性的和长远性的，因而影响企业市场营销机会的形成和目标市场的选择。

我国目前的人口环境，有一些新的变化趋势：①人口的出生率呈下降的趋势，但全国总人口基数仍较大；②受教育程度提高；③人口流动性增大，城镇化的趋势明显；④老龄化问题严重；⑤独生子女政策的变动对人口环境将起到一定的影响。这些影响将给企业市场营销带来机会，同时也带来挑战。随着人们收入水平的提升，儿童消费产品的结构也在发生了重大的变化。注重给儿童提供较好的教育已成为共识，这使得相关的企业面临着更多的市场机会。

4. 自然环境

自然环境主要是指自然物质环境，即自然界的实际状况和矿藏、水利资源，以及土地面积、地形、地貌和气候。例如，地势平坦可节省公路、铁路的运费，气候差异会影响到产品和包装。企业营销还要注意自然环境变化的新动向，如自然资源的短缺、能源成本的提高、环境污染程度的加重，政府会加强对自然资源管理的干预等，目前由于社会生态环境的不断恶化，人们追求优质、安全的园艺产品，这些都对园艺产品的营销产生了巨大影响。

5. 科技环境

作为第一生产力，科学技术深刻影响着人类历史的进程和社会生活的各个方面。它对企业营销的影响表现在：科技进步给人们的需求带来更新、更广阔的领域；新技术淘汰一些老行业的同时形成一些新的行业，带来一些新产品；新技术会在某些领域、某种程度上改变人们的价值观念、消费习惯、交易方式。科技进步既给企业带来机会，又使企业面临新的挑战。

6. 社会文化环境

不同的社会文化环境使人们有不同的认识事物的方式、行为准则和价值观念。企业进行市场营销考虑社会文化环境，要注意它的内容，例如民风、习俗、礼仪交往、文化传统、禁忌、宗教信仰等。出口到国外的产品，就得考虑到国外的消费风俗与习惯。如美国向日本出口高尔夫球，质量很好，价格也合适，但无人问津。经过调查发现，美国人一个盒里放 4 只球，触了日本人的忌讳，因为“4”谐音同“死”。后来改成一个盒里放 3 个、6 个、12 个，很快就有了销路。

(二)园艺产品营销的微观环境

企业营销活动的微观环境主要是对企业营销活动过程和结果有直接影响的各种因素,统称为企业营销活动的微观环境。它和企业同时受宏观营销环境的制约。这些因素与企业的产品营销发生直接的联系,如供应商、企业自身、营销中间商、顾客、竞争者和社会公众。

1. 供应商

供应商向企业提供进行营销活动所必需的原材料、基础件、零配件、能源、劳动力等。供应商作为一种环境力量将对企业营销产生重要的影响。

2. 营销中间商

营销中间商指帮助企业推销、分销商品给最终用户以及提供其他服务的机构及人员。具体包括中间商、物质分销机构、市场营销服务机构及金融服务机构。他们为企业融通资金,推销产品,提供运输、贮存、咨询、保险、广告等便利营销活动的服务,因而直接影响着企业的营销活动。

3. 竞争者

在竞争性市场上,除来自本行业的竞争者,还有来自替代品的生产者、潜在加入者、原材料供应者和购买者等多种力量的竞争。企业要成功,必须在满足消费者需求和欲望方面比竞争对手做得好,企业在市场上总会遇到其他的竞争者出现,面对竞争者的竞争,企业除了满足消费者的需求外,还应当识别自己的竞争对手,随时关注他们的市场行为,并及时做出市场反应。竞争对手主要有以下几种类型:

第一,平行竞争者,又称一般竞争者或普通竞争者。指提供能够满足消费者同一种需求的不同产品的竞争者。例如,自行车、摩托车、小轿车都可用作交通工具,它们与生产企业之间存在着平行竞争的关系。

第二,产品形式竞争者。指满足消费者某种需求所生产的同种产品,但规格、型号、款式不同的竞争者。例如,生产变速车与生产普通自行车的企业相互之间成为产品形式竞争者。

第三,品牌竞争者。指满足消费者某种需求所生产的同种产品,其规格型号都一样,但品牌不同的竞争者。例如,生产普通自行车的企业,其生产的普通自行车品牌不同,有的是“凤凰”,有的是“飞鸽”,有的是“金狮”,这三家企业相互之间成为品牌竞争者。

显然,上述平行竞争是不同行业的竞争,后两种情况是同行业的竞争。前者尽管不如同行业竞争那么直接,但它会影响企业长远的经营活动,相互之间会产生争夺顾客的潜在竞争。在同行业竞争中,品牌竞争比产品形式竞争更直接,因而竞争得更激烈。企业要在同行业竞争中取得主动,应该在考虑同一类产品的卖方密度和行业进入壁垒的前提下,力争使自己的产品更有特点,形成明显的产品差异。

4. 顾客

顾客即企业的服务对象。企业的一切营销活动都要围绕满足并引导顾客的需要来进行。企业进行营销活动,必须认真考虑上述环境因素。当然由于多种条件的限制,企业考虑营销环境的影响,不一定能详细考察上述营销环境因素的全部内容,但尽可能做得全面些、详细些,这是提高企业营销活动科学性的要求。

二、园艺产品营销环境分析法

分析市场营销环境是企业生产经营获取利润的前提，是有效制定营销策略的保证，企业面对的市场营销环境多种多样，分析市场营销环境，就是要找出有利于企业经营的机会，规避不利于企业经营的威胁，一般而言，在进行市场营销环境分析时往往将内外因素结合起来考虑。内外部环境变化对任何一个企业产生的影响都可以从三个方面进行分析：一是对企业有利的营销因素，是对企业的营销环境机会；二是对企业市场营销不利的因素，是对企业的营销环境威胁；三是对企业市场营销无影响因素。

在市场环境分析时，一般常用的有综合环境分析法——SWOT 分析法，它又称为态势分析法，是将与研究对象密切相关的各种主要内部优势、劣势及外部的机会和威胁等，通过调查列举出来，并排成矩阵形式，然后用系统分析方法，把各种因素相互匹配起来加以分析，从中得出一系列相应的结论，这种结论一般具有一定的决策性。

利用 SWOT 分析方法即根据企业自身的既定内在条件和外部环境条件进行分析，发挥企业的优势，克服劣势，利用市场机会，化解环境的威胁，可用四个英文字母 SWOT 表述，其中，S 代表优势（strength），W 代表弱势（weakness），O 代表机会（opportunity），T 代表威胁（threat），其中，S、W 是内部因素，O、T 是外部因素。

优劣势分析主要是着眼于企业自身的实力及其与竞争对手的比较，而机会和威胁分析将注意力放在外部环境的变化及对企业的可能影响上。在分析时，应把所有的内部因素（即优劣势）集中在一起，然后用外部的力量来对这些因素进行评估。利用这种方法可以从中找出对自己有利的、值得发扬的因素，以及对自己不利的、要回避的因素，发现存在的问题，找出解决的办法，并明确以后的发展方向，具体步骤如下：

1. 分析环境因素

运用各种调查分析方法，分析出公司所处的外部环境与内部能力因素，外部环境因素包括机会因素和威胁因素，它们是外部环境对公司的发展直接有影响的有利因素和不利因素，属于客观因素。内部能力因素包括优势因素和劣势因素，它们是公司在其发展中自身存在的积极因素和消极因素，属于主动因素，在调查分析这些因素时，不仅要考虑到历史与现状，还要考虑更多未来发展问题。

优势，是组织机构的内部因素，具体包括：有利的竞争态势；充足的财政来源；良好的企业形象；技术力量；规模经济；产品质量；市场份额；成本优势；广告攻势等。

劣势，也是组织机构的内部因素，具体包括：管理混乱；产品成本高；缺少关键技术；研究开发落后；资金短缺；经营不善；产品积压；竞争力差等。

机会，是组织机构的外部因素，具体包括：新产品；新市场；新需求；外国市场壁垒解除；竞争对手失误；自己忠实的客户群等。

威胁，也是组织机构的外部因素，具体包括：新的竞争对手；替代产品增多；市场紧缩；行业政策变化；经济衰退；客户偏好改变；突发事件等。

SWOT 方法的优点在于考虑问题全面，是一种系统思维，而且可以把对问题的“诊断”和“开处方”紧密结合在一起，条理清楚，便于检验。

2. 构造 SWOT 矩阵图

识别环境中有吸引力的机会是一回事，拥有在机会中成功所必需的竞争能力是另一回事。每个企业都要定期检查自己的优势与劣势，这可通过“企业经营管理检核表”的方式进行。企业或企业外的咨询机构都可利用这一格式检查企业的营销、财务、制造和组织能力。对其按照轻重缓急或影响程度等顺序进行排序，确认企业的关键能力和薄弱环节，对公司发展有直接、重要、大量、迫切和久远的影响因素优先排列出来，而将间接、次要、少许、可暂缓和短暂的因素排列在后面，得出一系列公司未来发展的可选择对策，从而构造 SWOT 矩阵（图 3-1）。

SWOT 分析有时还结合制订战略一起分析应用，我们根据企业营销时面对的内外部环境的不同，由内外部环境的组合，生成四种不同的营销环境战略对策，具体如下：

处于 SO 形势的企业拥有强大的内部优势和众多的环境机会，可以采取增加产量、扩大生产规模、开发市场等增长型策略。

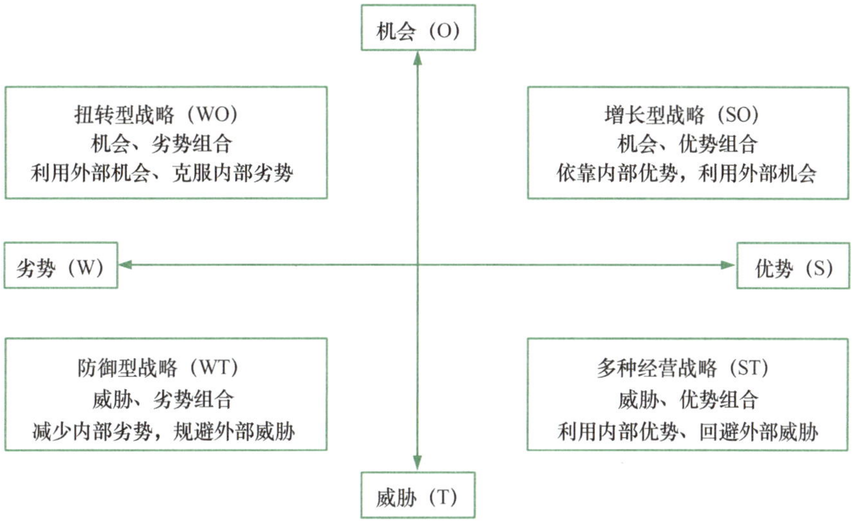

图 3-1　**SWOT 分析图**

处于 WO 形势的企业有外部机会但面临内部不利条件，可以采取扭转型策略，改变企业内部的不利条件。例如，若企业弱点是原材料供应不足和生产能力不够，从成本角度看，前者会导致开工不足、生产能力闲置、单位成本上升，而加班加点会导致一些附加费用。在产品市场前景看好的前提下，企业可利用供应商扩大规模、新技术设备降价、竞争对手财务危机等机会，实现纵向整合战略，重构企业价值链，以保证原材料供应，同时可考虑购置生产线来克服生产能力不足及设备老化等缺点。通过克服这些弱点，企业可能进一步利用各种外部机会，降低成本，取得成本优势，最终赢得竞争优势。

处于 WT 形势的企业既有外部威胁，又面临内部劣势，应当采取防御型策略，以避开威胁和消除劣势。如招聘额外的职员以扩大或者加深公司在关键领域内的核心能力，从而战胜那些模仿公司技巧和资源的竞争对手；提高公司的资源资产和能力的灵活性，以便公司可以很好很快地进行资源再分配，或者根据变化的市场环境进行调整，从而使公司适应新的发展态势的敏捷性比竞争对手的敏捷性要强；扩大公司的产品线，堵住挑战者可能进入的市场点和市场缺口；同特约经销商和分销商签订排他性合同，使得竞争对手不能使用这些渠道；给产品用户提供免费的或者低成本的培训。对那些容易受试用产品诱惑的购买者提供彩票和样品免费馈赠；对即将推出的新产品或者价格变动提前宣布，以取得潜在购买者，并使他们推迟品牌的转换；对最优供应商提供的绝大部分或者全部产品，签订合同，增加竞争对手获得同等质量零部件的难度等，从而转变不利局面。

处于 ST 形势的企业拥有内部优势的同时外部存在威胁，它应利用自身的条件开展多种经营，尽量增加产品大类和品种，跨行业生产经营多种多样的产品或业务，扩大企业的生产经营范围和市场范围，充分发挥企业特长，充分利用企业的各种资源，提高经营效益，避免或减轻外在威胁的打击，分散风险，寻找新的发展机会。

总之，SWOT 分析方法的基本点就是企业战略的制订必须使其内部能力（强处和弱点）与外部环境（机遇和威胁）相适应，以获取经营的成功。

3. 制订行动计划

在完成环境因素分析和 SWOT 矩阵的构造分析后，便可以制订出相应的行动计划，制订计划的基本思路是要发挥优势因素，克服弱势因素，利用机会因素，化解威胁因素；考虑过去，立足当前，着眼未来，运用系统分析方法，将排列与考虑的各种环境因素相互匹配并加以组合，得出一系列对公司未来发展有利的营销组合策略。

案例链接

“农业＋互联网”背景下生鲜电商发展 SWOT 分析

“农业＋互联网”大潮下，生鲜电商的发展让果农、菜农、牧农、畜农足不出户就可以销售农产品。这种发展模式，无论是对促进消费，还是促进企业转型和人民就业都功不可没。据统计数据显示，2018 年中国电子商务整体交易接近当年 GDP 的 1/3，2020 年的“双十一”中，截至 2020 年 11 月 12 日，仅淘宝平台一家成交量便将近 5 000 亿人民币。但与此同时，尽管生鲜电商平台发展迅速，但是情况不容乐观，很少有生鲜电商企业能实现真正盈利。本文通过 SWOT 分析法，对生鲜电商自身发展优势、劣势以及外部带来的机遇和挑战进行深入分析，从而提出相关建议。

（一）中国生鲜电商发展现状

在电子商务中，生鲜电商行业规模急剧增长，2018 年交易额已增至 2000 亿，用户量也迅速增加，尤其是在新冠疫情期间，根据相关数据统计，中国生鲜电商日用户量日平均增长 400 万，具体到各平台，2020 年春节期间盒马鲜生 APP 日活跃用户规模相比 2019 年春节增长 127.5%，京东买菜增长 274.6%，京东到家增长了 96%。

生鲜电商的发展并不是一帆风顺的，2005 年易果网登上生鲜电商的舞台，受当时经济、互联网发展、消费习惯等影响，生鲜电商企业开始都是做小众市场。2008 年左右，食品安全问题频发，一些生鲜电商涌现，开始注重绿色和有机产品，但是由于之前国内没有过生鲜电商的成功案例，各个企业开始按照传统电商的模式照本宣科地运营，由于产品的特殊性，在 2012 年后，频频出现失败案例。

互联网和新媒体的发展为生鲜电商打开了新的局面(表 3-1),2012—2013 年,“本来生活”生鲜电商再次走进大家的视野,商家们把目光放到了生鲜电商的运营模式上,因此 2013—2016 年出现的菜管家这样的生鲜电商更加成熟。互联网的发展、人们消费观念的转变,带给这些生鲜电商更大的动力,因此它们也获得了更多的资金注入,电商巨头也纷纷出手,例如阿里的盒马鲜生。这一阶段,生鲜电商开始探索物联网、自动化、供应链等最优的配置。尽管如此,受生鲜产品的保鲜期短、种类多且杂、损耗率高等原因影响,生鲜电商行业难以盈利。

表 3-1　国内生鲜电商投资及品牌

公司	投资生鲜电商	旗下生鲜电商
阿里	易果	盒马鲜生、安鲜达、天猫生鲜
京东	永辉超市、沃尔玛	京东到家、京东 7fresh
腾讯	永辉	
美团	爱鲜蜂鲜	小象生鲜、掌鱼生鲜
百度	中粮我买网	百优品
苏宁	易果	

(二)生鲜电商发展 SWOT 分析

利用 SWOT 分析方法可以清晰地梳理出生鲜电商内部发展的优势和劣势,以及外部的机遇和威胁,从而进一步分析生鲜电商的发展路径。

1. 中国生鲜电商发展的优势(strengths)

首先是生鲜市场潜力大。目前,中国生鲜电商整体市场规模稳步增长,我国生鲜消费中线上渠道占比只有 3%左右,而发达国家线上生鲜渠道占比在 10%以上。这一点足以说明,中国的潜在市场空间足够大。同时,年轻人更喜欢网购消费,随着 90 后、00 后一批年轻人的成长,生鲜电商的渗透率会越来越高,生鲜电商的发展成为一种趋势。

其次是生鲜需求量大且频率高。回归到生鲜产品本质来看,它是一种刚性需求,没有特定的目标客户群体,无论是哪个年龄阶段,哪些行业,他们对生鲜的需求都是刚性的,并且随着生活质量的提高,人们对生鲜的采购频率越来越高。生鲜的采购频率在快消品中是名列前茅的,这也是生鲜产品与生俱来的优势。

最后是生鲜毛利率高。与其他产品相比,生鲜产品的毛利率相对较高。据统计,生鲜食品毛利率基本能达到 40%以上,相对于其他快消品,生鲜具有无可比拟的优势。

2. 我国生鲜电商发展的劣势(weaknesses)

首先是生鲜食品运输配送难。蔬类、水产类、肉类等生鲜不易存储,容易变质,为了保障生鲜的品质,消费者还是倾向于在传统的农贸市场和超市采购。国家目前生鲜的供应链发展还在起步阶段,因此,在线上购买时,受不同生产地区地域性影响,有些地区运输路途遥远,在运输过程中的折损率过高。生鲜电商链效益与效率、技术创新与应用的管理比一般供应链更难,因此网购生鲜食品要考虑顾客的地理位置、运输过程中的保鲜技术,网购生鲜食品供应的安全存在一定的风险隐患。

其次是无法统一生鲜商品标准和规格。在商品的销售中，品控永远是影响销量的重要变量。对生鲜食材使用严格定量的标准来把关有一定难度，生鲜产品无法做到实物与图片完全相符，生鲜电商要做好品控需要投入更多。在生鲜的选品阶段，以高质量严格的标准选品后，在物流中还要分类予以保存，不同品类的生鲜保存温度、时间都是不一样的。由于以上种种变量，导致生鲜电商在统一商品标准规格上难上加难，因此退货率和赔偿率也居高不下。

再次是电商平台用户群体较为固定。目前，使用电商平台购买生鲜的用户群体是比较固定的，大都是年轻的上班族，出于节约时间和生活品质考虑，会使用电商平台采购。这也给生鲜电商的配送带来了难度，上班族的用餐时间较为固定，大都是下班后需要配送到家，这一时间段的订单量激增。

最后是生鲜电商的同质化严重。相比于其他快消品，生鲜产品差异较小，电商平台很难从产品本身打造自己的品牌，形成品牌效益，只能从保鲜度、配送力度、附加服务上寻找溢价。这样一来，就会影响消费者客户黏性和在同一平台的复购率，因此，生鲜电商要做好差异性还是困难重重。

3. 我国生鲜电商发展的机遇(opportunities)

首先是电商支撑技术发展迅猛。随着互联网的发展，我国网民数量越来越多，为生鲜电商的发展提供了技术支持。同时，社交电商乘着电子商务的春风，搭上了微信这趟高速列车，在朋友圈里生根发芽，发展势头尤为迅猛。2019 年微信月活跃用户数量已经超 11 亿。微信一开始是作为社交平台出现的，主要服务于人们生活娱乐，慢慢地衍生出社交电商这一新生事物，即“微商”。目前，全国微商的数量已达 3 000 多万人，生鲜电商，作为电商界最具空间的行业，这几年开始崭露头角。在微商中也不乏大大小小生鲜平台的身影，有的主打高端水果，有的主打农副产品，有的主打地方特产，也有以产地直达、现摘现挖为特色。生鲜微商在促进农产品销售的同时还增加了就业。

其次是政府政策规范保护电商发展。2018 年我国通过了《中华人民共和国电子商务法》，后续又发布了一系列相关文件，各个省市也为电商发展提供了便利的政策环境，进一步规范了市场，为生鲜电商发展提供了一个有利、公平公正的市场环境。

最后是疫情影响了用户的消费习惯。据有关统计，消费者通过 4～5 次下单购买便可以形成消费习惯，在疫情期间，更多的早期用户和一些后期加入的用户被动地接受生鲜电商，从而感受到生鲜电商的便利性。如果用户在这期间能够获得较好的购物体验，后期会转变为忠诚客户。

4. 我国生鲜电商发展的威胁(threats)

首先是生鲜电商市场竞争激烈。生鲜电商的市场竞争对手不仅仅是各个平台之间，还要和传统的农贸市场、超市生鲜卖场进行较量，虽然客户群体相对稳定，但影响销量的可变因素较多。据互联网数据，2020 年 4 000 多家生鲜电商，最终能实现盈利的居然只有 1%，无论是盒马还是美团都面临着不确定的销量和盈利。

其次是生鲜电商与农产品生产者关系不稳定。生鲜电商平台需要和农户形成紧密的合作，形成利益共同体，这也是生鲜电商企业货源稳定、农产品质量有保证的关键。但是目前农民的文化水平都不高，缺少关于电商职业培训以及长远的视野，在和企业达成一致目标上会耗费一定成本。

（三）对我国生鲜电商发展的建议

首先是要加强生鲜电商人才队伍建设。建设生鲜电商人才队伍不仅要从人才培养方面考虑，还要注重人才要素的流动便利度。高精尖人才要从本土培育、直接引进、联合培养三方面着手。企业可以和高校针对生鲜电商最紧缺的技术人才定向培养，开设相关专业，将市场需求与高校培养对接起来。同时，引入一批具有关键技术的国际化人才，壮大生鲜电商人才队伍。

其次是要加强生鲜农产品质量标准化建设。企业与高校联合攻克核心技术，联合提升“创新创业＋核心关键技术”运行动力，加强生鲜农产品质量标准化建设。农产品供应链体系建设，关系到农产品从地头到餐桌、从乡村到城市、从保障到需求的各个环节。如何打通生产与消费之间的“通道”问题，是农业生产和商贸流通供给侧结构性改革的“节点”和“出口”。这就需要从国家加强保护知识产权、企业增强研发力度、高校与企业深度合作这几方面入手，攻克一批冷链物流、保鲜等核心技术问题。高校和科研院所除了鼓励研发和技术创新外，也可以鼓励技术发明者参与到创业中来，与企业进行人才循环和流动，促进技术对接市场和思想碰撞，从而进一步保障生鲜产品的品质，促进生鲜产品的标准化，提高消费者的忠诚度。

再次是要加强政策供给，规范生鲜电商市场。政府需要进一步规范生鲜电商市场，确保生鲜电商市场竞争公正公开，在一些基础设施建设过程中，政府应有倾向性地予以扶持。同时，有针对性地对农户进行互联网、电商等方面的综合培训。

最后要促进生鲜电商风险投资良性发展。风险投资为创新创业提供现实可能，政府和行业要不断促进建立生鲜电商权威的风险投资服务平台，使风险投资供需信息迅速公开和对接，打破创新和投资之间的断层。最后，政府也要不断完善风险投资退出机制，只有足够回报率和利益驱动，资本才能实现良性循环。

（节选自：古思佳，李红艳．“农业＋互联网”背景下生鲜电商发展 SWOT 分析及对策[J]．热带农业工程，2021(6)：11-14.）

任务2 园艺产品消费者分析

情境案例

近半数消费者在意性价比，新国潮提振网购消费信心

11月12日，北京师范大学发布《2021网购消费信心指数调研报告》，对中国消费者的网购信心、意愿、消费行为、偏好情况等进行综合分析。结果显示，中国网购消费者的信心指数趋势向好，正在温和上涨。网购消费人群越来越注重商品的高性价比，同时，国货品牌正在引领新电商平台的新消费潮流。

根据中国互联网络信息中心（CNNIC）发布的《第48次中国互联网络发展状况统计报告》显示，截至2021年6月，我国网民规模达10.11亿。其中，网络购物用户规模达8.12亿。此次调研的样本人群，平均年龄35岁，拥有大学及以上学历的群体占86%，调查总人数中的99%人群有过网购经历。其中，受访时在上周网购花费100元以下、100～500元、501～1 000元的消费人群，分别占据15.2%、39.6%以及22.1%。

报告显示，近一半受访者最为认可"消费要讲究性价比，理性节制"的网购消费观念，"消费要享受乐趣和个性，注重情感联结和品质细节"的观念认可度次之，达到31%。具体到不同性别、不同代际、不同区域的消费群体，人群消费观念认同程度存在差异。其中，"90后"群体对于"消费要享受乐趣和个性"的观念认同度高。"70后""60后"对于"消费要讲究高性价比，理性节制"的认同度则比其他群体都要高。

根据拼多多平台相关数据显示，"一个人可以为了菜市场便宜几毛钱与商贩来回砍价，也可以为了商场橱窗里新上市的大衣豪掷千金"，来自凉山、烟台、运城等产区的苹果，与苹果手机iPhone一起，成为"双11"活动里的爆款。

调研显示，在网络消费的平台选择中，诸如淘宝、京东、拼多多等国内全品类平台占据38%，是被访者最常使用的平台类型。抖音、快手、小红书等新兴购物平台，传统实体商场及超市线上服务，跨境电商平台，二手交易平台以及视频网站会员购物平台、粉丝群体专属购物平台等正在兴起。受益于性价比路线和拼团模式，新青年在拼多多上的活跃度高。拼多多"95后"用户比例达到32%，比传统电商平台高出3个点，年轻人平均每天至少打开使用拼多多3次。

《2021全国县域数字农业农村电子商务发展报告》显示，在消费品类上，直播带货、社区团购等新业态新模式不断涌现，跨境电商开启了县域融入国际市场的大门。

报告认为，以拼多多为代表的新电商平台，带动农产品大规模上线，仅以苹果产业为例，在山西万荣苹果、山东荣成苹果、甘肃天水花牛苹果等产业中，众多苹果企业品牌在拼多多年销超过1亿元，并保持同比翻倍的高速增长。"双11"期间，这些商超品质的产地优果直连市场，获得了消费者热捧。

【引出问题】当今网购消费者的特征有哪些？

【生成任务】通过该案例，分析影响园艺产品消费者购买行为的因素。

企业是面向市场、依赖于市场的一个主体，而消费者是市场的主体，是企业的主要服务对象群体，企业能否获得成功、获取利润取决于消费者的购买需求是否付诸实际，消费需求是否得到满足，二者之间是一个互利共赢、相互依赖的关系。因此如何使消费者产生购买意向并且实行购买行为是一个成功企业所必须思考的问题。

消费者的购买行为受消费者心理活动的影响而不断变化，面对不同年龄段、不同社会阶层消费者的心理活动是不同的，即使是处于同一年龄段、同一社会阶层的消费者，由于人的个体差异，其本身所具有的心理活动也不尽相同。随着时间、地点的变化，同一消费者的消费需求也在不停地发生着变化。这就导致了各式各样的购买行为产生。所以，企业就得面向特定的消费群体进行消费心理以及消费需求的分析，以求最大限度地满足消费者的消费需求，使自己的产品得到认可，使企业立于不败之地。一般而言，消费者市场具有供应范围广泛性、交易次多而量少性、消费复杂性、消费者需求可诱导性、市场季节性、需求伸缩性等特征。

一、认识消费者购买行为

消费者购买行为是指人们为了满足个人或家庭的生活需要和欲望，在一定购买动机驱使下，进行探求、挑选、购入、应用、评论和处理商品及服务时所开展的活动过程。当中包含人们的客观物质活动和主观心理活动两个方面。消费者购买行为的全部过程一般是由六个问题构成。

(1)谁购买(who)。这是明确谁负责购买活动。主要包括两方面：一是购买者是谁；二是谁做出的购买决策。如小孩买玩具这个购买行为，使用者是小孩，购买决策者是小孩的父母或其他的人，可见，购买行为有时是多人参与的。作为营销人员应该了解谁是购买决策人员，谁是影响者，谁参与购买过程，从而有针对性地开展一系列促销活动，才能取得最佳的效果。

(2)买什么(what)。这是明确购买对象。要分析消费者希望购买什么产品和为什么需要这种产品而不是需要那种产品，探讨企业应该提供什么样的产品去满足消费者的需求。

(3)为什么买(why)。这是明确购买目的。要了解消费者想买什么，分析消费者购买动机的形成，是由生理、自然、经济、社会、心理等因素的单个作用，还是它们互相作用的结果。由于人们的购买动机是复杂多变、千差万别的，所以企业应该分析现有人群为什么购买，把握人们的选购动机，稳定现有客户群体，并不断地开发更有效的卖点来吸引更为广泛的消费群体。

(4)哪里买(where)。这是明确购买地点。人们对购物的位置选择也具有一定的规律性，如日常生活必需品会选择就近购买，选择性比较强的或贵重的物品会选择在商业区购买，对较为特殊的商品通常就会直接去到企业或去到信誉较高的专卖店购买，现在人们越来越多地在网上进行购物。

(5)怎么买(how)。这是明确购买方式。这对企业来说就是销售方式，它是一个非常重要的环节，它将直接影响消费者的购买行为。如经济型购买者对便宜价格、性能有追求，冲动型购买者对情趣和外观有喜好，手头拮据的购买者愿意分期付款，工作繁忙的购买者在意购买的方便性和送货上门服务。

(6)何时买(when)。这是明确购买时间。人们购买习惯通常有时间方面的规律。比如人们购买汽车产品的时间会受到消费地点、节假日等因素影响，因此分析人们对一定产品的购买时机要求，把握好时机，适时推出产品，会使企业的营销更加成功。

二、影响消费者购买行为的因素

消费者购买行为的影响因素是多种多样的，而且对每个消费者的影响都会不同，即使是同一消费者在不同的环境下，受到影响因素影响的效果也会不同。这主要是受其需求的变化与心理的变化共同作用，从而形成不同的结果。但综合分析消费者购买行为的影响因素，主要有以下几大类：

（一）文化因素

文化是一个广泛的概念，从广义上来讲，文化是指人类在社会历史实践中创造的物质财富和精神财富的总和；从狭义上来讲，文化是指社会的意识形态以及与之相适应的制度和结构。文化因素对消费者行为的影响是最难识别的，又是最广泛、最深远的。

（1）传统文化。我国是一个具有悠久历史文化的文明国家，传统的文化观念促使我们在消费行为上与西方国家有着本质的区别。例如，我国人民贮存资产首先会考虑购置房屋，然后再用于其他方面的开销；而西方国家在这方面恰恰与我们相反，他们对于房屋的购置意愿没有那么强烈，大部分都选择租房，他们喜欢把资金首先用于购买其他物资，有了闲置资金才会考虑选择买房。可见，消费者的文化观念是影响消费行为的潜在因素之一。

（2）西方文化。随着世界各国的交流日益频繁，特别是互联网等技术的快速发展，西方优秀的文化也随之传入我国，逐渐对我国的消费观念产生一定的影响。如我国现在有很多人喜欢喝咖啡，这种现象正是西方文化对我国消费者的影响。

（3）亚文化。亚文化是相对于总体文化而言的，属于总文化的次属文化。它是在社会环境和自然因素的影响下而形成的具有自身特点的文化，如我国人民喜欢以红色代表喜庆就是亚文化的一种。亚文化受其他因素的影响较大，会对消费者购买行为产生潜意识的影响。

（二）社会因素

消费者在购买商品时，商品的质量以及价格等方面因素也会影响消费者的决定，消费者常常会听取身边人的意见，受他们的影响，以便所购买的商品有实际的应用价值。因此，社会参照群体、社会关系人物、社会舆论等社会因素也是决定消费者购买行为的主要因素。

（1）参考群体。参考群体是指对消费者的行为产生间接和直接影响的群体，在购买商品中，人们或多或少会受到这些群体的影响。参考群体不仅对人们的思维方式和生活习惯产生作用，还会使人们对购买商品的看法和行为发生变化，进而影响人们的决策。

（2）角色和地位。在实际生活中，一个人在不同的时间段扮演着不同的角色，社会地位也因其自身的能力以及环境而发生变化，这些因素都有可能对消费者的购买行为造成一定影响。消费者角色和地位的改变，会让他们的爱好以及对产品的选择有所不同，从而影响消费者的购买行为。

（3）社会舆论。消费者的购买行为还会受到社会舆论方面的影响。以购买汽车为例，消费者在购买时除考虑汽车的品牌和性能外，还会密切关注社会对它的评论，不同时期的汽车在社会的影响力不同，会影响人们对它的评价。因此，消费者在购买时必须合理处理这些信息，从而选择最合适的产品。

(4)社会生产力。因为消费者消费的商品是由社会生产力所决定的，社会生产力的水平有多高，就能提供多少数量与相应质量的商品，所以从客观上说，社会生产力的大小制约着消费者消费什么，消费多少。社会生产力不但制约着消费的规格、品种和数量，而且还制约着消费的结构。

(三)个体因素

消费者的个人因素会对购买行为产生决定性的影响。消费者自身的年龄、经济来源以及生活习惯等都会对购买行为产生间接或直接的影响。

(1)年龄。据研究发现，随着年龄的增长，生活阅历的丰富，消费者在商品的选择上也会发生变化。很多年轻人因收入有限，但又追求新奇，喜欢购买当下比较流行和时尚的产品；中年人具有丰富的经验，往往比较稳重，具有实际应用价值的产品就是他们的首选；对于老年人，他们更喜欢购买比较舒适的产品。

(2)经济状况。人们的经济来源不一，个人的经济状况也会有很大的区别。随着社会的发展，人们在选择产品的等级上也有极大的不同。

(3)生活方式。生活方式是指消费者自身的生活习惯、爱好以及对事物的理解等，会对其购买行为产生不可忽略的影响。一个人处于不同的生活环境、民族风俗，所形成的生活方式也不尽相同，对于商品的购买行为也会不同。在我国，人们购买商品是建立在拥有足够资金上，而在西方的一些国家，他们很多人选择的是超前消费，借贷消费是一种常见的现象。从这一角度来讲，生活方式会对消费者的购买行为产生极大的影响。

(4)消费者收入。消费者有购买的欲望，但却没有一定的收入水平作为购买能力的保证，购买行为就无法完成，因此消费者的收入是购买能力的重要保障，是影响消费者购买行为的重要因素。

(四)心理因素

心理因素对于消费者的影响主要体现在动机、认知以及意愿等方面。

(1)动机。每一时间段人们都会有需求，要求主要由生理和心理两方面的因素引起。动机的产生需要特定因子的激发，进而引起消费者的购买欲望。动机意味着消费者的潜在需求，在满足这一需求后，它也会随之消失。从人的需求的层面上讲，它是分层次的，按重要程度依次排列，对于商品的选择，消费者会首先考虑最迫切的需要。

(2)认知。在确定购买意向后，消费者会对产品有一个认知过程，即对产品的感受、体验以及思考等。认知过程作为心理因素的一种，不同人对产品的认知可能不同，这是由他们对产品的了解程度决定的。在对产品进行一定了解后，消费者才会决定是否购买。认知是对产品的客观判断，是否购买还会受到其他环境因素的影响。

(3)意愿。在对产品进行基本了解后，最终的决策会受到消费者的意愿影响。意愿是指对事物所持有的强烈程度，其过程分两步进行，即采取阶段和执行阶段。采取阶段表明对所选产品的质量和设计理念等都持有肯定的态度，至于消费者最终的决定是在执行阶段完成的。

(五)销售因素

销售因素主要是指销售的方式方法会对消费者的购买行为产生直接的影响。虽说“酒香不怕巷子深”,但是酒的香味可以飘出巷子钻进人的鼻孔,一件质量再好的产品,如果不为人们所知,又有什么用呢?因此,企业必须采取有效的销售策略,例如对产品进行精美的包装、起一个个性响亮的名字、做广告、举办营销活动等来使消费者先认识到有这么一个产品,只有使用过后才可以对产品的性能、质量做出公正的评价,才可以刺激更多的消费者下一步的购买行为。销售因素还包括销售人员的仪容仪表。销售人员的仪表装扮不同可以带给消费者不同的心理感受,并且也间接影响销售人员与消费者之间的关系。销售人员的优美仪表以及优质的服务水平在一定程度上也反映了企业的形象。销售商品的快捷性也对消费者的购买行为产生巨大的影响,如现今的网络销售,为人们节省了上街购物的时间,免去了到处奔波的劳累,给忙碌的上班族提供了足不出户购买商品的条件,使消费更加方便、快捷,这已成为刺激消费的一种有效手段。

(六)现场环境

消费者的购买行为也受销售的现场环境的影响。有这样一个例子,一个饭店的饭菜很美味,服务态度也很好,每天座无虚席,但是老板却愁眉苦脸,这是为什么呢?原来是顾客点上饭菜后吃饭速度非常慢,导致客流量很少。饭店看似生意兴隆,实则营业额却上不去。老板经过反复思考、分析研究,终于发现了问题症结所在:就是饭店里播放的多是轻柔的乐曲,人们在这样的环境下吃饭速度自然减缓。于是老板将饭店里的音乐换成节奏稍快的乐曲,之后饭店里的客流量逐渐增多,营业额提了上来,老板喜笑颜开。从以上例子可以看出一个良好的环境往往可以产生意想不到的效果。

消费者的购买行为不是由单方面的因素决定的,文化、社会以及个人的心理因素等在一定程度上会对其产生决定性的影响。对于企业而言,消费者的心理因素是难以确定的,但在社会环境等方面,企业的营销策略极有可能对消费者的购买行为产生一定作用。因此,不断研究消费者购买行为的影响因素,对于企业正确地把握消费者行为,有针对性地开展一系列市场营销活动,具有非常重要的意义。

知识拓展

社区生鲜超市消费者购买行为

社区生鲜超市主要是指开设在社区之中,以社区居民为消费对象,为其提供蔬菜、果品、肉类、半成品、菜品等零售或批发的商户,社区生鲜超市特征明显。

(一)社区生鲜超市的特征

社区生鲜超市既要面对同行竞争对手,又要面临网上零售到线下实体店零售越来越多的挑战，与大型商超、农贸市场经营有较大的区别，既有其独特性，又有其发展短板，通过对比能更好地了解社区生鲜超市的经营状况。

1. 与大型商超相对比

社区生鲜超市菜品品类较少，不够齐全，同时由于消费群体的辐射面较小，为保证生鲜产品的新鲜度以及低库存，单店产品售卖数量较少。购物场所面积较小，为了节省空间，往往商品货架较高，购物环境比较拥挤。消费者在购买过程中，无法同时购买其他商品，实现一站式购齐。但社区生鲜超市的优点是接近居民生活区，购买便利，不需要花费额外的时间。从价格来说，生鲜超市与大型商超提供售卖的生鲜产品价格水平相当。

2. 与传统农贸市场相对比

农贸市场蔬菜品类较多，商品品类较多，除了蔬菜、水果、肉品外，还有其他的商品销售，如日用杂货店、面包店、早餐店等，消费者可以购买的东西比社区生鲜超市要齐全，同时，在社区生鲜超市购买的货品消费者不能实现自由挑选，生鲜超市商品往往已经打包好，挑选不方便。但传统农贸市场不一定设立在社区中，有些社区距离较远，不方便购物，特别是应付一时之需。另外，农贸市场里经营的主要是一些个体商贩和一些当地村民，菜品质量参差不齐。部分农贸市场配套设施不完善，管理部门难以有效地进行产品的质量监管、追溯生鲜食品安全责任。从价格方面来说，社区生鲜超市商品价格没有足够的优势，会比农贸市场产品价格稍贵一些。

(二)目标消费者购买行为

随着市场竞争的加剧，必须为社区居民提供更好、更多选择的服务，社区超市才能赢得更多的客户资源，占有更大的市场。社区生鲜超市针对的目标顾客主要有以下四种类型：一是白领消费者，这类消费者因工作繁忙，对购物环境要求较高，产品需要量相对较少，货品追求少而精。二是小规模家庭结构，随着我国家庭规模结构的变化，三口之家盛行，这类消费者群体家庭经济条件较好，人口数量少，不需要大规模采购生活必需品，简便、快捷、品类齐全是他们对一日三餐的要求。三是应急人群，有时候没有准备食材，可以提供就近购买，像以前的小便利店。四是便利人群，这类消费者往往选择在下班回家途中进行食材采购，喜欢社区生鲜超市贴近住宅区，购物便利快捷。

（节选自：林霞.社区生鲜超市发展策略选择——基于消费者购买行为分析[J].中国市场，2020(22)：136，145.）

三、消费者的需求心理

美国心理学家马斯洛认为，人的一切行为都是由需要引起的，而人的需要又分为五个层次，从低到高依次为生理的、安全的、爱与归属的、尊重的和自我实现的需要。马斯洛认为，以上五种需要是相互联系的。不同层次的消费者对商品有不同的要求，因此，企业只有了解和掌握消费者需求心理的特点，才能有的放矢，满足不同层次消费者的不同需求。

消费者购买行为是在一定的购买动机的作用下产生的，而购买动机又产生于某种尚未得到满足的需要，这种需要包括生理方面的需要，又包括心理方面的需要。随着人们生活水平和需求层次的不断提高，如马斯洛需求层次理论的分析，心理方面的需要较之生理方面的需要对购买动机及购买行为所起的作用更加重要。所以，世界上的消费者成千上万，不同年龄、不同性别、不同职业的顾客购买心理也不同，各有各的特点，各有各的习惯，各有各的具体情况，他们的购买心理不一样，引起的购买结果就不同。因此，对于市场营销，仔细分析顾客的购买心理就显得尤为重要。销售者只有掌握了这些顾客的购买心理，满足消费者的需求，才能更好地推销产品，实现企业营销目标。但对某一个消费群体，他们又具有某些相同的消费心理。

(一)追求新颖时尚的求新猎奇心理

不少顾客对构造奇特、款式新颖、来头神秘的商品有一种天生的好奇感，并希望能率先使用，满足求新求异的欲望。这类消费者通常是比较年轻的，更容易接受新事物，喜欢猎奇，容易被新奇事物所吸引，有很大的好奇心，喜欢标新立异、新颖和时尚的商品，注重产品的新花色、新款式，重视“时髦”和“奇特”，好赶“潮流”，对于商品是否经久耐用，价格偏高是否合理，并不在意。此类消费者一般有善于表现自我、注重感情、容易冲动的消费心理。销售者介绍商品时不要反复介绍商品知识，要注意接待速度，宣传商品时注意激发消费者的购买情感。

(二)追求品牌与名牌的心理

品牌实际上已成为一种文化，是成功企业赢得消费者的重要武器。许多消费者在选购商品时更注意商品的品牌和个性，愿意多花钱购买世界名牌服装、化妆品等，以此来显示自己地位和特殊，或炫耀自己的能力非凡，就是因为这些品牌已经成为一种独特的文化和身份的象征，通过品牌既可以满足消费者追求高品质的需求，又能让消费者通过品牌消费彰显个性与自我，让消费者最大限度地体验到自我价值与自我存在。随着人们生活水平的提升，有相当一部分消费者追求名牌、信任名牌、忠于名牌，在他们看来，名牌是信心的基石、高贵的象征、地位的介绍信、成功的通行证，追求名牌要的就是这种感觉，从中可以获得情感上的寄托和心理上的共鸣。另外这类人群不太注重附赠相连方式，其注重相连赠品以奇、新为主，不会太多考虑其附赠品实用价值，以城市年轻人居多。针对此类消费者，营销员在介绍商品时，应该注重强调该产品品质、款型，如：该产品属于中国驰名商标，是国家免检产品，代言公司产品的有哪些广告明星等，同时要赞美消费者眼光超群，让消费者产生提高自身身价的心理。

(三)追求个性化、差异化的消费心理

随着消费者独立自主意识的增强，消费者心理更趋于个性差异化，这体现在消费者所购买的商品一定要与其品位、个性、价值观相吻合，特别是青年人都追求独立自主，力图在一举一动中都能突出自我，表现出自己独特的个性化风格。这一心理特征表现在消费心理和消费行为方面，则是人们消费倾向由不稳定性向稳定性过渡，对商品的品质要求提高，尤其要求商品有特色、上档次、有个性，而对那些一般化的、“老面孔的”商品不感兴趣。如购买时装，主要是因为时装能体现自己的风格，因而时装的款式成为人们是否购买的主要依据。

(四)追求价廉实惠的消费心理

追求价廉实惠的消费心理在经济收入不高或经济收入虽高但俭省成性的消费者中多见，这类消费者在选购商品时不过分强调商品的美观悦目，而以朴实耐用为主，追求经济实惠，特别计较商品的价格，喜欢物美价廉或削价处理的商品，这类消费者选购商品时，注重同类商品间的价格比较，对商品质量、花色、款式、包装等不太对比挑剔，喜欢选购折价、优惠价、处理价商品，体现“实用”和“实惠”。今天的仓储式超市正是迎合了人们追求物美价廉、实用的心理，人们希望以较少的支出获得较大的利益。具有这种心理的消费者，在不同品牌但质量、外观相似的同类商品中，会尽量选择价格较低的品种。求廉心理固然与收入水平较低相关，但这也是大多数普通消费者的普遍心理。对于此类消费者，营销人员在介绍商品时应注重产品的价格、性能、效果、使用方便，要从“实用、经济”入手，以附带相关赠品使用价值进行刺激。

(五)注重情感价值的消费心理

人们在购买商品时，思想感情、志趣爱好容易受到客观环境、社会信息的影响，容易冲动。特别是青年很少综合选择商品，而是重视自我情感的实现，注重在购买过程中身心愉悦的体验，特别注重商品的外形、款式、颜色、商标、牌子等，只要可以满足个人需要，就会产生积极的情感，迅速做出购买决策，实施购买行为。至于商品的内在质量到底好不好，价格是否偏高，是否会很快过时，是否超出原有的购买计划等问题，却很少考虑。尤其是当理智因素与感情因素发生矛盾时，人们总是更注重感情因素，社会消费进入了重视“情感价值”的时代。

(六)注重消费方式便捷与实用

这是大多数消费者的心理，在购买商品的过程中，首先考虑的是便捷与实用。购物中特别注意商品效用、质量和使用便利，不过分追求其外观的新颖、美观、象征意义及商品的个性特征。随着互联网的兴起，更加符合消费者追求便捷的消费需求，消费者通过互联网能够及时便捷地获取世界各地任何一种产品和服务的信息，满足他们个性的需求。

(七)从众消费心理

每个人都生活在一定的社会群体中，人们总希望与他应归属的圈子能够同步。跟随大家去消费产品，可以使消费者有社会群体的归属感。研究表明，当某种耐用消费品的家庭拥有率达到30%后，将会产生该消费品的消费热潮，由此可见从众心理的普遍性。从众消费现象女性尤为突出，因女性的模仿心理与暗示心理较强，平常留心观察周围人的穿着打扮，喜欢打听别人所购物品的信息，容易接受别人劝说，根据别人说的好坏来决定是否购买。对于此类消费者除了介绍产品的价格、性能、效果等外还要以情感、以附近的什么人或邻居已经购买的从众心理进行介绍。

除此之外，还包括攀比心理、崇外心理、待购心理、逆反心理、炫耀心理等其他的消费心理。消费者心理会影响消费行为，只要准确把握消费者心理，营销工作一定会取得更大成功。此外现代社会人们对于精神上的“满足感”也是相当重视的，很多顾客走进商场，真正期待商品所带给他（她）的，并不单单是“自己实际使用”的改善，而是消费了之后所带来的精神畅快和心理的满足感，这也是销售者必须要给予消费者的东西。

四、消费心理的营销策略

（一）树立以顾客为中心的营销观念

现代市场营销观念就是“顾客至上”。因此，企业要以顾客为中心，一切从顾客的角度进行考虑，也包括心理因素。2003 年春，“光明”推出了“新鲜”杯。与以往不同的是，这种包装新颖的产品没有走超市营销渠道，而是把目光盯紧送奶上门客户家庭消费这一大的目标市场。许多“光明”老订户在收到两杯喜庆的光明“新鲜杯”新年装牛奶赠品时，非常惊喜和高兴。从外观看，“新鲜杯”的体态修长，有着苗条而别致的造型；在品种上，醇香、特浓、纯鲜、高钙四种口味任你挑，比以前多了选择的余地。在容量上，200 毫升的人性化设计，适合一次性喝完，天天新鲜又不浪费。在保质期上，比原来的玻璃瓶延长了两三天。从产品的方便性看，如果需要加热，撕掉杯盖直接放进微波炉就可以了。在杯型上，小巧轻便，尺寸大小专门适合“光明”装有隔热内胆的奶箱的容积。可以说，每一个小细节都照顾了消费者的需要。光明的这种特殊的营销方式正是以顾客为中心的营销观念的体现。

（二）发挥心理营销的核心品牌效应

企业的竞争归根到底就是品牌的竞争。因此，品牌营销成了企业营销的核心。所谓品牌营销，是引导商品或服务从生产者到消费者和使用者所进行的一切企业活动。企业应根据消费者购买决策的心理特点进行品牌营销。

（1）坚持统一的品牌形象。品牌形象是指品牌留在消费者头脑中的印象，它反映的是当前品牌给人的感觉。坚持统一的品牌形象会使消费者对品牌印象深刻。坚持品牌形象的统一，应该将所有的人、所有的行动都往同一个方向努力，让每一个品牌行为都对品牌形象的发展有所贡献，让点点滴滴的传播动作都成为良好的品牌形象的累积和沉淀。在终端营销中，企业应该有两个统一：一是横向统一，一个时期内，产品、包装、传播、推广各营销环节一系列品牌行为围绕同一个主题展开。二是纵向统一，长时间坚持同一个主题、同一个风格。

（2）强化品牌不断创新。人们普遍存在着“喜新厌旧”的心理。消费者总是在不断追求更好的、更新的产品，期待着功能更好、更强、能提供更多选择的品牌。所以，企业必须做到以下几点：①创新产品。要保持品牌永远领先、年轻的形象，必须将产品创新作为品牌经营的重心。②为品牌寻找全新的符号。品牌这个概念对于消费者来说非常抽象，如果有一个符号、一个形象，成为品牌的代言人，那么它和消费者的距离即刻就可以拉近，消费者在无意识中就接受了这个全新的品牌形象。③加强品牌的推广。商场不是静止的，品牌并非存在于一个时间胶囊中，消费者的爱好在日新月异的今天，无时不在变化着，如果你在很长的一段时间里，没有告诉消费者你存在的消息，那么他们很快就会将你抛进记忆的垃圾袋中。

(3)扩大品牌知名度。品牌知名度简单说就是消费者对品牌的熟悉程度。品牌知名度越高表明了消费者对其越熟悉，而熟悉的品牌总是令人感到安全、可靠，使人产生好感。所以终端产品的品牌知名度越高，消费者对其喜欢程度越高，选购的可能性也就越大。在品牌喜欢程度相同的情况下，品牌知名度越高，其市场占有率就越大。

(4)提升品牌忠诚度。品牌忠诚度是指消费者对某一品牌形成偏好、试图重复选择该品牌的倾向，它是品牌价值的核心。它在消费行为表现上，就是对该品牌产品的不同时期的反复购买，即使面对竞争品牌在价格等方面的诱惑，也愿意为该品牌付出高价。要维护品牌的忠诚度，企业就必须努力提高产品的质量，保持产品品质的一致性，努力塑造与目标顾客自我形象相一致的品牌形象。

(三)借助情感紧密联系消费者

在当今的市场争夺战中，企业只有从心理和情感上赢得顾客，才能真正赢得市场。

(1)丰富产品的情感因素，激起消费者的购买欲望。情感营销就是要密切关注消费者对产品的个性化偏好，深入了解并提供顾客希望的各类商品和服务。所以企业在产品的名称、商标、包装、产品造型等方面设计时都要注入丰富它的情感因素。这样，才能迎合消费者的个性心理，诱发他们的积极情感，引起他们的购买欲望。

(2)提供精确化的情感服务、绿色服务。终端是企业对消费者实施精确化服务的最直接体现。情感服务要求商家不仅在服务态度上让顾客感到如同沐浴和煦的春风，而且在服务内容上，顾客想到的企业理应做到，顾客没有想到的企业也要做到。同时企业要进行绿色服务。绿色服务是绿色商品交易的一个重要组成部分，绿色服务要求以节约资源、减少污染的原则为服务导向，在商品的消费过程中，努力保持人与自然的和谐、改善人类生存环境。这样，企业才能产出超值服务使顾客满意，占领消费者的心理制高点。

(3)顾客化的情感定价、绿色价格。顾客化定价亦即定价自主化，就是针对消费者最为敏感的价格问题，一定程度上把定价权交给买主，由买主以自己的感觉和认知程度确定价格水平和付款数额，其目的在于最大可能提高价格的透明度，并借此表达商家对顾客的高度信任和真诚。同时，根据“污染者付费”和“环境有偿使用”的原则，企业应将对环保投入计入产品的成本之中，合理定价在价格上反映资源与环境的价值，同时合理利用人们求新、求异、崇尚自然的心理引导消费者理解和接受绿色产品较高的价格。

(4)通过广告宣传激发情感共鸣。创造情感广告、引起心理共鸣是广告策划的一个重要方面。要顾客行动先要顾客心动，所以企业要以极富感染力的情感广告去打动顾客，激发他们强烈的情感，引起他们的情感共鸣，这样才能引发他们的购买欲望。

(四)强化终端货品陈列

货品的终端陈列是无声的广告，能够产生较强的视觉冲击和吸引力，是企业产品品牌和形象最直观的诠释，也是导致冲动型顾客购买的最主要原因。

(1)适宜的陈列位置。就某个超市而言，企业产品特别是消费品陈列位置对顾客的吸引力相差悬殊，可谓“一步金，一步银”，醒目和人流多的地方是最理想的区位，也是厂商竞相抢占的黄金位置。所以要根据商品的不同种类，选择最合适的位置。

(2)精心的商品布局。首先要使已获得的陈列空间充分利用，排列整齐美观，达到充实和谐的整体效果，产生强烈的吸引作用，同时也可以有效防止空间闲置较多，致使竞争对手乘虚而入，抢占有利位置。其次，要陈列所有规格的商品。再次，要保证商品陈列一定的聚集性或占用空间。最后，还要考虑各种商品的摆放位置。商品的摆放要方便顾客拿、装、运。

(3)整洁的商品外观。商品陈列待售期间，应该一直保持其外观及存放货架干净卫生，这样容易使消费者产生鲜活的联想。另外还要密切关注产品的保质期限。保质期限一到，就应该及时把商品撤架。

(4)“物尽其材”的终端宣传。目前的终端竞争，最直接的表现就是终端宣传物的竞争。企业应该努力做到终端宣传物与消费者形成直面、互动的真正沟通，吸引消费者，打动消费者，激发他们的购买欲望。

任何企业的营销活动都离不开对消费者心理的研究与应用，随着经济的发展和人们收入水平的不断提高，广大消费者的消费需求将越来越多元化，对企业提供的商品和服务的要求标准也会越来越高。因此，企业在激烈的市场竞争中，必须钻研消费者心理及行为，通过消费者外在的表象洞察消费者内在的心理秘密，并应用于企业的具体营销活动之中，才能真正掌握市场的主动，真正做到在满足消费者需求的基础之上实现企业最终的存续与发展，这是现代企业应有的经营哲学与经营理念。

知识拓展

销售时应注意的要点

1.精神饱满地工作，制造人气，使店里充满活力。对于烦躁的顾客，要有耐心，温和地与他交谈。

2.对带小孩的顾客，要尽量在小孩身上下功夫，使顾客产生感激之情。

3.不断改变商品陈列方式，使店面看起来充满新意，更具有魅力。

4.对于进店挑选的顾客，不要吝啬赠送微笑，有时候热情真诚微笑比赠送礼品有用得多。

5.对于有依赖性的顾客，他们可能有点胆怯，不能下决心。销售者的态度要温和，富于同情心，为他们着想，提些有益的建议，但别施加太大的压力。

6.对商品不满意的顾客，他们持有怀疑态度，对他们要坦率，说话要有见地、简洁，要有礼貌，保持自控能力。

7.对于老年人，除了要求商品舒适实用，价格优惠，还希望享受良好的接待服务。对此，营销员应该主动为老人拿、递商品；不要急于收回商品；耐心说明商品用法、用途；介绍商品时应当适当放慢语速、提高音量等。

任务3 园艺产品市场细分及定位

情境案例

从一块地里刨出来的大葱细分之后市场和价格都不同

最近，绣惠大葱产销专业合作社的经理陈海军不断接到全国各地客商打来的订购电话。现在，绣惠镇7个村、200多户葱农已经加入了合作社，他们生产的大葱由合作社统一推广销售。陈海军介绍，由合作社牵头成立生产基地，在产前、产中等环节提供技术指导服务，最后再统一对外销售，可以避免农户单打独斗带来的弊端。“按照我们的统一标准生产出来的大葱，比一般的大葱价格至少要高出50%。”

据介绍，目前章丘大葱在整个山东大葱市场占有举足轻重的地位。山东大葱的主要产区分布在章丘、安丘、平度、滕州等地。近年来，滕州的大葱种植面积有所减缩；安丘种植的是日本铁杆葱，以出口订单为主，受国外需求量的影响比较大。

25日，在章丘枣园镇万新大葱购销服务部，记者看到了两辆运输大葱的货车，但其中一辆装的都是成捆的小细葱，而另一辆车上的葱则要粗壮不少，这是怎么回事呢？

“细葱是发往重庆的，粗的是发往河南的。”服务部的负责人沙继庚道出了其中的“秘密”。原来，重庆人爱吃小葱，而河南人既不要小葱也不要大葱，喜欢介于二者之间的二级葱。

记者了解到，不管是“小葱”还是“大葱”，其实都是从一块地里刨出来的，经过挑选后身价也有了差别，小葱每斤能卖到7毛，大一点的则能卖到9毛。沙树星告诉记者，其实，发往重庆和河南的小葱、“二小葱”只能算是章丘大葱中的“低等品”，直径2.5厘米以上的一级葱、特级葱，主要销往了北京、天津、河北市场，它们的价格也更高。

不仅大葱的大小有级别，包装方式也有差别。沙树星说，传统的“捆扎葱”每斤也就能卖到一块二三毛钱，特级葱能卖到一块五六毛钱。经过扒白、套保鲜袋、加宣传彩页之后，同样的大葱每斤就能卖到2元左右。还有更高级的盒装大葱，经过细致的加工和包装之后，每斤能卖到3.5元。

在细化产品的同时，葱农们也不断在大葱的种植上做文章。在章丘万新富硒大葱种植基地，今年就新建了多个大葱大棚。沙树星介绍，大葱虽然是在6月份移栽种植，但是真正的生长期是从立秋到立冬，立冬以后基本就不长了。正常的收刨期是从立冬前后到元旦。“现在用大棚种植，就是想把大葱的周年种植问题解决，让大家在春节也能吃上新鲜的大葱。”

（节选自：王红妮. 从一块地里刨出来的大葱细分之后市场和价格都不同. 生活日报，2011-10-27.）

【引出问题】章丘大葱为何大小要分级、包装有差别？

【生成任务】通过该案例，分析影响园艺产品市场细分的因素。

古语有云“兵马未动，粮草先行”，要实现市场领先，进行市场调查、了解消费者想要什么是有必要的。通常情况下，企业无法为该市场内所有的顾客提供最佳服务，因为顾客人数众多，分布广泛，需求差异很大，有些竞争对手会服务于特定的消费者市场，以便处于持续的优势地位。因此，公司要取得竞争优势，就要识别自己能够服务到的消费者，对自己最具吸引力的市场，扬长避短，而不是四面出击，到处参与竞争。市场细分的目的就是为了确定目标市场，在市场细分的基础上，企业根据自己的任务和目标、资源和优势等，权衡利弊，将有吸引力的部分市场作为目标市场，并针对这些目标市场进行相应的营销策略。

一、园艺产品的市场细分

改革开放以来，园艺产品生产能力日益增强，种类日益繁多，园艺产品市场呈现出繁荣景象，但也出现了供过于求、产品滞销、卖菜难的现象。在园艺产品市场竞争日益激烈，市场销售受阻，园艺产品经营者积极性被严重挫伤，消费者行为差异性日益明显的现状下，广大园艺产品经营者要想在激烈的市场竞争中站稳脚跟，谋得生存发展，就必须在市场调研的基础上进行市场细分，才能更好地解决园艺产品市场中产品滞销等种种问题。

园艺产品市场细分就是根据园艺产品市场中不同消费者在购买需求、购买行为和购买习惯等方面的差异性，把园艺产品总体市场化分为若干个不同类型的消费者群体所组成子市场的过程。每个细分市场中的消费者群体具有类似的消费者行为，不同细分市场中的消费者具有不同的消费行为，园艺产品营销中的市场细分就是用“个性化”的园艺商品去满足“个性化”消费者的市场需求。市场细分能够帮助园艺产品经营者认清市场现状，根据不同消费者特点有针对性地开展经营活动，综合地分析竞争对手的优势与劣势，帮助企业准确地寻找合适的目标市场，制定出正确的营销战略，它是园艺产品经营保持竞争优势的重要方式。

知识拓展

园艺产品营销中市场细分的意义

1. 市场细分有利于发现市场机会

市场机会是指市场上客观存在的未被满足或未被充分满足的消费者需求。通过市场细分，企业可以对每一个细分市场的购买潜力、满足程度、竞争情况等进行分析对比，从而进一步发现哪些消费者的哪些需求还没有得到满足或没有得到充分满足。在满足程度较低的市场部分，就可能存在着最好的市场机会。抓住这样的市场机会，结合企业自身条件，设计出最佳的营销决策，进行新市场的开拓，以便更好地适应市场的需要。

如以蔬菜市场为例，从表面看蔬菜经营者众多，蔬菜品种数量处于饱和状态，但是随着人们生活水平的提高，追求生活品质的意愿越来越强。通过市场细分发现，一些文化层次高且收入较高的消费者愿意选择高质高价的有机蔬菜。而现实的有机蔬菜市场存在数量少、品种不全、分布不均、品质不佳等特点，难以形成规模化和效益化，专卖店形式的有机蔬菜商店寥寥无几，品牌式的有机产品更是市场空缺，使得有机蔬菜的品质难以保障，给有机蔬菜的购买造成困难，无法满足高层次人群的需求。所以，通过市场细分认识到消费者需求呈现多元化、多层次、多变量的特点，在园艺产品饱和的表面现象下，还存在巨大的市场空间。

2. 市场细分有利于掌握目标市场的特点

经过细分后的市场变得小而具体，细分市场的规模、特点显而易见，企业可增强市场调研的针对性，切实了解细分市场消费需求的变化趋势，分析其潜在需要。根据细分市场消费者的具体特点，企业可以发展新产品，开拓新市场，满足消费者的潜在需求。如蒙牛针对不同消费者需求推出了早餐奶、高钙奶、低脂奶、酸酸乳等近百种奶制品。这都是在市场细分的前提下不断挖掘市场的深度和广度，发现营销机会，并用多样化的商品满足目标市场的需求。

3. 市场细分有利于制定市场营销组合策略

市场营销组合策略由产品策略、价格策略、分销渠道策略、促销策略等组成。通过市场细分，企业就可以确定目标市场，发挥优势，扬长避短，将人力、物力、财力等资源集中于该市场，避免分散力量，有针对性地制定具体、完善、有效的营销策略。如在我国苹果大丰收，市场饱和，供大于求，价格下跌的情况下，中国果农一筹莫展，而美国华盛顿苹果却在中国的北京、上海等大城市登陆，迅速占领了中国市场。其成功的原因在于在市场细分基础上正确地选择了目标市场，针对目标市场制定了科学的营销策略，从而满足目标消费者的需求，获得良好的口碑和巨大的市场效益。

4. 市场细分有利于提高企业的竞争能力

通过市场细分，企业可以针对自己的目标市场，生产出适销对路的产品，满足市场需要的同时增加企业的收入。产品适销对路可以加速商品流转，降低企业的生产销售成本，有利于提高企业的经济效益，从而提高企业在目标市场上的竞争能力。如四川雅安市某农户，在对鸡类消费者市场进行细分的基础上，避开大众消费者，选择了追求营养品质型的高端消费者，从而集中所有优势生产放养的、不喂饲料、绿色无公害的土乌骨鸡，获得了高端市场的欢迎，取得了巨大的市场成功。

(一)园艺产品市场细分因素

市场细分，就是根据消费者消费需求的差异情况，将整个消费市场按一定的标准划分成若干个“子市场”。在商品供应日趋丰富的买方市场条件下，消费者因收入水平、消费心理和消费行为的不同，消费需求呈现出多层次、多元化的特征，而企业又不可能满足所有消费者的需求，只有对市场进行科学、合理的市场细分，才能针对市场特征和本企业的实力选择合适的目标市场，并制定相应的营销组合策略去开拓、发展市场。具体地细分一个市场要根据市场本身的特点来确定。在一般的情况下，我们通常依据三种因素对市场进行细分。

1. 地理因素

从地理上细分消费品市场主要依靠地理区城的划分，如省、市、县，范围大一点的，有沿海、中部、西部；再大一点，有北方、南方、城市、乡村等。很明显，北方人普遍长得高大，那么对成人必须考虑多供应大尺码的服装，而拓展南方市场，则不仅要式样新潮，尺码也应该相应小一些，有的鞋商甚至注意到全国各地人的脚型也不一样，也要充分考虑。区域性的气候原因，也是细分市场须考虑的因素，如北方气候干燥，加湿器很有市场，南方气候潮湿，需要的则是抽湿器了。

2. 人口因素

人口统计的变化非常复杂，性别、年龄、收入状况、教育程度、职业等都是考虑的因素，在国际市场上还得考虑到人种、国籍等因素。性别的细分通常用于服装、化妆品、交通工具等领域，年龄则几乎涉及所有消费品的市场细分。玩具、服装、保健品乃至喝水的杯子和洗脸的毛巾都因年龄变化而有不同的需求。收入细分是厂商掌握精品市场和大众化市场区别的法宝。收入高的消费者，会比较注重产品的外观式样能否传达社会地位的信息和个性追求，对产品质量有较严格的要求；而一般收入者，则主要着眼于产品的实用性角度考虑。

3. 心理因素

在现代市场营销实践中，市场细分受到消费者的心理影响很大，因一个产品要占领市场，首先得要获得消费者的认可，如解放鞋在农村一直有市场，原因即在于它迎合了农民的心理定式，让人觉得牢固、耐用、朴实。

细分一个市场的通常方法并不总是有效，但无论怎样去进行市场细分，都得注意实现的可能性和有价值性。实现的可能性就是能够利用自身的资源就可以进入这个市场，有价值性就是公司能够从这个市场获利。

(二)市场有效细分的标准

经过细分的市场并不一定是有效的市场，要判断一个细分市场是否有效，一般有三个指标。

一是可衡量性。可衡量性是以某种标准进行细分后的各子市场范围清晰，其需求程度和购买力水平是可以衡量的，并同其他子市场有明显的差异。这里的细分市场中的特定需求是确实存在的，不可替代的，这样才能使企业通过对特定需求的满足来达到对该细分市场的控制。

二是可接近性。可接近性是以某种标准进行细分后的各个子市场是企业的营销辐射能力能够到达的，消费者能够接触到企业的产品和营销能力。可接近性的另一个含义就是该市场不存在实力很强的竞争对手，企业进入这一市场相对而言比较容易。

三是可营利性。细分后的各个子市场有足够的购买潜力，能使企业有利可图，实现其盈利目标。子市场是企业值得为其进行有效规划方案的同质性消费群体。

除此之外，细分出来的子市场的需求相对集中和稳定也是市场细分有效的基本前提。

(三)市场细分的方法

所谓市场细分是根据消费需求的“异质性”，选用特定的“细分变数”，把某种商品的整体市场划分为若干个由需求相似的消费者群所组成的子市场，从而结合自身条件确定目标市场和市场定位的市场分类过程。那么如何才能有效地进行市场细分？主要有以下几种运作方法。

(1)“网格法”市场细分。“网格法”最像切蛋糕，就是以一定的“细分变数”为界限，把某种商品的市场像一块大蛋糕一样分切成若干小块，从中选择自己吃得下的小块去经营，如果经一次分切还吃不了，则可多次分切，直到适合自己的“消化能力”为止。

(2)“箭线法”市场细分。所谓“箭线法”，就是以某种商品为出发点，像个光源引申出多级箭线，导引出众多的子市场供企业选择。

(3)“坐标法”市场细分。“坐标法”中又有三维坐标和平面坐标，即选择2～3个最为关键的细分变数来分解、指引市场，从而确定本企业的产品及市场定位。

(4)“点状式”市场超细分。近些年来，为适应市场需求进一步的多样化、个性化，市场竞争几近白热化的市场背景，市场“超细分”的观念和方法应运而生，即把市场细分到具体的顾客，呈点状式发散，而计算机进入企业管理领域又为此提供了物质保证。市场的“超细分”尤为适用于量力而行的小型企业及小批量、多品种产品的生产经营企业。

(5)“大数据”精准细分。基于大数据，依据消费者的内部属性、外部属性、活动行为等，可以进行精准细分。可以基于单一维度对客户细分，比如按性别划分“男性”和“女性”，按出生年代划分“90后”“00后”等，也可以是多个维度组合的结果，比如按登录与交易划分“活跃多交易客户”“活跃少交易客户”“沉寂客户”，客户忠诚度、客户贡献度、客户形态等。

以上方法可从中选用一种，也可综合运用。唯此才能在激烈的市场竞争中找到一块属于自己的蛋糕，甚至据此去做出一块新的蛋糕以达到“不战而胜”之新境界。

二、园艺产品目标市场选择

经过市场细分之后，企业便会面临众多不同的细分市场，企业必须仔细从中选择自己的目标市场，以便集中全部市场营销能力，更有效地为这些目标市场服务，从而获得相应的经济回报。目标市场是指企业在市场细分的基础上，根据市场潜量、竞争对手状况、企业自身特点所选定和进入的特定市场。目标市场选择是指企业从有望成为自己的几个目标市场中，根据一定的要求和标准，选择其中某个或某几个市场为消费者提供消费需求，并实现经营目标的决策过程。

目标市场选择是市场细分的直接目的，通过选择目标市场可以帮助企业寻找能充分发挥自己能力的市场，以达到大量销售自己产品、取得良好经济效益的目的。其次，企业在选定目标市场的基础上，深入研究目标市场需求，会使企业的竞争力增强，有利于战胜竞争对手。最后，企业在自己的目标市场范围内，可集中研究有效的营销策略，扩大市场占有率，取得更大成就。因此，选择目标市场是企业制定市场营销战略的基础，是企业经营活动的基本出发点之一，对企业的生存和发展具有重要的现实意义。

(一)目标市场策略

目标市场选择策略，是指企业对客观存在的不同消费者群体，根据不同商品和劳务的特点，采取不同的市场营销组合的总称。企业选择的目标市场不同，提供的商品和劳务就不同，市场营销策略也就不一样。一般来说，目标市场策略有三种，无差异性市场策略、差异性市场策略和密集性市场策略。

(1)无差异性市场策略。无差异性市场策略是指企业将产品的整个市场视为一个市场，用单一的营销策略开拓市场，即用一种产品和一套营销方案来满足购买群体中的绝大多数人的需求。这是一种求同存异的策略，采用此策略的企业只考虑消费者或用户在需求上的共同点，而不关心他们在需求上的差异性。

(2)差异性市场策略。差异性市场策略是指企业把整个市场细分为若干个不同的细分市场，依据每个细分市场在需求上的差异性，分别有针对性地制定一套独立的营销方案。例如，各类服装生产企业针对不同性别、不同收入水平的消费者推出不同品牌、不同价格的产品，并采用不同的广告主题来宣传这些产品，就是采用了差异性市场策略。

(3)密集性市场策略。密集性市场策略也称为集中性市场策略，是指企业集中力量进入一个或少数几个细分市场，实行专业化生产和销售的策略。其立足点是，与其在总体上占劣势，不如在个别市场上居优势。例如，有的汽车厂只生产吉普车，有的服装厂只生产女装或儿童装等。

(二)影响目标市场策略的因素

在营销实践中，企业究竟应选择何种目标市场策略，主要需考虑以下因素。

1. 企业资源实力

企业资源实力主要指企业的人力、物力、财力和技术状况。如果企业资源条件好，经济实力和营销能力强，可以采取无差异性或差异性目标市场策略。如果企业资源有限，无力兼顾整个市场，则应该考虑选择密集性市场策略，以取得在小市场上的优势地位。

2. 产品同质性

产品的特征不同，应分别采用不同的市场策略。对于大米、食盐、钢铁等产品，尽管每种产品因产地和生产企业的不同会有些品质差别，但消费者并不加以严格区别和过多挑剔，这样的产品一般宜采用无差异性市场策略；对于服装、化妆品、汽车等产品，由于在型号、式样、规格等方面存在较大差别，产品选择性强，同质性较低，因而更适合于采用差异性或密集性市场策略。

3. 市场同质性

当市场消费者需求比较接近，偏好及其特点大致相似，对市场营销策略的刺激反应大致相同，对营销方式的要求无多大差别时，企业可采用无差异性市场策略；若市场上消费者需求的同质性较小，明显地对同一商品在花色、品种、规格、价格、服务方式等方面有不同的要求时，则宜采用差异性市场策略或密集性市场策略。

4. 产品生命周期

产品处在生命周期的不同阶段，应采取不同的市场营销策略。产品处于投入期，同类竞争品不多，竞争不激烈，企业可采用无差异性市场策略。当产品进入成长期或成熟期，同类产品增多，竞争日益激烈，为确立竞争优势，企业可考虑采用差异性市场策略。当产品步入衰退期，为保持市场地位，延长产品生命周期，全力对付竞争者，可考虑采用密集性市场策略，或者采取差异性市场策略开辟一个又一个新的细分市场。

5. 竞争者的市场策略

企业进行目标市场选择时，如果不考虑竞争者状况及其采取的策略，就难于生存与发展。正所谓“知己知彼，百战不殆”。一般来说，企业的目标市场策略应与竞争者有所区别，反其道而行之。如果强大的竞争对手实行的是无差异性市场策略，则企业应实行密集性市场策略或更深一层的差异性市场策略；如果企业面临的是较弱的竞争者，必要时可采取与之相同的策略，凭借实力击败竞争对手。

那么，选择了目标市场后，什么样的市场才是企业理想的目标市场呢？一个理想的目标市场一般要具备三个条件：第一，有足够的销售量。即一定要有尚未满足的现实需求与潜在需求。理想的目标市场应该是有利可图的市场，没有需求而不能获利的市场谁也不会去选择。第二，企业必须有能力满足目标市场的需求。在整个市场中有利可图的细分市场有许多，但不一定都能成为自己企业的目标市场，企业必须选择那些有能力予以满足的市场做为自己的目标市场。第三，必须在选定的目标市场中有竞争的优势。竞争的优势应表现为三个方面：没有或很少有竞争，有竞争但不激烈，有足够的实力可以击败竞争对手。

(三)目标市场模式

目标市场模式是指企业所要进入目标市场的规模、数目以及相应的营销策略。企业要想顺利地进入目标市场，主要是由企业的“市场能力”来决定的，是根据市场的规模以及自身的特点来选择相应的市场进入模式。

1. 密集单一市场模式

最简单的方式是公司选择一个细分市场集中营销。企业可能仅仅提供一种产品，也可能向该市场提供多种产品，集中一切资源提高在该市场上的销售量。企业可能本来就具备了在该细分市场获胜必需的条件，但它可能资金有限，只能在一个细分市场经营，这个细分市场中可能没有竞争对手，可能成为促进细分市场继续发展的开始。

企业通过密集营销，更加了解本细分市场的需要，并树立特别的声誉，建立了该细分市场的巩固地位。另外，公司通过生产、销售和促销的专业化分工，也获得了许多经济效益。但是，密集市场营销模式比一般情况风险更大。个别细分市场可能出现一蹶不振的情况，或者某个竞争者决定进入同一个细分市场都会导致企业营销计划的失败。此模式适合于那些刚进入市场，对市场环境不够熟悉，资金不足，竞争力较弱的企业。

2. 产品专门化模式

集中生产一种产品，向各类顾客销售这种产品。企业选择这种模式，能够比较迅速地锁定目标市场，简化了产品从生产出来到最终出售的过程，节省了企业的资源和精力；此外，企业集中精力生产单一产品，能够保证产品的品质，在这个产品方面树立起很高的声誉。但是，由于产品所面对的市场较多，为了满足各个市场的不同需要而改进产品，通常需要增加研究与开发的成本，因此这种模式适用于那些具有一定竞争力但企业实力不够雄厚、不能涉及各个产品领域的企业。一般要求企业生产某一产品的专业化技术水平程度很高，同时要具有大量的专业营销人才。

3. 市场专门化模式

这种模式是指企业专门为满足某个固定顾客群体提供不同的产品和服务。这种模式适用于那些实力雄厚，竞争力很强，有能力同时做好多种产品生产和销售的大中型企业。此外，还要求企业要具有丰富的市场信息渠道，以便企业能够对市场反馈的信息做出迅速的反应。

4. 有选择的专门化模式

这种模式是指企业选择若干个很少有或者根本没有任何联系的细分市场，分别提供不同的产品和服务。这种“多细分市场选择优于单一细分市场选择。这种多细分市场目标优于单细分市场目标，因为这样可以分散公司的风险，即使某个细分市场失去吸引力，公司仍可继续在其他细分市场获取利润”。这种模式的缺点是：由于市场过于分散，这就对企业生产、营销、管理等各方面提出了较高的要求，企业在生产销售过程中要投入更多的成本；同时，由于企业的精力过于分散，就很难保证产品的质量以及售后服务，不利于树立产品信誉。这种模式适用于那些在某些产品的生产或销售方面具有其他企业所不具备的优势的企业。一般是指企业具有生产某种产品的独特配方或生产工艺；或者有大量的专门销售某一产品的专业人才。

5. 完全市场覆盖模式

是指企业想用各种产品满足各种顾客群体的需求。只有具有超强实力的大公司才能采用完全市场覆盖战略。大公司可用两种主要的方法，即通过无差异市场营销或差异市场营销，达到覆盖整个市场：第一，无差异市场营销。公司可能将细分市场之间的差异忽略不计，只提供一种商品在整个市场上销售。公司设计一种产品，制定一个市场营销计划，都要引起最广泛的顾客的兴趣。它采用大规模配销和大规模广告的办法，目的是使产品在人们心目中树立最佳形象，这种无差异市场营销不需要细分的市场营销调研和规划，从而降低了市场营销调研和生产管理的成本。第二，差异市场营销。是指公司在大多数细分市场经营，但为每个有明显差异的细分市场精心设计不同的营销方案。如通用汽车公司宣称该公司将为每个“财富、目标和个性”不同的人生产一种汽车，它就是采用了这种市场营销策略。差异市场营销往往比无差异市场营销赢得更大的总销售额。一般来说，扩大产品经营范围和多方开拓销售渠道，便可以增加总销售额。

企业在进行模式选择时应注意的几个问题：第一，应根据企业自身的资金实力进行相应的选择，比如资金不足、竞争力较弱的企业，就不适合选择完全市场覆盖模式；第二，应根据所经营产品的种类、档次进行相应的选择，经营那些具有专门的配方和专门的稳定用途的产品，应选择专门化模式，以提高产品生产的针对性及服务水平；第三，应根据企业的经营能力进行相应的选择，那些实力雄厚、竞争力强的企业就应多选择市场营销模式，以充分运用自身的资源、管理能力的优势；第四，所选模式应随企业的发展而改变，企业在发展的各个阶段，对于市场占有率以及盈利的水平的要求都是不同的，这就要求企业所选的市场覆盖模式要随之变化以实现企业目标。

案例链接

华盛顿苹果是怎么打入中国市场的？

在我国苹果连续丰收而市场相对饱和，销售不畅，价格下跌，果农一筹莫展的当口，美国华盛顿州苹果却在北京、上海、广州等地大举着陆，在强劲的宣传攻势下，抢占中国的苹果市场，虽然其不菲的价格令人咋舌，但消费者稍加犹豫之后还是打开了钱包。美国人究竟凭什么魔法打开了中国市场，又给中国农业带来了怎样的启示？

(一)进行营销环境的分析

进入中国市场前，华盛顿州苹果协会通过设在北京、上海、广州等地的办事处对上述大城市水果零售及批发市场进行市场调查。对各水果店、水果零售点、批发市场等进行问卷调查，搜集客户资料了解他们的进货渠道、销售情况及对华盛顿州苹果品质的认识和宣传意见（进行营销环境分析），传递华盛顿州苹果的最新信息，张贴海报，悬挂彩旗，派发纪念品及促销用品。

（二）正确进行市场细分

华盛顿州苹果协会选定了一群特殊的销售对象——中国儿童。他们在广州和北京协会联络处选择了一家大型幼儿园，宣传员向孩子们赠送华盛顿州苹果，派发宣传小册子，赠送华盛顿州苹果儿童填色比赛画稿，举行儿童填色比赛。在上海他们举办了“美丽的果园——美国华盛顿州苹果儿童绘画大赛”。

中国实行独生子女政策，特别在经济较发达的北京、广州、上海三地的家长更舍得把钱花在孩子身上。对于定价不菲的华盛顿州苹果来说，市场定位在中国儿童身上实乃明智之举。抓住了中国儿童就等于抓住了中国的未来市场，华盛顿州苹果协会的营销战略高瞻远瞩，可谓“面向世界，面向未来”。

（三）确定目标市场，进行市场定位

另外，华盛顿州苹果协会抓住中国人喜置年货走亲访友送礼品的特点，于元旦及春节开展促销。在上海和广州，各联络处组织水果店、商店、商场、超市进行零售大抽奖销售。

中国出口农产品有的往往为求保证销量不对市场进行细分，无法针对不同顾客群的不同需求塑造相应的产品形象。华盛顿州苹果协会没有采用大量市场营销战略，而是煞费苦心地把目标市场定在儿童市场和礼品市场上，很有战略意义。

（四）优化组合市场营销战略

（1）独出心裁的产品战略。苹果不仅仅是一种食物，华盛顿州协会着力树立“苹果—健康”的良好形象。在上海协会开展“一日一苹果，医生远离我”华盛顿州苹果大型健康义诊，邀请营养学、健康保健学专家坐堂咨询。在普及苹果对人们健康有益的知识时，也获得了人们对华盛顿州苹果的良好印象。“送苹果等于送健康，送苹果代表的是关心他人崇尚健康的美好生活时尚。”从这条思路下来，华盛顿州苹果已超越一般苹果的食用水果形象，变成时尚和潮流的“代言人”。在这样光彩照人的华盛顿州苹果面前，国产苹果当然显得有些黯然失色。

（2）恰到好处的定价战略。华盛顿州苹果定价不菲，和它的营销战略相配。营销战略把华盛顿州苹果定位在健康、时尚上，高昂的价格也正是苹果形象的量化体现。另外系统的营销过程增加了苹果的附加值，苹果的价格也会上涨。可以说华盛顿州苹果高位定价是其营销战略的一部分。高价位和高品质在这里得到了统一。

（3）具市场针对性的促销战略。华盛顿州苹果协会充分利用中国媒体扩大宣传攻势。协会北京联络处与中国教育电视台、北京 35 频道合作制作一套四集、每集长达 40 分钟的特别节目介绍华盛顿州苹果，在上海协会上海联络处与东方广播电台音乐台合作举办为期一个月的“苹果音乐……”专题，既播放最新的美国音乐，又宣传华盛顿州苹果的生

长、运输及贮藏知识，介绍华盛顿州苹果的丰富营养及一些令人垂涎欲滴的小吃秘方。在广州协会广州联络处与广东人民广播电台新闻台合作开办为期一个月的“春华·秋实·华盛顿州苹果每日一菜”节目。

（五）组建成熟的营销战略操作机构

一套完善的市场营销战略需要一个有经验的操作者来运行，才能达到预期效果。从上面我们可以看到进军中国市场的营销过程中华盛顿州苹果协会起着策划、组织实施和全程控制的不可忽视的作用。

（节选自：杜彦霏，叶勋.美国苹果怎么打入中国市场的？中国经贸，2002(07)，30-31.）

三、目标市场的定位

企业在进行市场细分、选定目标市场之后，如何进占目标市场，则是至关重要的问题。为使产品在市场上有其“根据地”，企业必须将自己的产品进行目标市场定位。产品的目标市场定位就是根据竞争对手的产品在市场上所处的地位，根据用户对该产品的功能属性或某些特征的主观认定程度，塑造出本企业产品所特有的、给用户以鲜明印象的形象或个性特征，将其传递给顾客并不断强化和突出，使该产品在市场上有自己独特的稳固地位。可见，着力创造产品的特色、工作特色，不断提高竞争能力，是产品市场定位的关键。在产品市场定位中，产品的质量与价格是定位的基本因素，产品品牌效应是定位的重要因素，市场营销策略是定位的关键因素。

（一）市场定位的内涵

市场定位是根据竞争者现有产品在市场上所处的地位和消费者或用户对产品某一特征或属性的重视程度，努力塑造出本企业产品与众不同的、给人印象鲜明的个性或形象，并把这种形象和个性特征传递给目标顾客，使该产品在市场上确立强有力的竞争位置。即市场定位是塑造一种产品在市场上的位置，这种位置取决于消费者或用户怎样认识这种产品。

1. 产品市场定位的内涵

从产品市场定位的概念出发，产品市场定位的内涵如下：

(1)定位的基础在于差异化；

(2)定位不在定位对象本身，而是在消费者心理；

(3)定位的关键在于找出消费者心智上的坐标位置；

(4)定位并不一定基于竞争优势，但好的定位却可以形成竞争优势；

(5)定位不应仅仅局限于产品营销，它有着更为广阔的应用领域。

2. 市场定位在营销中的地位

市场定位在营销中占有举足轻重的地位，它往往是产品营销的第一步。在如今的商业市场中，可以说没有市场定位就没有营销。市场定位与营销，就像是植物中根茎和叶子的关系，它在营销中具有十分重要的地位。

首先，当今市场上的个性化需求以及企业的差异化的服务呼唤市场定位。不可能用一件或一种产品满足所有消费者的需求，这样的产品就是没有定位，没有定位，任何营销策略也都成了无本之木。

其次，市场需求的多样化和社会分工为市场定位提供必然。任何企业，包括规模最大的企业也不可能满足购买者的全部需要，而只能满足其一部分需要。例如，人们一提起“视窗技术”就自然想到微软公司；谈到飞机，立即想到波音公司；沃尔玛使我们联想到价格最低。

再次，正确的市场定位是产品差异化的具体表现，它有利于企业发挥自身的优势避开企业的劣势。如很难想象美国的劳动密集型产品能在中国市场上占优势。

最后，市场定位是整个营销工作的第一步，它是“纲”，定位准确才能“纲举目张”；它是“杠杆”，定位准确才能“事半功倍”。

(二)园艺产品的市场定位依据

市场定位的关键在于产品差异化，从产品本身，如形状、性能、成分、构造、用途、特点等方面具有明显的差异，并使顾客明显感觉和认识到这种差别，与其他企业产品能够严格区分开来，形成特色，才能在目标客户心目中树立独特形象。所以市场定位又叫作产品定位，就是令你的企业和产品与众不同，形成核心竞争力。

第一，根据园艺产品的不同特性定位。园艺产品的产品差别化主要体现在产品特性上。园艺产品的特性包括品质、功能、生产技术、生产过程、产地等，这些特征都可以作为园艺产品定位的因素，这已成为园艺产品定位常用的手段，如“阳山水蜜桃”“洞庭碧螺春”等，都是根据园艺产品特性差异的定位。

第二，根据园艺产品质量和价格定位。产品的质量和价格本身就是一种定位，一般来说，在消费者看来，较高的价格意味着较高的产品质量。在我国现阶段大众园艺产品价格普遍偏低的背景下，经营者实行优质高价定位应该是一种策略的选择。对于优质园艺产品实行高价，使其与普通园艺产品区别开来，能够更好地满足消费者对优质园艺产品的需求，这样更容易达到定位的目的。

第三，根据园艺产品的用途定位。同一园艺产品可能有多种用途，如有的园艺产品既可供消费者直接食用，又可用于食品加工，还可用于家禽饲养，那么，经营者可以根据不同用途形成的市场分别对它们进行不同的定位。此外，当发现一种园艺产品有新的用途时，也可运用这种定位方法。

第四，服务差异化的定位。广义上的产品除了产品实体外，还包括与产品有关的服务。因此经营者也可以在服务方面塑造差异化。服务差异化是经营者向目标市场提供与竞争对手不同的优质服务，包括送货、培训、咨询等方面，任何一方面均可塑造差异化。例如，生鲜园艺产品交货时采用全程冷链运输。还譬如在园艺产品包装内，放一张食用方法或烹饪方法说明书等。

第五，消费者的购买心理及习惯。市场定位的本质是产品差异化，产品“特色”和“形象”是消费者对产品差别化的不同感受，由此产生对各种产品的不同偏好与厌恶，从而影响消费者的购买行为，从消费者的购买心理、购买习惯上体现出来，这可以反映出不同消费者的不同生活情趣及其不同的心理特征。对消费者来说，有的爱奢华，有的爱简朴，有的爱艳丽，有的则爱素雅，有的求新，有的求奇，有的求实，有的求名等。这就导致消费者对产品的“特色”和“形象”有不同的要求。因此，企业在给产品定位时，就要以消费者的购买心理、购买习惯的差异为市场定位的依据。企业要针对不同消费者的心理和偏好，采取不同的市场定位策略，以投其所好，使产品的“特色”和“形象”与消费者的心理相吻合，以更好地为消费者服务。

(三)市场定位策略

一般来讲，企业在进行产品定位时，一方面要了解竞争对手的产品特征，另一方面要研究顾客或用户对该产品各种属性的重视程度，然后对这两种因素进行系统分析，最后确定本企业产品应树立的独特形象。产品定位的方法很多。一般是将本企业产品与主要竞争对手的产品，按照消费者最感兴趣的两个主要特征，画在坐标轴上，然后寻找坐标轴上的有利位置，以确定产品开发的方向和目标。在产品定位过程中，最常用的两个变量即是质量与价格。

1. 争夺市场空位策略

如果企业所面临的目标市场并非为竞争者所充斥，存在着一定的市场缝隙或空白，而自己的产品又难以与竞争者正面匹敌，这时，企业应不失时机地见缝插针，“拾遗补缺”，把自己的产品定位于目标市场的空白处，从而与竞争者抗衡。一般来说，如果企业选择了高价格、低质量的空白处，只会导致产品积压；而若选择了高质量、低价格的空白处，企业则很难完成其利润目标。因此，在质量和价格两个主要变量之间，企业必须合理地搭配。无数事实证明，即使是已经成熟的市场，也并非无缝可插，无机可乘。市场是在不断发展变化的。经过细分，仍可发现一些产品和市场的空缺，尤其是在企业实力弱于竞争对手时，则可通过市场细分，寻找对方的相对弱点或漏洞，用己之长击对手之短，变潜在市场为现实市场。

2. 发掘潜在市场策略

所谓潜在市场，就是指目前因消费者购买欲望、支付能力尚不俱全，因而对某种商品尚无需求，但将来终将对该商品产生需求的市场。因此，明察了今天的潜在市场，就意味着占有了明天的现实市场。如果现实市场已无空白地带，竞争饱和，但是潜在的市场需求却很大，此时，企业就可以通过对潜在需求的诱导，把潜在市场转化为现实的市场，从而为自己的产品创造出一个市场位置。如在美国软饮料市场上，可口可乐和百事可乐竞争非常激烈，市场几乎无空隙可言。后来者“七喜”饮料无意拼得头破血流，于是宣称七喜不同于“可乐型”饮料，而属于“非可乐型”饮料，它不含任何咖啡因。于是，七喜根据自己的属性，发掘人们对于纯天然饮料的潜在需求，创造出了一个非可乐饮料市场，从而与两大竞争者可口可乐和百事可乐共同鼎立于市场。

3. 抢夺市场策略

前两种产品定位策略，其主旨都是要避免与竞争者正面交锋，迂回出击而制胜。而在市场竞争日趋激烈的情形下，正面交锋，实际上不可避免。抢夺市场又称为迎头赶上，一些实力雄厚的企业在进行产品定位时，通常都是想方设法与竞争者决一雌雄，从而占领市场，或巩固其市场，或提高其市场占有率。用这种策略，除了要以企业强大的实力做保障之外，在各种竞争策略的运用上，从产品策略、价格策略、分销渠道策略到促销策略，都应该高效优质，否则竞争无法成功。

从竞争的角度来看，产品市场定位是动态变化的。切勿幻想一次成功，一劳永逸。必须时时审视自己的市场优势的变化，适时调整营销策略，以确保市场地位。对销路不好、用户反映较差的产品，要进行重新定位，变更营销策略，增强竞争能力，求得较高的市场占有率。绝不能等到产品销售陷入困境，企业再进行市场定位和调整营销策略。综上所述，不难看出，企业产品市场定位及其营销策略的关键，在于增强企业对市场的应变能力。商品市场，可谓波谲云诡，瞬息万变，而企业的产品市场定位和营销策略，也必须随之相应变化。如果企业在变化多端的市场面前，抱残守缺，必将受到客观市场的惩罚。这样，客观形势就向企业提出严峻的要求，企业必须使自己具有较强的的市场应变能力，要处于常备不懈之中，眼观六路，耳听八方，广收信息，不断研究分析市场动态。清醒地、正确地预测消费需求潮流和经济发展趋势。审时度势，提高预测预见能力和科学决策水平，使企业永远立于不败之地。

知识拓展

成功市场定位的基础

市场定位的成功与否，将直接影响园艺产品的未来发展前景，要想产品能够成功进行市场定位，就得要做好以下基本工作。

一是识别可能的竞争优势。消费者一般都选择那些给他们带来最大价值的产品和服务。因此，赢得和保持顾客的关键是比竞争者更好地理解顾客的需要和购买过程，以及向他们提供更多的价值。通过提供比竞争者较低的价格，或者是提供更多的价值以使较高的价格显得合理。企业可以把自己的市场定位为向目标市场提供优越的价值，为企业赢得竞争优势。

产品差异：企业可以使自己的产品区别于其他产品。

服务差异：除了靠实际产品区别外，企业还可以使其与产品有关的服务不同于其他企业。

人员差异：企业可通过雇用和训练比竞争对手好的人员取得很强的竞争优势。

形象差异：即使竞争的产品看起来很相似，购买者也会根据企业或品牌形象观察出不同来。因此，企业通过树立形象使自己不同于竞争对手。

二是选择合适的竞争优势。假定企业已很幸运地发现了若干个潜在的竞争优势。现在，企业必须选择其中几个竞争优势，据以建立起市场定位战略。企业必须决定促销多少种，以及哪几种优势产品。许多营销商认为企业针对目标市场只需大力促销一种利益，其他的经销商则认为企业的定位应多于 7 个不同的因素。总的来说，企业需要避免三种主要的市场定位错误。第一种是定位过低，即根本没有真正为企业定好位。第二种错误是过高定位，即传递给购买者的公司形象太窄。最后。企业必须避免混乱定位，给购买者一个混乱的企业形象。

三是成功传播和送达到选定市场。一旦选择好市场定位，企业就必须采取切实步骤把理想的市场定位传达给目标消费者。企业所有的市场营销组合必须支持这一市场定位战略。给企业定位要求有具体的行动而不是空谈。

项目小结

本项目主要介绍了三方面内容:一是园艺产品营销环境分析,阐述了园艺产品宏观、微观环境因素,介绍了营销环境的SWOT分析法;二是消费者购买行为分析,通过对消费者购买的行为过程、影响因素的阐述,分析消费者需求心理,提出基于消费心理的营销策略;三是园艺产品市场细分与定位,阐述了市场细分的因素、标准和方法,园艺产品目标市场选择策略、影响因素、进入模式,市场定位的内涵、依据及策略等内容。

项目实训

实训项目1:应用SWOT分析法分析园艺产品营销环境

实训目标:运用SWOT分析法对营销环境进行分析。

实训要求:以3～4人组成小组单位,选择学校附近一家园艺产品经营店(包括鲜花店、园艺产品专卖店、盆景园、水果店等),从优势、劣势、机遇、威胁等四个方面开展调研,对经营的园艺产品营销环境进行分析,最终形成一份"某某园艺产品SWOT分析"营销环境分析报告。

实训项目2:园艺产品的市场细分

实训目标:能够对某一园艺产品市场进行市场细分。

实训要求:选择两家或两家(从农贸市场、大型超市园艺产品生鲜部、园艺产品专卖店、农副产品批发市场等中选择)以上,对其经营的产品从产品与消费者的角度,从产品品种、等级、外观、销量、售价、消费者类型等特征因素进行归纳分析,对产品进行市场细分,最后形成一份市场细分调研报告。

习题测试

一、名词概念

市场营销环境　SWOT环境分析法　消费者购买行为
市场细分　目标市场　市场定位

二、单项选择题

1. 与企业紧密相连,直接对企业营销活动过程和结果产生影响的各种因素,我们称为(　　)。
   A. 营销环境　B. 宏观营销环境　C. 微观营销环境　D. 营销组合
2. (　　)主要指一个国家或地区的民族特征、价值观念、生活方式、风俗习惯、宗教信仰、伦理道德、教育水平、语言文字等的总和。
   A. 社会文化　B. 政治法律　C. 科学技术　D. 自然资源
3. (　　)是向企业及其竞争者提供生产经营所需资源的企业或个人。
   A. 供应商　B. 中间商　C. 广告商　D. 经销商
4. 某位顾客在选购29英寸纯平面电视时,在长虹、康佳、创维、TCL、海尔、海信之间进行选择,最终选定海尔,则这些公司之间是(　　)。
   A. 愿望竞争者　B. 平行竞争者　C. 产品形式竞争者　D. 品牌竞争者

5.影响消费需求变化的最活跃的因素是(　　)。

A.个人可支配收入　　B.可任意支配收入

C.个人收入　　D.人均国内生产总值

6.购买商品和服务供自己消费的个人和家庭被称为(　　)。

A.生产者市场　　B.消费者市场　　C.转售市场　　D.组织市场

7.消费者的购后评价主要取决于(　　)。

A.心理因素　　B.产品质量和性能发挥状况

C.付款方式　　D.他人态度

8.制约顾客购买行为的最基本因素是(　　)。

A.文化因素　　B.经济因素　　C.个人因素　　D.社会因素

9.下列哪个因素不是影响消费者购买行为的主要因素(　　)。

A.文化因素　　B.社会因素　　C.自然因素　　D.个人因素

10.代理中间商属于市场营销环境的(　　)因素。

A.微观环境　　B.宏观环境　　C.市场营销渠道企业　　D.公众环境

11.需求层次理论是1943年由美国心理学家(　　)提出的。

A.波登　　B.赫杰特齐　　C.马斯洛　　D.温德尔斯密

12.(　　)差异的存在是市场细分的客观依据。

A.产品　　B.价格　　C.需求偏好　　D.细分

13.依据目前的资源状况能否通过适当的营销组合去占领目标市场,即企业所选择的目标市场是否易于进入,这是市场细分的(　　)原则。

A.可衡量性　　B.可实现性　　C.可营利性　　D.可区分性

14.采用无差异性营销战略的最大优点是(　　)。

A.市场占有率高　　B.成本的经济性　　C.市场适应性强　　D.需求满足程度高

15.集中性市场战略尤其适合于(　　)。

A.跨国公司　　B.大型企业　　C.中型企业　　D.小型企业

16.同质性较高的产品,宜采用(　　)。

A.产品专业化　　B.市场专业化　　C.无差异营销　　D.差异性营销

17.重新定位,是对销路少、市场反应差的产品进行(　　)定位。

A.避强　　B.对抗性　　C.竞争性　　D.二次

18.企业只推出单一产品,运用单一的市场营销组合,力求在一定程度上适合尽可能多的顾客的需求,这种战略是(　　)。

A.无差异市场营销战略　　B.密集市场营销战略

C.差异市场营销战略　　D.集中市场营销战略

19.对于消费品市场来说,进行市场细分所依据的因素主要有(　　)。

A.消费者所在地理区域、行业特征、购买规模、购买行为

B.消费者所在地理区域、购买行为、人口统计、心理特征

C.消费者心理特征、购买规模、地理区域、购买行为

D.消费者人口统计、购买行为、所在行业、心理特征

20.某跨国集团将其目标市场划分为欧盟、北美、东盟等,其划分依据属于(　　)。

A.地理细分　B.人口细分　C.心理细分　D.行为细分

21.企业准备为之提供产品和服务的顾客群构成企业的(　　)。

A.市场机会　B.营销机会　C.生产者市场　D.目标市场

22.某公司将其消费者分为平淡、时髦、知识、名士型,其划分依据属于(　　)。

A.地理细分　B.人口细分　C.心理细分　D.生活方式

23.采用(　　)的模式的企业应具有较强的资源和营销实力。

A.市场集中化　B.市场专业化　C.产品专业化　D.市场的全面覆盖

24.同一细分市场的顾客需求具有(　　)。

A.绝对的共同性　B.较多的共同性　C. 较少的共同性　D.较多的差异性

三、复习思考题

1.简述园艺产品营销的宏观、微观环境因素。

2.简述消费者购买行为的影响因素。

3.简述消费者需求心理。

4.简述消费心理的营销策略。

5.简述市场细分的因素。

6.简述市场细分的方法。

7.简述目标市场策略。

8.简述影响目标市场策略的因素。

9.简述目标市场的进入模式。

10.简述市场定位依据。

项目四

园艺产品的产品与价格营销

知识目标：

- 了解园艺产品“三品”特质；园艺产品整体概念；园艺产品创新方法；品牌含义及功能；园艺产品包装概念及基本准则；园艺产品定价目标。
- 理解园艺产品品质评价指标；园艺产品创新策略；园艺产品包装的基本要求；园艺产品包装设计影响因素；园艺产品的包装策略；园艺产品价格变动特点；园艺产品提价与降价的技巧。
- 掌握“三品一标”内涵；园艺产品的分级；品牌的基本要素；园艺产品的品牌塑造；园艺产品包装设计内容；园艺产品定价方法；园艺产品的价格策略。

能力目标：

- 能够对园艺产品开展标准化分级；能够运用产品整体概念对园艺产品创新营销；能够运用价格策略开展园艺产品营销活动。

教学课件

任务1 园艺产品的产品营销

情境案例

农业振兴，绿色先行：现代化高品质农业助力安丘农产品腾飞

安丘是全国种植大姜面积最大、单产最高、总产最多的县市，常年种植面积近1.3万公顷，总产量100万吨左右；大葱常年播种面积2万公顷左右，总产量120万吨，年出口大葱约占全国出口总量的75%。2020年1—8月，在全球新冠疫情蔓延的严峻形势下，安丘农产品出口逆势增长，出口额达20.42亿元，同比增长8.7%。其中，蔬菜出口24.49万吨，出口额占潍坊的56.6%。为确保出口农产品的品质和产量，该市全域推行农产品标准化生产，建立与国际接轨的农业标准化制度体系，打造高品质农业核心竞争力，走出了一条高质量发展的乡村产业振兴之路。

有标可依。该市坚持"有标贯标、无标建标"原则，制定发布了《初级农产品安全区域化管理体系要求》等国家标准6项、地方标准20项，研究制订了6大类40个农业标准综合体。参照美国、日本、欧盟等地的农业操作规范，制定了生姜等33个出口农产品生产技术操作规程和200多个生产标准，实现农产品生产、加工、流通等各个环节全程标准化，为农产品质量安全提供高起点的标准支撑。

有标必依。在标准化生产体系的有效支撑下，安丘18家基地被认定为省级农业标准化生产基地，16家园区被认定为市级以上质量安全示范园区；采取"公司+基地+标准化""合作社+基地+标准化"等模式扶持新型农业经营主体，建成20个标准化农业科技示范园、199个标准化种植示范基地、50个畜禽养殖标准化示范场、1 265个家庭农场、30个重点休闲农庄，该市标准化基地达到3.4万公顷。

科技提升。该市先后与中国科学院、中国农业科学院、中国林业科学院、山东产业技术研究院等科研院所合作，设立了根茎蔬菜技术研发中心、安丘大姜良种资源中心、林果技术研发中心、土壤改良中心、山东乡村振兴研究院等研发机构，引进、研发、推广农业新品种、新技术、新模式，改良、引进生姜、大葱等良种171个，推广有机肥替代化肥和有害生物绿色防控技术等良法82种，提升了安丘农产品的产量和品质。目前，该市"三品一标"农产品449个，其中国家地理标志产品8个；122家企业通过食品安全国际认证，"安丘大姜""安丘大葱"被纳入欧盟地理标志产品保护范围。安丘市先后被确定为山东省第一个供港蔬菜备案基地、首批山东省农产品质量安全示范区和全国重点推进的出口农产品质量安全典型示范区，连续7年获评国家级出口食品农产品质量安全示范区。该市还创建为全国首个国家级农业综合标准化优秀示范市，通过了中韩共建国际食品安全示范区验收。

同标同质。以外促内占领国内高端市场。农产品优质安全成为畅销国内外市场的"金字招牌"。一块出口欧盟的生姜，需要阿维菌素、吡虫啉、虫酰肼等257个检测项目达标。

面对比欧美等动植物检疫标准更严苛的新西兰、澳大利亚等国,2020 年 2 月 29 日,安丘市山东保康生物科技公司的 21.6 吨大姜出口新西兰,标志着中国首次打开了大洋洲国家的生姜市场。安丘匠造农业开发有限公司的大蒜产品主要出口日本等亚洲国家,今年以小包装形式主攻国内商超渠道,到目前已实现出口 2 193 吨,内销 2 150 吨,出口和内销"平分秋色"。

2019 年,安丘农产品出口创汇 6.7 亿美元,占山东省农产品出口创汇额的 22%、潍坊市的 71%。安丘市成为当之无愧的"世界菜篮子"。发展现代化高品质农业,为安丘农业高质量发展和乡村产业振兴插上了腾飞的翅膀。

(节选自:王玉芳. 农业振兴,绿色先行:现代化高品质农业助力安丘农产品领跑国际市场. 潍坊日报,2020-12-23.)

【引出问题】安丘现代化高品质农产品领跑国内外市场的原因是什么?

【生成任务】通过该案例,运用标准化分级开展园艺产品营销。

一、园艺产品的标准化分级

(一)园艺产品的品质

园艺产品品质在营销中占有十分重要的地位,是成功营销园艺产品的关键因素。园艺产品多数是生鲜园艺产品,如时令水果、新鲜蔬菜、鲜花盆景等,这些园艺产品无论在销售中还是在消费中,其品质称量核心标准之一就是看新鲜度,越新鲜越受市场欢迎,越新鲜经济价值越高。这些特点也决定了园艺产品具有品质鲜嫩、含水率高、易腐易失鲜的特征,因此,园艺产品在生产、包装、运输、贮存、销售全过程中的各个环节都要把品质作为重要指标。否则,一旦失去了"鲜"字,便影响其使用价值,导致失去消费者,损失利益。

1. 园艺产品特质

园艺产品的核心产品基础是能够提供优质的产品,可由于园艺产品与其他的产品相比,具有典型的"三品"特质,一是搜寻品特质,消费者在购买之前能够获得充分的信息,来判断商品的品质,如园艺产品的外观、色泽等,通过搜寻产品的外在信息就能大体判断其好坏。二是经验品特质,消费者只能购买使用后才能判断其质量的产品,如园艺产品的滋味、酸甜度等,通过使用有了经验后,以后通过经验来判断产品质量。三是信任品特质,消费者即使在消费之后也不能判断其品质好坏,一般借助于其他信息,如"三品一标"等信息来作为对园艺产品是否信任的判断依据。所以我们要更加注重园艺产品的品质构建与提升。

2. 园艺产品品质评价

园艺产品品质的客观性是由生产经营者和消费者的要求来体现的,所以园艺产品品质的综合优异程度,决定于从生产者、经营者到消费者不同观点指导下对园艺产品各项客观特性的综合评价。从营销角度认识园艺产品的品质,主要体现在作为食材的优质程度,具体包括感官品质、营养成分、卫生品质、加工品质等方面。

（1）感官品质。凡是可以通过人的视觉、嗅觉、触觉等进行综合评价的品质特性都被称作感官品质，如颜色、大小、形状、光泽度、透明度、质地等，用舌头感觉到的酸甜苦辣咸和鼻子嗅到的气味、香味等。

（2）营养品质。园艺产品中含有的水分、干物质含量，各种维生素、矿物质以及蛋白质、氨基酸、碳水化合物等被称作营养品质。这些营养成分的含量高低、营养成分的比例都是营养品质特征。不同品种的产品组织中含有不同种类和数量的营养要素。

（3）卫生品质。卫生品质是指直接关系人体健康的品质指标的总和，主要包括园艺产品表面的清洁程度、园艺产品组织中的重金属含量、农药残留量，以及其他限制性物质，如硝酸盐等，卫生品质是在安全、优质、卫生标准等方面的体现。安全是指食用后绝不造成健康危害，优质是指感官品质好，营养成分含量高，符合食品营养要求；卫生标准是指三个“不超标”，即农药残留不超标，硝酸盐、亚硝酸盐含量不超标，有害物质不超标。

（4）加工品质。园艺产品的加工品质主要是考虑其产品在缺损度、成熟度、易腐性、凝胶性、柔嫩性、纤维性、粉料性、汁液性、耐贮性、抗病性等方面的指标特性，尤其是缺损度对果蔬加工产品品质影响很大。缺损度主要指产品的外观损伤、畸形程度。园艺产品的缺损大多是在采收、整理、运输、贮藏等操作过程中的机械损伤所致，感染病害、虫害所引起的外观的病斑和虫口都属于品质不佳的范畴。由于遗传或异常环境的条件、外来化学物质作用等因素，也会使产品中出现部分缺陷。缺损度是影响果品、蔬菜品质的重要因素。

3. 园艺产品品质控制

园艺产品的消费者需求具有普遍性、大量性和连续性特点。因此，提高园艺产品的品质，是影响营销的重要因素。向市场提供优质的园艺产品，必须从生产源头抓起，产、销、贮三个环节紧密联系，缺一不可。

一是生产阶段强化品质的控制。首先选育良好的品种是基础。品种是品质的基础，不同的品种将直接影响产品的品质，品种的选择主要从品种抗病性能力、产品形状、营养价值、口感风味、耐贮藏性、采收难易等因素考虑；其次是规范园艺产品的生产标准，对标名、特、优产品的生产标准，严格控制农药、化肥的施入量，增加有机肥的使用量，提高产品品质。

二是要满足中间商或消费者的质量标准。从产品的包装材料到包装外形是否精美适用，产品的运输是否满足产品的要求，是否有便捷流通方式，通畅流通渠道和科学的运输路线，能够保障其生物学特性，延长产品的成长期或成熟期等。

三是，做好园艺产品的贮藏与深加工。园艺产品的生物学特性和消费特点，决定了其采摘后要进行科学贮存，将温度和湿度控制在最有利于保鲜、贮存的范围，对产品进行深加工，保持产品的营养，满足消费者的需求。

知识拓展

花卉产品的品质指标

花卉产品品质有别于其他的果蔬产品，营销中花卉的品质主要有四个方面：一是花卉的外观品质。花卉的外观品质主要包括花卉的色泽、新鲜程度、完整度、枝条韧性和曲直、花卉的成熟度。二是花卉的货架寿命，这是消费者和售花商最关心的指标，它主要取决于花卉栽培状况和采后处理技术，有的鲜切花外观漂亮，但货架寿命却不长。三是花卉的观赏价值和观赏寿命。四是花卉观赏及装饰时的安全性品质。花卉在使用和装饰时的安全性是人们购买花卉时首先要考虑的问题，因花卉多是摆放在人活动的房间里，因此，是否会散发有毒气体，有无毒素的残留，花粉的污染对人体是否有伤害等也是评价花卉品质的重要指标。

（二）园艺产品标准化分类

园艺产品主要包含果蔬与花卉产品，都隶属于农业的范畴，故而它的产品品质标准分类也遵循园艺产品品质标准分类。我国园艺产品品质标准目前大致分成无公害园艺产品（或普通园艺产品）、绿色食品、有机食品及地理标志园艺产品，俗称“三品一标”。这是从产品监管导向出发，是政府主导的安全优质园艺产品分类方法。

2021 年农业农村部办公厅在关于印发《农业生产“三品一标”提升行动实施方案》的通知中指出，从 2021 年起，农业生产“三品一标”提升行动启用最新概念，即品种培优、品质提升、品牌打造和标准化生产。原有的“三品一标”概念主要是从产品监督的导向出发，是政府主导的安全优质农产品公共品牌。新的“三品一标”则是从生产方式导向出发，注重对具体生产过程进行布局、规划。新的“三品一标”概念蕴含了农业全产业链的拓展增值空间，是新发展阶段农业生产全过程的行动指南。新的“三品一标”指出，到 2025 年，要建设绿色标准化农产品生产基地 800 个、打造国家级农产品区域公用品牌 300 个、企业品牌 500 个、农产品品牌 1 000 个，其中绿色食品、有机农产品、地理标志农产品的数量达到 6 万个以上。

1. 无公害园艺产品或普通园艺产品

普通园艺产品具有良好的食用品质和产品价值，由于园艺产品是人们生活中不可缺少的食物，因此它的食用品质是衡量园艺产品品质标准的首要因素。

园艺产品的食用品质一般包括它的新鲜度、成熟度、色泽、芳香、风味、质地以及内含营养成分等指标；其次，园艺产品的产品价值除了它食用品质的高低外，还应包括它的产品化处理水平，在贮藏、运输、销售过程中的抗逆性和耐贮性，产品的货架寿命等指标；最后，作为原料的园艺产品，其质量要求除上述有关指标外，还有如含水量、含杂量、加工适应性强、有效成分含量等要求。

无公害园艺产品是指使用安全的投入品，按照国家规定的相关标准和技术规范的要求，在生产过程、产地环境、产品质量方面符合国家强制性标准并使用特有标志的安全园艺产品。根据《无公害农产品管理办法》（农业部、国家质检总局第 12 号令），无公害农产品由产地认定和产品认证两个环节组成。产地认定由省级农业行政主管部门组织实施，产品认证由农业部园艺产品质量安全中心组织实施。无公害农产品生产过程中允许使用农药和化肥，但不能使用国家禁止使用的高毒、高残留农药。无公害农产品的定位是保障消费安全、满足公众需求。无公害农产品认证是政府行为，采取逐级行政推动，认证不收费政策。

随着我国园艺产品质量和安全水平的不断提高，无公害园艺产品成为一个基本的底线要求，2018 年农业农村部正式停止无公害园艺产品认证工作，建立“黑名单”和举报奖励制度，在全国范围启动合格证制度试行。

2. 绿色食品

绿色食品是指遵循可持续发展原则，按照特定生产方式生产，经国家有关专门机构认定，许可使用绿色食品标志的无污染的安全、优质、营养类的园艺产品。无污染是指在绿色食品生产、加工过程中，通过严密监测、控制，防范农药残留、放射性物质、重金属、有害细菌等对食品生产各个环节的污染，以确保绿色食品产品的洁净。

绿色食品的优质特性主要体现在绿色食品的产品标准上，主要包括园艺产品外在的产地环境标准、生产技术标准、贮藏运输标准等，还包括产品内在的品质优良、营养价值和卫生安全指标等机动标准上，上述标准对绿色食品的产前、产中、产后全程质量技术和指标做了明确规定，以实现绿色食品的可持续生产，从而构成了一个完整的、科学的标准体系。

绿色食品分为 A 级和 AA 级两个档次。

AA 级绿色食品生产地的环境质量要符合《绿色食品产地环境质量标准》，生产过程中不使用化学合成的肥料、农药、兽药、饲料添加剂、食品添加剂和其他有害于环境和人体健康的生产资料，而是通过使用有机肥、种植绿肥、作物轮作、生物学技术或物理方法等，培肥土壤、防制病虫草害、保护或提高产品品质，从而保证产品质量符合绿色食品的产品标准。

A 级绿色食品生产地的环境质量要符合《绿色食品产地环境质量标准》，生产过程中严格按照绿色食品生产资料使用准则和生产操作规程要求，限量使用限定的化学合成生产资料，积极采取生物学技术和物理方法，保证产品质量符合绿色食品产品标准。

3. 有机食品

有机食品是根据有机农业原则和有机食品生产方式及标准生产、加工出来的，符合国家或国际有机食品要求和标准，并通过国家有机食品认证机构认证的一切农副产品及其加工品，包括粮食、食用油、菌类、蔬菜、瓜、果、干果、奶制品、禽畜产品、蜂蜜、水产品、调料等。

有机食品的主要特点是来自于良好的有机农业生产体系。有机食品的生产过程中不使用化学合成的农药、化肥、生长调节剂、饲料添加剂等合成物质，以及基因工程生物及其产物，而且遵循自然规律和生态学原理，因此有机食品是一类真正自然、富营养、高品质和安全环保的生态食品。

从本质上来说，绿色食品是从普通园艺产品向有机食品发展的一种过渡产品。一是有机食品在其生产加工过程中绝对禁止使用农药、化肥、激素等人工合成物质，并且不允许使用基因工程技术；而其他园艺产品则允许有限地使用这些技术，且不禁止使用基因工程技术。二是生产转型方面，从生产到其他园艺产品再到有机食品需要 2～3 年的转换期，而生产其他园艺产品，就没有转换期的要求。三是有机食品的认证要求定地块、定产量的具体数量控制要求，其他的园艺产品则没有如此严格的要求。

因此生产有机食品要比其他园艺产品难得多，需要建立全新的生产体系和监控体系，采用相应的病虫害防治、地力保护、种子培育、产品加工和贮存等替代技术。

4. 地理标志园艺产品

园艺产品地理标志，是指标示园艺产品来源于特定地域，产品品质和相关特征主要取决于自然生态环境和历史人文因素，并以地域名称冠名的特有园艺产品标志。

国家知识产权局负责全国地理标志产品以及专用标志的管理和保护工作；统一受理和审查地理标志产品保护申请，依法认定地理标志产品。

地方知识产权管理部门负责本行政区域内的地理标志产品以及专用标志的管理和保护工作。

园艺产品地理标志是集体公权的体现，企业和个人不能作为园艺产品地理标志登记申请人，使用园艺产品地理标志，应当按照生产经营年度与登记证书持有人签订园艺产品地理标志使用协议，在协议中载明使用的数量、范围及相关的责任义务。

(三)园艺产品的分级

园艺产品分级是按产品品质高低划分的产品等级，是生产者能否将产品投入市场的重要依据，也是经营者便于质量比较和定价的基础。园艺产品的分级根据事先制定的质量标准进行。其中果蔬的分级方法有人工操作分级和机械操作分级两种。

1. 人工操作分级

人工操作分级分为两种：一是单凭人的视觉判断，按果蔬的颜色、大小将产品分为若干级，这种分级能最大限度地减轻果蔬的机械损伤，但工作效率低，级别标准有时不严格；二是用选果板分级，选果板上有一系列直径大小不同的孔，根据果实横径和着色面积的不同进行分级，这种分级基本能做到同一级别果实的大小一致，偏差较小。

2. 机械操作分级

机械操作分级不仅能消除人为的心理因素的影响，更重要的是能显著提高工作效率，各种选果机械都是根据果实直径大小进行形状选果，或者根据果蔬的不同质量进行质量上的选果，或者是按颜色分选而设计制造的。

如有机瓜类蔬菜产品的采后处理、包装标识、运输销售等应符合 GB/T 19630.1—2011 有机产品国家标准的要求。其中黄瓜采收要求及分级标准见表 4-1。

表 4-1　黄瓜等级划分

等级	要求
特级标准	具有该品种特有的颜色，光泽好； 瓜条直，每 10 厘米长的瓜条弓形高度≤0.5 厘米； 距瓜把端和瓜顶端 3 厘米处的瓜身横径与中部相近，横径差≤0.5 厘米； 瓜把长占瓜部长的比例≤1/8； 瓜皮无因运输或包装而造成的机械损伤
一级标准	具有该品种特有的颜色，有光泽； 瓜条较直，每 10 厘米长的瓜条弓形高度>0.5 厘米且≤1 厘米； 距瓜把端和瓜顶端 3 厘米处的瓜身与中部的横径差≤1 厘米； 瓜把长占瓜部长的比例≤1/7； 允许瓜皮有因运输或包装而造成的轻微损伤
二级标准	具有该品种特有的颜色，有光泽； 瓜条较直，每 10 厘米长的瓜条弓形高度>1 厘米且≤2 厘米； 距瓜把端和瓜顶端 3 厘米处的瓜身横径与中部的横径差≤2 厘米； 瓜把长占瓜部长的比例≤1/6； 允许瓜皮有少量因运输或包装而造成的损伤，但不影响果实耐贮性

二、园艺产品的整体概念营销

(一)园艺产品的整体概念

随着社会经济的发展进步,在产品供给充足,买方市场背景下,市场竞争更加激烈,厂商不断地丰富产品的内涵和外延,实施产品的整体概念营销,满足消费者多样化、个性化的需求。产品整体概念主要包括三个层次,即核心产品、形式产品、附加产品。

1. 核心产品

核心产品是指整体产品提供给购买者的直接利益和效用,园艺产品的核心产品是指消费者购买园艺产品时首先考虑的园艺产品要满足的食用、营养的基本功效,它是购买者真正要购买的功效,是产品整体概念中最基本、最核心的部分。

2. 形式产品

形式产品是指产品在市场上出现的产品外形,形式产品不涉及产品的基本功效,一般形式产品包括产品的质量品质、特征、造型、形态、品牌、商标及包装等。园艺产品的形式产品是指园艺产品的形状及其外观,是园艺产品得以实现的外在体现,形式产品这一层才是企业获取竞争优势,吸引顾客的重要部分。但这种形式与产品的实质内容协调统一起来,会给消费者带来欢乐、安全等心理满足,能激发起消费者的购买欲望,起到促销的作用,所以,人们购买园艺产品时,不但要考虑它的基本效用,还要考虑它的品质、形状与颜色等。如把苹果包装成“平安果”进行销售,给人在平安夜得平安果,来年平平安安的寓意,外观上的创新,深受消费者喜爱。形式产品与核心产品一起组成正式产品,市场上的各种水果、蔬菜、花卉等都是正式产品。

3. 附加产品

附加产品是给顾客的一系列产品附加利益,包括运送、安装、维修、保证等在消费领域给予消费者的好处,是在产品基础上的配套延伸服务。一般为各种形式的服务,如免费送货、提供信贷、园艺产品知识介绍、售后服务等消费者重视的与购买产品相连的其他内容。附加产品虽与正式产品没有联系,但它可以增加消费者的放心度和满意度,可促进产品销售的实现。随着社会经济发展,消费需求多样性与消费水平的不断提升,消费者对产品的附加利益越来越重视,附加产品已成为市场竞争的重要手段。如“农户 + 合作社 + 龙头企业”“农户 + 供应商 + 超市”等缩短流通环节的向消费者直供的模式,以及园艺产品的电子商务等销售模式都是园艺产品的延伸,是园艺产品的附加产品,只有这样,向消费者提供更多的产品附加值,才会在市场竞争中确立自己的优势地位。

园艺产品的整体概念则是指包括园艺产品及与园艺产品相关的生产、加工、运输、包装和服务等一切有形无形的物品。园艺产品的产品策略是在保证核心产品的基础上,以低档廉价产品来吸引顾客、以高档名牌产品来树立声誉,以不同产品组合构建产品线,在流通环节中通过产品准确定位,运用商标、品牌、包装等措施和手段来满足消费者的需求,为其提供优质服务,在市场竞争中获得优势。目前,提供健康、生态、优质安全的园艺产品策略已成为园艺产品市场营销组合策略的重要组成部分。

案例链接

王永庆的米店经商之道

1917 年 1 月 18 日，王永庆出生在台湾省台北县新店镇一个贫困地区。王家世世代代都以种茶为生，种茶有季节限制，且投入成本与产出效益严重失衡，种茶人收入很少。王永庆出生后，多了一张嘴吃饭，王家更是穷得叮当响。1932 年，小学毕业后，王永庆跟着小叔一起，到嘉义寻求出路。学历不高，没有一技之长，王永庆只能在一家米店当学徒。他一边做工，一边琢磨老板如何经营米店。他经常主动为老板做一些分外的事，虽然一直在干活，其实王永庆也在利用各种零星时间学习。一年后，王永庆自立门户开了一家米店。他东拼西凑才借到 200 元，租不起好地段，只能在偏僻的窄巷里盘下一间小店铺。没有钱，也请不起伙计，虽说翻身当老板，可王永庆身兼数职，既当老板又当伙计。最要命的是，作为米粮生产地，嘉义到处都是米店，而且大家也只认老字号，对于王永庆这种新店，大家往往瞧不上。王永庆背着米袋，挨家挨户上门推销自家的米，结果早上背出去的米，晚上仍旧原封不动地背回来。

但吃惯苦头的王永庆，怎么可能会被轻易打倒，从这袋米里，他无意间找到突破口。那时候，稻谷收割、加工技术落后，很容易掺杂进不少小石子。人们在做饭之前，往往要淘好几次米，非常麻烦。王永庆不厌其烦，一点一点将大米里的杂物拣出来之后再拿出去卖，省去消费者淘米的麻烦。靠着这一招，王永庆成功打开了市场，生意红火起来。王永庆趁热打铁，推出“送货上门”的服务，他的“送货上门”也与别人不太一样。他不仅要将米送上门，还要帮忙将米倒进米缸里。如果米缸里有旧米，他要将旧米淘出来，擦干净米缸，再将新米倒进去，旧米覆盖在上面，方便人们先解决完旧米。同时，王永庆还建立了一个类似现今的“客户档案”的东西。哪家有几口人，每天大约要吃多少米，哪家买的米快要吃完了等，他都一一记录在案，在消费者快要买米之前及时送到。就这样，王永庆的米店一炮而红，甚至超过同行，直接形成垄断的局面。

一年后，有了钱，王永庆便顺势将摊子铺开，把店铺搬至最繁华热闹的大街，店铺规模也比最初大好几倍。1946 年，他还在嘉义车站附近建了一家碾米厂，规模说是当地最大的也丝毫不夸张。

（二）园艺产品的创新

创新是企业的灵魂，未来企业与企业之间比拼的关键将是产品创新。谁能持续创新出满足顾客需求、高品质的新产品，谁就可以赢得市场先机。德鲁克说，企业唯一的目的是创造顾客。产品是顾客价值的载体，通过产品创新去创造顾客价值，这是创造顾客最重要的手段。我国园艺资源有限，市场总体上园艺产品供大于求，但又缺乏质优价廉的园艺产品，呈现出结构性过剩与结构性不足共存的现象。如何解决园艺产品供求的结构性矛盾，突破竞争的困扰杀出重围，就必须了解市场需求，改变传统的思维和种植习惯，创新出“差异化、有价值”的新品，获得生存和发展的资质。

产品的创新可分为全新产品、革新产品、改进产品和创建新品牌的产品。根据园艺产品整体概念营销思维，园艺产品创新是指园艺产品整体概念中所包含的核心产品、形式产品和附加产品三个层次中任何一个方面的改进和创新。如在园艺产品的核心产品层次，主要是园艺产品的功能、基本功效等方面，所以要注重园艺产品的品质提升，从改进园艺产品的口味、品质方向着手。而在园艺产品的形式产品上，它涉及园艺产品的品牌、包装、外观等内容，这就要求我们要从园艺产品的形状、大小、颜色、包装、品牌等方面进行改进创新，如日本培育出的方形西瓜，就是从西瓜产品的形式产品上进行的创新。在这里，观赏园艺产品在节假日出现的形式各异、千姿百态的摆放也是从产品的形式上进行的创新。在园艺产品的附加产品上，涉及额外赠送的利益，这就要改进园艺产品的服务。如免费运送产品、免费赠送产品的种植技术等。可见，园艺产品的创新并不是一定要开发新的产品、品种等，而是要以消费者的需求为出发点、中心点和归宿点。只要消费者需要的、消费者喜欢的，就是农业生产经营者应该努力和创新的方向。

1. 园艺产品创新方法

一般而言，园艺产品的创新由于其产品同质性特征，使得其创新时很难短时间进行产品的品种创新，结合园艺产品的特质，园艺产品的创新可以从以下几个方面进行：

一是功能上创新。随着社会经济发展，人们生活水平的提高，人们更加注重健康养生，注重营养保健，对园艺产品的需求也转向健康保健型的园艺产品需求。人们现今对五谷杂粮等粗粮的消费需求增加就是最好的体现。如南瓜可减轻脑血管硬化；红薯可以增强肠胃蠕动，增强免疫力，防治肠道疾病。

二是形式上创新。消费者对新奇产品都有一定的好奇心与满足感，我们可以从产品的外形上对其进行改变，如现在带有图案或字的苹果、迷你黄瓜、特小凤袖珍西瓜等，就是在园艺产品形式上的创新。

三是服务上创新。这是在提供产品之外，给消费者提供的额外服务，让消费者感受到超值服务，如帮助消费者送货上门。如买米时，一般米是 20 斤一袋，此时卖家就会给消费者提供免费送米上门服务；又如现在卖菜时，许多的菜都经过分级、洗净后再出售，并给消费者提供免费的方便购物袋，有的甚至还送葱等，来实现服务上的创新，吸引回头客。

2. 园艺产品创新策略

随着人们生活水平的提升，人们对园艺产品的品质要求也越来越高，园艺产品生产经营者应该不断地进行园艺产品创新，满足消费者的需求，提供优质、健康的园艺产品。大体的策略有以下几种：

一是要优质化。优质优价，引进、选育和推广优质园艺产品，以质取胜，以优盈利。

二是要多样化。多品种、多规格、小批量、大规模。满足多层次的消费需求，开发全方位的市场，化解市场风险，提高综合效益。

三是要错季化。反季节供给，高价位赚取。实行反季节供给，一是通过设施化种养，使农产品提前上市；二是通过贮藏保鲜，延长园艺产品销售期，变生产旺季销售为生产淡季销售或消费旺季销售；三是开发适合不同季节生产的品种，实现多品种错季生产上市。

四是要净菜化。半成品净菜、半成品家禽越来越受欢迎，且价值较高，市场空间很大。

五是要自然化。回归自然，搞好地方传统土特产的开发，发展品质优良、风味独特的土特产品，以新、特、优产品抢占市场、开拓市场，不断适应变化着的市场需求。

六是要绿色化。绿色园艺产品不仅有利于健康，还能改善生态环境，应大力发展绿色、有机园艺产品。

七是要品牌化。要树立品牌意识，一是以质创牌，二是以面树牌，三是以名创牌，四是以势创牌，要以名牌产品开拓市场。

三、园艺产品的品牌营销

随着社会经济的发展，人们生活水平的提升，人们对产品的满足不仅仅限于产品的质量与功能，他们更需追求自我，张扬个性。如何针对消费者的需求特点，在激烈的市场竞争中找到企业自身的突破点，让顾客忠于企业的产品，企业的品牌建设则是不二的选择。

品牌是用以识别某个销售者或某群销售者的产品或服务，并使之与竞争对手的产品或服务区别开来的商业名称及其标志，通常由文字、标记、符号、图案和颜色等品牌的元素组合构成。品牌植根于广大消费者心中，它不仅仅是一个名称和标志，更有着丰厚的内涵，它强调与产品及其相关的质量、服务等之间的对等关系，是特定商品属性的体现。品牌巨大的价值及市场感召力是来源于消费者对品牌的信任、偏好和忠诚，如果一个品牌失去信誉，失去消费者的信任，品牌会一文不值。例如，秦池、春都就是因为产品质量问题，失去了消费者的信任，结果虽然风光一时，但最终难逃覆灭的厄运。在食品安全问题十分突出的当今社会，消费者更加注重园艺产品的品质，园艺产品品牌是园艺产品和质量的识别标志，代表着园艺经营者的信誉及其对消费者的承诺，所以，提升园艺产品的品质，提高园艺产品市场竞争力的重要途径就是实施园艺产品的品牌战略。园艺产品品牌与工业产品有一定的不同，它更注重产品的产地、品种、质量等要素，以名称、商标、包装、广告、个性价值等表现形式，与竞争产品区分，来帮助消费者识别和购买。

商标应按法定程序向商标注册机构提出申请，经审查，予以核准，并授予商标专用权，受法律保护，任何人未经商标注册人许可，皆不得仿效或使用。商标属于法律范畴，是法律概念，我国法律规定，使用品牌的商品都要使用商标，这是对品牌最有效的保护方式，商品使用商标都要办理注册，包括及时注册与关联注册商标，二者都是为了保护商标，还可采用不同的防伪标识，保护商标专用权。使用商标对企业来说，既是权利也是义务，凡是用于商品的品牌，都是经过注册的商标，品牌和商标实际上已是孪生兄弟，不好分开了。

商标和品牌都是商品的标记或标识，从归属上来说，商标是品牌的标志和名称，属于品牌的一部分，商标所有权归属商标注册人，而品牌则是基于消费者的心理认同，品牌只有打动消费者的内心，才能产生市场经济效益。商标注册人可以转让、许可自己的商标，可以通过法律手段追究侵权使用自己商标的人的法律责任，品牌只有根据《中华人民共和国商标法》登记注册后才能成为注册商标，受到法律的保护，才能避免其他任何个人或企业的侵权模仿使用。

(一)品牌基本要素

品牌要素是指那些用以标记和区分品牌的商标设计。它独立于产品及营销方案的决策之外，却对营销方案的实施效果能够产生重大影响。一般来说，品牌构成要素有显性要素和隐性要素。

1. 显性要素

显性要素是品牌外在的、表象的东西，可直接给消费者较强的感觉上的冲击，主要是指名称、标识与图标、形象代表、广告语及包装等视觉标志。

(1)名称。“词有其意而名有其力”，品牌名称是品牌的第一核心要素，它简洁地反映了产品本质，使消费者对其产生关键的联想与定位，是消费者记忆品牌和品牌传播的主要依据。理想的品牌名称应该做到记忆方便，能够体现产品类别及特质、优点等；具有个性化的价值取向，呈现特定的文化内涵；有趣味，富有创造力，易于向更广泛的产品种类和地域背景转换；含义持久，在法律和竞争上都能获得强有力的保护。根据这些要求，品牌命名时应遵循以下要求：

首先，品牌名称简明朴实、易读易写。名称易读性是人们口头相传的关键，而口头相传对于建立某种记忆联系是十分有价值的。比如“太太”口服液这个名称就比较符合这样的要求，它满足了许多中国已婚女性潜在的心理需要——希望自己成为一个雍容华贵的太太，并且在发音上也朗朗上口，易于被大多数消费者接受和传播；还有如“方太”厨具满足了中国家庭贤妻良母的形象需要。这些品牌能在当今激烈的市场竞争中脱颖而出，获得了极大的成功，是依据人们的“趋易避难”心理命名的，这是品牌成功的主要因素之一。

其次，品牌名称应亲切熟悉并且富有含义。对于自己熟悉的东西，消费者总会很容易地记住并很随意地传播出去。在这方面，“娃哈哈”是个比较成功的案例，这个名称既通俗易懂，又雅俗共赏，消费者一眼就明白它代表了儿童需求，很容易让人联想到快乐无忧的年少时光，也隐含了家长希望自己的孩子快乐成长的心愿，这些因素为在国内成功传播奠定了良好的认知基础。当然在品牌名称中也可以加入一些抽象信息。比如联想电脑、雕牌洗衣粉等，这些品牌名称与产品的功能性毫不相干，但都取得了不错的传播效果。这些品牌名称都是消费者所熟悉的事物或者经常用到的词汇，都符合简洁明了的命名原则。

(2)标识与图标。品牌标识和图标属于品牌视觉感知，选择一个恰当的品牌标识、符号或者字符对于品牌的推广与传播具有重大作用。标识有几种形式，一种是文字标识，即采用独特的文字形式书写的标识，比如可口可乐标识、联想品牌标识、美的品牌标识等，都采用这种形式。还有一种是抽象标识，这种标识可能与公司名称或公司从事活动毫无联系，比如梅赛德斯的三叉星、劳力士的皇冠等，这些没有文字的标识通常称为图标。抽象标识有利有弊，因标识抽象一些显得独特，进而也容易被识别，但抽象标识缺乏具体标识所体现的明确含义，所以，要结合营销宣传来解释抽象标识。如海尔集团就曾采用动画片形式来推广其海尔兄弟的品牌标识，效果明显。更多的标识都介于这二者之间，由文字与图标组成。大多时候，品牌标识往往被设计成图标，用来强调和修饰品牌。相对于品牌名称而言，标识和图标具有三个优点：一是容易识别，标识和图标具有视觉印象的特性，是表明产品的有效方式；二是有效的传播渗透，这是由其非语言的性质所决定的，使得标识能够通畅地进行跨文化的传播渗透；三是易于修改，标识可以在运用一段时间之后进行适当的修正，加入一些时尚性因素，紧紧跟随时代步伐，而品牌名称一般是固定不变的。通过品牌标识，凭借其内在含义和支持它的营销计划来激发人们的联想，即使较为抽象的标识，都可以改变消费者对公司的感知和理解，获得不同的评价。

(3)形象代表。形象代表是品牌图标的一个特殊类型，往往取材于人类本身或现实生活。品牌形象代表有许多不同形式，可以是某种动画人物，如海尔兄弟、北京奥运会的福娃系列卡通形象等；也可以是活生生人物，比如老干妈、麦当劳叔叔、肯德基上校、康师傅等；也可以是某种动物，如七匹狼、雕牌、标致的雄狮形象等。形象代表通常通过广告展现，在广告和包装设计中，形象代表起了非常重要的作用，它们往往色彩丰富、充满想象力、容易抓住人们的兴趣。品牌形象在建立品牌认知方面有着巨大的影响，让消费者容易产生丰富的想象。

品牌形象代表一般包含两方面含义：一方面是品牌形象的有形内容，代表着"品牌的功能性"形象，体现着品牌产品或服务具有的基本功能。例如，洗衣机具有洗衣的功能，可以减轻家庭成员的洗衣负担；照相机具有留住人们美好瞬间的功能等。有形内容是品牌形象最基本的内容，它能把产品或服务提供给消费者的功能性满足与品牌形象紧紧联系起来，使人们一接触品牌产品，便自然将其功能性特征与品牌形象有机融合起来，形成感性认识，形成品牌形象的基础，是消费者偏好形成的基础条件。另一方面是品牌形象的无形内容，主要指品牌的独特魅力，是营销赋予品牌的，并为消费者所感知和接受的品牌个性化特征。随着社会经济的发展，商品的极大丰富，人们的消费水平和消费需求也不断提高，人们需要商品带来更多的无形感受和精神寄托，品牌形象的无形内容则是迎合了人们的消费心理，满足了人们的身份、地位、情感等个性化要求。比如七匹狼品牌所传递出的强势狼性文化，在现代竞争激烈的中国社会中很容易被大部分有理想、有抱负、有野心的男性所接受，其一系列男性服饰受到消费者的极大青睐，取得了良好的市场业绩。

(4)广告语。广告语是用来传递品牌的描述性或说服性信息的短语。广告语能帮助消费者抓住品牌的含义，了解该品牌是什么，有哪些特别之处，能迅速地实施品牌宣传，有效地建立品牌资产。广告语除了在广告中出现，在产品包装和营销方案中也发挥着重要的作用。广告语有多种不同的方式设计表达，可以通过各种不同的语言组合进行表达。有的广告语说得比较含蓄委婉，比如飞亚达手表的广告词"一旦拥有，别无所求"；有的比较直白，比如脑白金的广告词"今年过节不收礼，收礼只收脑白金"；有的广告语结合品牌名称来加强认知，比如才子男装的广告"煮酒论英雄，才子赢天下"；有的广告语则直接把一个品类和品牌紧密地联系在一起，比如"果冻布丁，喜之郎"；有的则和某种特殊的感情联系起来，比如"水晶之恋，一生不变"的果冻广告；有的广告语则把产品与使用感受联系起来，比如"晶晶亮，透心凉"的雪碧、"农夫山泉，有点甜"的农夫山泉等广告语，这些广告语对品牌形成了空前的影响力。

广告语是品牌要素中运用一段时间后，要结合时代与消费特点进行适当的修改与变动。但过于频繁变动或者一成不变都是不可取的。广告语在修改时要注意：首先，要分析广告语是通过何种方式来加强品牌认知和提升品牌形象的，这种方式是否依然有效；其次，确定在多大程度上还要加强此种认知；最后，要尽可能多地保留广告语中有价值的成分，同时注入所需要的新含义，增强对品牌的认知。在大多数情况下，对现行广告语进行适当的修改可能比引入一个全新的广告语有效。

(5)包装。"买椟还珠"说明产品的包装设计由来已久，现代社会，包装已成为品牌产品的重要组成，包装外表融汇了品牌的品位和文化的感性信息，能够促进消费者强有力的联想。品牌产品包装与普通产品的最大差异不在于包装形式上的变化，而是在于包装设计是否融合了品牌要素和产品文化属性。

2. 隐性要素

隐性要素是指品牌内含因素，不能被直接感知，它存在于品牌的整个形成过程中，是品牌的精神和核心。隐性要素主要指品牌承诺、品牌个性和品牌体验。

(1)品牌承诺。一个品牌对于消费者而言，意味着品质保证和质量承诺。产品本身不可能保持不变，事实上，许多优秀品牌产品都在持续地改变，但企业灌注在产品中的经营理念、价值观、文化观等始终保持稳定，一直受到消费者认同，好的品牌承诺会使消费者接触该品牌时有十足的信心。麦当劳作为一家经营快餐的企业，带给顾客的理念不是简单的吃饱吃好，而是更高层次的生产快乐，有了这样的理念和承诺，顾客在任何时候用餐都会体验到一种轻松快乐的氛围，会使消费者增强购买信心，继而产生品牌忠诚。

(2)品牌个性。每个品牌都有它自己的"风格"，即品牌个性。品牌不同于商标，它不仅是一种符号，更是一种个性。将品牌个性化后，会使消费者更容易接近并接受。人们通常会选择符合自己认同的品牌，比如喜爱追求时尚的年轻人往往会选择蜜雪冰城等。企业创造了品牌的个性，而这种个性带来的相关情感暗示，满足了不同人的需求，从而更好地使品牌与消费者建立良好的关系。

(3)品牌体验。品牌是消费者体验的综合，是企业与顾客互动关系的体现。消费者对品牌的信任、满意、肯定等正面情感，能够使品牌历久不衰，而他们对品牌的厌恶、怀疑和拒绝等负面感知，必然使品牌受挫甚至夭折。所以，品牌确实能改变人们应用产品的真实情感，往往就形成了一种无形的价值。

品牌要素构建起了品牌特征，品牌特征反映了所有品牌要素对品牌认知和形象的贡献，要素是基础，品牌是终点，品牌的创建与品牌要素有着密不可分的关系。品牌每个要素要融合匹配，使得彼此之间能够衬托呼应，优势互补，彰显品牌的独特魅力与传播效果。品牌要素的科学构思和取舍，既能加强品牌认知，又可促成消费者形成强有力的、独特的品牌联想，提升消费者对品牌的正面认可，是品牌能否保持基业长青的关键，对于品牌的成长壮大具有重要意义。

(二)品牌的功能

一般来说，产品的品牌是能够为企业的发展带来超额经济效益，一个品牌通常应具备如下基本功能。

1. 识别功能

这是品牌最基本、最原始的功能。在产品消费同质性很高的竞争时代，品牌代表着产品的品质、特色和承诺，它代表的一定质量和服务水平，使其与竞争对手的产品发生自然差异，具有不可替代性与专用性的特征，成为产品差异化的重要手段。消费者能够根据自己经验和收集到的信息，简单识别其他企业的同类产品，重复购买某个品牌，形成消费者的品牌忠诚度，稳定品牌消费者群与产品的市场份额，保障产品不被其他同类产品替代。品牌已成为现代社会一个强有力的营销工具，未来的市场营销是拥有市场比拥有工厂更重要，而拥有市场的最佳途径就是拥有具有市场优势的品牌。

2. 稳定功能

在竞争激烈的市场状态下，品牌代表着能够提供稳定的产品服务与质量，它不会随意地降低产品的服务或产品质量，这是品牌对消费者的承诺及其产品的魅力所在。同时品牌产品价格可以不与其他同类产品的价格相比较，它可以自主地确定较高的产品价格，并保持价格的长期稳定，不随市场的变化而变化，以维持较高的市场收益率。

3. 促销功能

企业宣传品牌，远比宣传企业名称和产品质量更为方便。品牌是产品品质、特色、档次的象征，是消费者选择商品的主要依据，品牌有助于人们建立起企业产品的印象，在实际生活中，有的产品人们可能不知其生产者，但却知道其品牌的名称和品牌标记，特别是在新产品进入市场时，依据品牌效应可以短时间内获得消费者认同，减少市场开发费用，有效提高新品在市场上的成功率。如“娃哈哈”这一品牌成功地延伸到了该公司生产的八宝粥、果奶、纯净水等产品上，使其一下就拥有了稳定的消费者群，取得了较好的市场效益。可见，品牌最大的作用是能够促进销售，销售业绩的扩大又反过来促进品牌价值的提升，从而进一步促进产品销售。

4. 增值功能

品牌作为一种无形资产，随着企业规模的扩大，市场占有率的提高、产品知名度、美誉度和忠诚度的提升，消费者对品牌的认可，价格的高低对消费者来说就会显得次要，消费者愿意花更多的钱购买该品牌，享受该品牌带来的个性化的服务，好的品牌产品附加值很高，即使在市场不景气时一样不用担心亏本。如“壹号土猪”即便在猪肉市场价格低迷时，同样能卖到超过一般猪肉一倍以上的价格。这就是消费者对该品牌产品价值的认同，品牌本身的价值也会溢价增值。

一般而言，产品都有一个生命周期，会经历从投放市场到被淘汰退出市场的整个过程，包括投入、成长、成熟和衰退四个阶段。但是品牌却不同，它会超越生命周期。当品牌一旦拥有一定的知名度，拥有一定数量的忠诚“粉丝”，其领导地位就可以经久不变，即使其产品已历经改良和替换，品牌都可以超越，从开始依附在产品身上慢慢地发展到从具体的产品中相对独立开来，使消费者长期保持对它的认同和偏好，形成品牌的无形资产。园艺产品是大众日常消费品，市场竞争较大，其同类产品及其供货商、销售商众多，产品的种类、价格、质量、标准也各不相同，面对如此众多的园艺产品供货商，消费者一时无法通过比较来准确判断产品的好坏。有了品牌，就能缩短消费者的购买决策过程，减少消费者的选择成本，让生产者在众多的产品中更具有特色，更容易被选择，更具有市场竞争力，我国不少老字号在今天的市场竞争中依然有品牌优势，如“同仁堂”“东阿阿胶”“三和四美”等品牌。

(三)园艺产品的品牌塑造

美国营销学权威菲利普·科特勒认为，品牌是一种营销沟通的手段或工具，塑造品牌将使营销沟通更为有效。品牌所传达的产品信息是立体的、全方位的，主要包括产品的品牌识别、品牌形象与品牌个性。品牌识别将品牌与其他企业生产的同类产品区分开来，品牌形象则表明了品牌的价值与服务的水平，品牌个性则是品牌的独特性的体现，是消费者对品牌独特文化的认知归属，是品牌形象的灵魂，品牌形象是品牌个性的载体。在现代竞争市场环境下，品牌塑造的重要性和紧迫性使品牌成为企业发展的必备武器，成为促进市场规范的有力手段。

目前，我国农村的小农生产模式，农户热衷于产量的提升，在生产中过度使用农药、施用过量化肥等行为，使得园艺产品的质量存在严重的缺陷，园艺产品的高价、低质、假冒伪劣等现象层出不穷，食品安全问题时有发生。这与园艺企业或园艺种植户缺乏品牌产品，缺少内部约束，生产行为短期化，机会主义盛行有关。为此，国家大力推行安全优质农产品公共品牌“三品一标”，截至 2018 年年底，全国“三品一标”获证单位总数为 58 422 家，产品总数 121 743 个。其中，绿色食品、有机农产品和农产品地理标志总数 37 778 个，2018 年向社会提供绿色优质农产品总量超过 3 亿吨。园艺产品的品牌正日益成为现代企业核心竞争力，蕴含着巨大的经济价值和竞争优势。建设自主园艺强势品牌已是大势所趋。一般来说，园艺品牌塑造的主要内容如下：

一是要打造优质地域特色产品。品牌的核心是要有一流的品质，园艺产品的一流品质来源于优良的品种，对于同质性较高的园艺产品，其品质受自然环境的影响大，标准化的品质难成规模、较难形成，其品质与地域自然生态环境和历史人文因素关联度高，独特的地理环境造就了地方特色品质的园艺产品。我国的农业资源丰富，"十三五"期间，绿色、有机和地理标志农产品总数达 5 万多个。这正是我国品牌园艺产品创建的优势与基础，是推进地域特色优势园艺产品发展的重要措施。

二是要有清晰准确的品牌定位。因为当今消费者的消费偏好越来越个性化，企业所面临的市场也是越来越细分化，为此企业必须选择特定的消费者群体作为自己的客户，或者某一产品选择特定的消费者群体作为自己的客户，通过市场定位，向消费者清晰地传递产品品牌信息，使品牌的价值特征和宣传点符合消费者的购买动机。如德国奔驰与宝马同属高级车，但定位是各有特色，奔驰品牌注重理性实用，承诺"使搭乘者无论坐在前位还是后位，都会觉得安全舒适"，因此备受各国稳健持重的人士青睐；宝马品牌强调的是"赋予驾驶的愉悦"，强调感性、浪漫的色彩，由此赢得了众多年轻的消费者。通过清晰的品牌定位，两个品牌都独具魅力，成为当今世界的著名品牌。

三是要有一流的质量保障。这里的质量是一个相当宽泛的概念，包括产品品质、配送、售后服务的质量等要素，以及能够满足客户潜在心理需要及期望的能力。企业在塑造品牌时，一定要树立强烈的质量意识，把产品质量放在首位，严格质量管理：建立以质量否决权为主的奖惩考核制度，完善产品设计监控网络，实行全过程、全方位的质量安检制；以一流的技术，保证一流的产品；按照质量体系系列标准组织生产，使产品符合国际标准。对于园艺企业，园艺产品的质量品质要优，在满足消费者的功能需求基础上，还要考虑产品的特色与营养，满足消费者感官、个性化等方面的要求。园艺产品的品质已成为园艺产品品牌诸多要素中最基本的要素，园艺产品品牌必须要能提供消费者所期待的稳定的、有效的、优良的产品品质，从而丰富消费者心目中的品牌印象。

四是要有较高的知名度。俗话说"酒香不怕巷子深"。但是，在现代竞争激烈的市场条件下，企业要想塑造成为成功的品牌，高知名度是必不可少的要素。一个产品再好，没有好的宣传和促销策略，没有对品牌内涵的精辟分析和对客户的到位宣传，是难以提高知名度的，即使其他要素再好，也是难以成功的。通过对品牌内容宣传强化，使品牌的特色内涵等印象深刻地烙在客户的脑海中。广告不失为目前营销中提高产品知名度最常见、最有用的一种方式。

五是要有畅通的销售渠道。园艺产品的生物学属性本身要求其营销渠道高效通畅，营销中的畅通渠道能够方便客户购买或享受服务，无形中能够起到排斥其他竞争对手的效果。园艺产品要基于信息科技，满足竞争激烈、瞬息万变的市场，实现销售渠道的网络化与即时化，打造畅通的销售信息渠道，创新营销模式，缩短流通环节，提高效率，降低成本，使园艺产品能够以最快速度到达消费者的手中。

品牌是企业及其产品的各方面信息的综合体，是企业产品整体形象的高度集中反映与典型体现。品牌只有注入具有生机的个性，在同类产品中具有自己的特色，才有可能抓住消费者的心理，获得市场的认同。品牌起名字和标志设计只是品牌建设的基础，要塑造一个卓越品牌，必须要完成产品的品牌调研诊断、品牌规划定位、品牌传播推广、品牌调整评估等各项工作，还需要提高品牌的知名度、美誉度、忠诚度，积累品牌资产，并且年复一年，持之以恒，进行必要的维护与更新，坚持自己的品牌定位，信守对消费者所做的承诺，才能使品牌形象深入人心，历久不衰。

案例链接

农产品品牌之困：如何破解产品同质化？

纵观当今品牌，大多数都是工业品牌，农产品品牌的数量很少。单从关系上来说，农产品与人们的生活息息相关。然而放眼全球，农产品品牌都是“被遗忘的角落”，不但数量少，品牌力还很弱，为何会出现这样的结果呢？

个中缘由或许仁者见仁，智者见智，但从品牌塑造的角度来说，农产品高度同质化，是其中一个重要原因。

非加工型农产品，比如蔬菜、水果等，同品类之间在外观和内在品质上差异都不大，在营养成分、性状、口感等方面高度趋同。比如，广西的砂糖橘和广东的砂糖橘没什么区别，陕西的红富士苹果和烟台的红富士看起来也难以分别。

差异化是品牌营销的根本法则，有差异的产品才更有营销价值。面对高度同质化的农产品怎么办？

第一个策略：从种养方式和品种改良入手，在产品上制造不同

褚时健对冰糖橙的品质有近乎偏执的追求，他琢磨很久肥料的成分，反复试验之后最终选择烟梗作为主要的有机肥，加上甘蔗渣和牛粪，通过尝试不同比例的配置，多次努力后最终完成现在的配比。浇水、施肥、抹梢、打药和剪枝等作业流程，被详细地记录在他的本子上，直到找到各项种植作业的最佳数据，再进行规范化推广。基于以上科学的流程化管理，橙子的品质和口感得到保证，成就了“褚橙”这一品牌。

曾有人对褚橙和其他同类橙子进行了 6 场由 251 人参与的盲测：让消费者在不知道哪个是褚橙的情况下进行品尝。每一场盲测都需消费者品尝和比较三种不同的橙子，而后对橙子的外观、剥皮难易、酸度、水分、化渣率、橙籽数量、总体口感等内容进行打分，得出的结论是：在采样范围中，褚橙的品质最佳。

天津奥群的陈华，20 多年专注于肉羊品种的培育，致力于为消费者提供一款“从育种到餐桌”的特别羊肉。经过数百万只羊的挑选与杂交，他终于寻找到特殊的基因并将其稳定下来，培育出一款口感微甜，没有膻味，品质类似日本“和牛”的澳白和羊。

普通羊肉的脂肪熔点是 43～47 ℃，澳白和羊的脂肪含有更高含量的 omega-3，熔点仅为 34.2 ℃，捏在手里就能融化，这就形成了它与普通羊肉外观上的显著区别，成为澳白和羊的标志性特质。

猕猴桃原产于中国，新西兰从中国引种后，对原先口味偏酸的绿色果肉猕猴桃进行了改良，推出了口味偏甜的黄色果肉的全新品种——黄金奇异果。

如今新西兰佳沛奇异果每年产量约达 8 000 万箱，99% 出口至全球近 70 个国家和地区全球销量，占全球市场份额的 28%。

日本“金芽米”美味出众，最难得的是，通过“BG无洗米加工”法等独特的加工工艺，从外观就可以看到其中心金色的胚芽。“金芽”这一独特特征，突破了稻米差异化的最大难点和瓶颈，打破了越光大米在日本一统天下的局面。

第二个策略：通过设计“五感”标识，将产品内在品质外在化

很多知名大品牌为什么能够占据我们的头脑，让我们在听到某段音乐响起，闻到某种香味袭来，看到某种颜色视觉刺激时就情不自禁地联想到某个品牌，这就是色、声、香、味、触的五大感官体验所带来的潜意识。

根据全球首席品牌营销大师马丁·林斯特龙的“感官品牌”理论，我们能通过设置“五感”的标识来塑造品牌。

1. 视觉：塑造品牌的第一印象

视觉接收的信息最多，因此容易被吸引注意力，也容易被转移注意力。要牢牢抓住视觉，就需要极大的冲击力，可以从奇特的外形、浓郁的色彩、怪诞的标识等入手。

比如，心形的西瓜、做成花束的荔枝、设计成玫瑰花篮的白菜、培养出寿星脸的大桃。

独特的外观形状让消费者认知更加深刻，产品本身的价格也大幅度提升。

中国红枣的食用历史据考证大约有近千年，但能把红枣制成干、压成片、磨成粉、去掉核玩出“72变”，销往全国各地，是到了石聚彬这儿才实现的。20世纪末，当他看到有人嚼口香糖时，就觉得有商机，带人废寝忘食地设计出口香糖样式、烟盒包装、类似果丹皮制作工艺的枣片，从此“好想你”枣片红遍大江南北。

胡萝卜原来有红的、有黑的，甚至有紫色的，后来为什么会变成橙色的呢？是荷兰人为了他们的王室去培养，因为荷兰王室的色彩是橙色，他们为了荣耀自己的王室，最后硬是种出了橙色的胡萝卜，这就是荷兰王室的品牌观念。

关于视觉对于品牌的重要性，美国营销战略大师劳拉·里斯专门写了本名为《视觉锤》的著作，把品牌的定位比作是钉子，视觉是锤子，用这个锤子把钉子砸在消费者脑海里边。

2. 声音：调动顾客的情绪情感

欧洲一个小镇上有很多小偷小摸的犯罪现象，当地管理者就想了一个招儿，在小镇放施特劳斯的音乐、放巴赫的音乐或者放莫扎特的音乐。小镇一到黄昏，也就是犯罪率该上升的时候，音乐声就起来了，结果发现犯罪率大幅度下降。因为人们在听到美好的音乐的时候，愿意去犯罪的比率低了，音乐可以让人们的情感发生调节。

用声音来进行品牌的传递也是一个非常有效的手段，汽车关门时“嘭”的那一声，是研发人员专门设计的，奥迪、宝马、奔驰、劳斯莱斯，都是要研究车门关上的声音，要让这个声音听起来很厚重，听起来很扎实。所以这种声音也是车的标志之一。

充满特色的声音不仅可以在你的客户和品牌之间建立一条情感纽带，也会让顾客产生心理依赖感。

比如，优酷“这世界很酷”，一语双关，独特的声音也有利于在一心多用的多任务时代乘虚而入进入受众心智。

融入声音，能让你的品牌更深入人心。

3. 嗅觉：维系品牌的独特性

人类对于嗅觉的记忆是十分深刻而久远的，用气味把品牌的独特性植入消费者记忆，可以让其更忠诚。

研究团队在拉斯维加斯做了个实验，把一个赌场分成两块场地，右边的场地放了一些香味，左边的没放，然后看看这两边赌场的营业额怎么样。结果，有香味的地方比没有香味的地方的销量要高45%。

劳斯莱斯为了让每个购买的车主都能感觉到尊贵奢华的体验，他们收集了大量名贵木头的木屑和细软的皮料混合在一起，产生的那种独特香味，让每个一闻到这种味道的人就想起，对，这就是劳斯莱斯味。

著名酒店喜达屋的味道是旧书加羊皮纸的味道，它把家里的旧书味道放在一起，然后再加上羊皮纸，这种气息让你觉得很安心，到了那就想静下来。

4. 味觉和嗅觉：独立而复合的伙伴

味觉的享受可以让人获得极大的愉悦感和满足感，对于农产品来说，口味好不好，直接决定了生死。新疆阿克苏糖心苹果，每一口都甘之如饴，研发出来短短两年市场反馈就超过了1939年培育的红富士。

对食物来说，抓住顾客的口味，就留住了顾客的心。“红烧牛肉”是北方人吃面时所喜欢的传统口味。康师傅牢牢将“红烧牛肉面”与自己的品牌捆绑包装，反复诉求“康师傅，就是这个味儿”，占据了“红烧牛肉面”这个概念，推动康师傅成为方便面老大。

5. 触觉：检验质感的利器

九阳原来是做豆浆机起家的，后来转做电饭煲，如何才能在电饭煲行业里后来者居上呢？研发人员就去研究所有人买电饭煲的过程，结果他们发现大量的人买电饭煲的时候都有一个动作，就是会把那个内胆拿出来掂一掂。

他们找到了对策，把电饭煲的内胆设计得比别的品牌重得多。当用户购买的时候一掂，这个好重啊，这个看样子好一点。内胆重价格又差不多，那顾客肯定买这个重的。

还有汽车的方向盘，人们选车的时候，一定会去摸那个方向盘，感受这个方向盘所传递出来的触觉是不是喜欢，从而判断要不要买。

所以对于很多产品来说，手感越来越重要。手机也好，家具也好，衣服也好，人们都喜欢手感特别好的，所以去重视给对方带来的触觉的感受。

综合起来，“五感”就是形、声、闻、味、触，这五个感知都要能够给用户传递不同的感受，这才能够称为优秀品牌。

从本质上来说，感官品牌是一种整合营销传播的思维，通过多媒介、多维度的立体沟通系统，让消费者在所有的接触点上深化品牌认知，实现品牌营销目标。

做品牌主要两件事：内强品质，外塑形象。即使是高度同质化的农产品，只要用心去琢磨，虽然“五感”不能同时做到，但是有一两个或三四个标识，这是可以做到的。

当然，打造优秀的品牌，不是一朝一夕的事情，需要如同用锤子钉钉子一样，一锤一锤，不断重复，才进入消费者的意识当中。

相信以视觉锤为基础，逐步建立感官品牌体系，农产品品牌也将能打造出更系统的竞争力。

（节选自：曾丽清. 农产品品牌之困：如何破解产品同质化. 中国农网，2022-06-20.）

四、园艺产品包装

从字面意义上讲，“包”就是包裹的意思，是用特定的材料把东西包裹起来，其目的是使东西不易损坏又方便运输。“装”就是装饰的意思，就是把物品包裹且装饰起来，指事物的修饰点缀，是对包装好的东西用不同的手法进行美容装饰，使包装的产品看上去更加漂亮。产品包装起源很早，最初人们只是使用芦苇叶、竹筒、兽皮等包装商品，现在产品包装已成为整体产品的一个重要的组成部分，具有保护商品、传达商品信息、方便使用与运输、促进销售、提高产品附加值等功能，是产品营销策略的重要内容。绝大多数产品经过包装后生产过程才算完成。在当今社会，厂家对产品包装设计要求更严格，目的是为了占有市场、从各个方面吸引大众的眼球，达到扩大销售的目的。

一般园艺产品都配有相应的包装。园艺产品的包装是指采用适当的包装材料、容器和包装技术，对园艺产品实施装箱、装盒、装袋、包裹、捆扎等包裹方式，使园艺产品在运输和仓储过程中避免碰撞、破坏价值、减少损失，保持原有产品功能或营养价值状态。园艺产品的包装按其在流通过程作用的不同，可分为运输包装和销售包装。运输包装又称为外包装或大包装，是指产品最外面的包装；销售包装则称内包装或小包装，是随产品进入销售环节并与消费直接接触的内层包装。随着包装在园艺产品上的运用与发展，目前园艺产品包装已成为我国园艺产品进入市场流通、营销实践中赢得竞争优势的一种重要手段。但由于对包装认识的不同，我国园艺产品包装主要有两种发展：一是豪华包装，过大地估计包装作用，认为“货卖一张皮”，只要包装好，东西就不愁卖。甚至出现一些包装挺好看，而里面的园艺产品质量并不好的情况，在一定程度上直接影响着园艺产品的销售。二是与此相对应的不注重包装，认为只要园艺产品质量好，包装无所谓。如我们经常在收获的季节，看到橘子、柚子等水果零散地堆放在路边，或以印刷粗糙、简单的纸箱包装，以低廉的价格出售。

由于我国园艺产品的包装规模化和集约化程度不高，“一等产品，二等包装，三等价格”的状况始终没有得到彻底改变，俗话说：“好马配好鞍”，一些好的园艺产品由于没有配上科学的得体的包装，所以也就无法实现增值作用，因此要充分考虑园艺产品的生物学属性、销售市场的特点、消费者的消费心理等因素，使包装与园艺产品完美地结合，实现开拓销售市场、提升园艺产品档次、国际市场的竞争力、提高经济效益的目标。

(一)园艺产品包装的基本要求

产品的包装要符合相关法规的基本要求，采用合适的包装材料，选用先进的包装技术，运用人文、绿色、品牌的包装设计理念。园艺产品隶属农业范畴，在国民经济中占有重要的地位，是社会绝大多数消费品的最终来源，直接关系到国计民生，基础性作用尤为明显。2006 年 9 月 30 日农业部第 25 次常务会议审议通过《园艺产品包装和标识管理办法》，对园艺产品包装的内容、方式、监督主体、标识方法做出了明确规定。表明我国从立法角度明确了包装在园艺产品经济中的重要地位。但是在实际生活中，园艺产品在市场上的交易形态仍然是以裸物为主，园艺产品从产户到用户的过程中包装功能没有得到发挥，相反，由于园艺产品的自然理化反应和视觉效果引发产品价值降低。园艺产品内的水果、蔬菜、花卉类的生物特性各不相同，个体差异较大，对包装要求也各不相同，包装材料和包装工艺也不相同。

园艺产品包装要符合国家法规要求。为了保证提供的园艺产品安全卫生，根据2006年的农业部令第70号《农产品包装和标识管理办法》对农产品的包装及标识做了明确的规定，它对具有农产品属性的园艺产品包装也同样适用。其具体的要求如下：

(1)农产品生产企业、农民专业合作经济组织以及从事农产品收购的单位或者个人，应当对其销售农产品的包装质量和标识内容负责。

(2)农产品包装应当符合农产品贮藏、运输、销售及保障安全的要求，便于拆卸和搬运，包装农产品的材料和使用的保鲜剂、防腐剂、添加剂等物质必须符合国家强制性技术规范要求，包装农产品应当防止机械损伤和二次污染。

(3)农产品生产企业、农民专业合作经济组织以及从事农产品收购的单位或者个人包装销售的农产品，应当在包装物上标注或者附加标识标明品名、产地、生产者或者销售者名称、生产日期。有分级标准或者使用添加剂的，还应当标明产品质量等级或者添加剂名称。未包装的农产品，应当采取附加标签、标识牌、标识带、说明书等形式标明农产品的品名、生产地、生产者或者销售者名称等内容。农产品标识所用文字应当使用规范的中文，标识标注内容准确、清晰、显著。

(4)农产品生产企业、农民专业合作经济组织以及从事农产品收购的单位或者个人销售无公害农产品、绿色食品、有机农产品等认证的农产品必须包装，但鲜活畜、禽、水产品除外。销售省级以上人民政府农业行政主管部门规定的其他需要包装销售的农产品也必须包装。对符合规定包装的农产品拆包后直接向消费者销售的，可以不再另行包装。

(5)对销售获得无公害农产品、绿色食品、有机农产品等质量标志使用权的农产品，应当标注相应标志和发证机构。禁止冒用无公害农产品、绿色食品、有机农产品等质量标志。

(二)园艺产品包装的基本准则

园艺产品是属于农业类的食品，在安全、卫生方面有着较高的要求与标准，包装是产生大量废弃物的主要来源，所以，园艺产品包装要满足保护消费者利益、保障生命安全和保护环境的基本要求。

1. 保护消费者利益准则

包装的标签与包装容器是商品包装的基本要素。标签是所有商品的身份证，是向消费者传达商品信息，真实标注商品名称、准确标示净含量，以及对用途、用量、用法、贮藏条件等描述，标明原产地、灌装日期及一定条件下的保质期，以及生产商、包装商或经销商的名称及其营业地点等可追溯的，对产品负责的基本信息。包装容器则应满足供应链和使用过程的功能，确保产品清洁卫生，尽可能减少材料用量，避免过度包装和有害物质的含量，保障消费者安全。对于应用新技术的包装要通过标签告知消费者，典型的如“提示性(敏感)包装”和“辐照食品包装”。“提示性(敏感)包装”是指当内装食品变质时，包装材料与变质产生的醛或胺一类的物质发生反应，其颜色或透明度产生显著变化时对消费者提示“保质期已过”。“辐照食品包装”则是指采用电离辐射线辐照预包装食品，杀灭食品的病原微生物、寄生虫和常见害虫，抑制块茎萌芽的包装，常用于新鲜水果等不宜采用高温或巴氏杀菌的食品。通过包装的标签与容器信息标注，让消费者明明白白地消费，保护消费者的合法权益。

2. 保障生命安全准则

任何食品、药品和化妆品等涉及生命安全的均受国家法规制约，世界上普遍推行安全认证（合格评定）的市场准入制度，一般由国家认可的检测机构依据相关技术法规或标准，按规定程序对特定产品进行安全评价，简称强制性认证或第三方认证。如我国的“CCC”认证、欧共体的“CE”认证、美国的“UL”认证等，在欧美等西方发达国家法规涵盖所有的食品包装，主要监控有机材料和制品，如塑料、再生纤维素薄膜和环氧树脂等，对可迁移进入食品的物质进行筛查。对不直接接触食品、药品和化妆品的包装，鼓励企业自身进行符合性判断声明或生产方合格声明。生产方自身评价不但降低生产成本和社会成本，还体现了企业的社会责任，是国际社会公认的未来发展方向。

3. 保护环境的准则

包装的发展促进了经济繁荣，同时也消耗了大量的自然资源，所造成的环境污染也日趋严重，包装废弃物是固态废弃物的重要组成部分，人们越来越清楚地认识到它对环境的危害，在包装废弃物回收利用期间，进行填埋或焚烧处置时，重金属和其他危害物质的排放又对环境造成不利影响，为了逐步提高包装废弃物的利用率，欧洲标准化委员会颁布了预先减少用量、重复使用、材料循环再生、能量回收利用、生物降解和堆肥等一系列协调标准，在技术上支持包装和包装废弃物的法规实施。这就要求包装用料要节约资源，减少废弃物量，用后易于回收、重复使用或再生为其他有用之才；其次是焚烧时可回收热能，不会产生毒害性气体，填埋时少占用土地并能自然降解等。如采用淀粉薄膜包装青椒，青椒的还原糖减少最少，可保持其外表新鲜，气体交换和呼吸代谢正常。在食品上使用纸类材料、可食性包装膜等材料，既无污染又能节省材料，值得大力推广与应用。

（三）园艺产品的包装设计

包装是现代产品的重要组成部分，是产品进入市场前的最后一道工序，也是产品经营活动的重要内容。通过包装可以保护商品、方便流通、宣传商品、塑造商品形象、增强产品美感来改变消费者的需求偏好，增加商品的销售量和市场占有份额，为产品创造更多的商机。随着园艺产品市场的不断发展，同类产品的差异性减少，品牌之间使用价值的同质性增大，任何一种产品都会有很多生产者共同地生产销售，产品使用价值的可识别性差异越来越模糊。如何通过有效的包装塑造产品形象，延长产品货架寿命，提升产品附加值，进行园艺产品的包装设计显得十分必要与可行。

1. 园艺产品包装设计的影响因素

包装作为一门综合性学科，具有商品和艺术相结合的双重性。成功的包装设计必须具备货架印象、可读性、外观图案商标印象、功能特点说明。包装设计是产品市场营销推广的重要组成部分，包装设计不仅展示产品的美观外表，更重要的是透过包装的视觉语言介绍产品的特色，引导人们的日常生活审美方式和价值取向，激发消费者的购买欲望，增加销量。园艺产品的包装设计，是打造同类产品在包装上的差异化，是提高园艺产品档次、开拓销售市场、提高经济效益的根本途径。

一般而言，包装设计时要考虑到对产品销售起影响的成本、包装外观、装配、环保、物流、防伪等相关因素。①成本是影响包装设计的首个因素，包装设计时要考虑到包装材料成本、运输成本、包装作业成本等综合成本对包装设计的影响。②环保是产品包装面临的一个现实问题，产品包装作为一次性的消耗品，其包装废弃物要考虑到环境的承受力，进行园艺产品包装时要有前瞻性，实现简洁包装，使用环保材料包装，符合环保的要求。③包装外观是产品的无声广告，通过包装外观可以展示产品的形象，引导消费者的购买，增加对产品的信任和认同感。④要方便装配，在包装设计时要考虑包装作业尽可能地机械化，减少包装环节，提高包装装配效率。⑤包装要有利于物流，包装设计时要考虑包装标准化，增加缓冲材料、防腐技术等特殊处理，保护产品，促进各个流通环节顺畅。⑥要兼顾防伪，包装防伪是产品防伪的重要途径，可通过提升包装质量，增加模仿难度，使用破坏性包装、防伪标签、电话或网络查询真伪等信息手段进行防伪。

2. 园艺产品包装设计的内容

包装设计作为人类智慧的结晶，广泛应用于生产、生活中。时至今日，包装已不仅仅停留于保护商品的层面，它还给人类带来了艺术与科技完美结合的视觉愉悦以及超值的心理享受。包装由标示产品信息的标签和包装容器两个部分构成，它是标签的载体和外在体现，在进行包装设计时要将产品的信息标签和包装容器融合起来，将产品带给消费者物质与精神的利益需求用文字与图像清晰地表达出来。

我国地区发展的差异化使得园艺产品包装差异较大，高、中、低档次的包装同时存在。引导着不同的消费者进行消费，所以对园艺产品的包装优化设计，具有很重要的现实意义。园艺产品包装的改进，必须在材料选择、包装设计上充分考虑园艺产品特性、销售市场特点、消费者心理等因素，使包装与产品完美地结合，提升产品的竞争力与附加值，达到促进销售的目的。一件成功的包装设计，除了能充分体现商品和艺术完美结合的理念，还应具备货架印象、可读性、外观图案、商标印象、功能特点说明等五要点，具体的园艺产品包装设计主要包含四方面内容。

(1)外形构图。外形就是商品包装展示面的外形，包括展示面的材质、大小、尺寸和形状。具体的包括造型与色彩两部分内容。①造型，包装设计外形造型要能准确地传达商品内容，要与所选的包装材料相符合，符合园艺产品的在包装上要满足保护性、安全性与方便性的基本要求。②色彩，色彩是突出和美化产品的重要因素，在包装设计中占据着重要的位置，色彩的运用与整个画面设计的构思、构图紧密相连。包装设计中的色彩要求醒目、对比强烈，有较强的吸引力和竞争力，以激发消费者的购买欲望，使产品品牌形象深入人心，发挥促进销售的作用。

构图是将商品包装展示面的商标、图形和文字组合排列成的完整画面，它们构成了包装设计的整体效果。商品包装设计构图要素中的商标、图形、文字和色彩运用得正确、适当、美观，就能得到优秀的设计作品。图形设计至关重要，图形主要指产品的形象及其辅助装饰形象等，作为设计的语言，图形要把产品形象的内在、外在构成要素展现出来，以视觉形象传达给消费者。商品的性能、商标、品名的含义等诸多因素都要准确地通过图形展示，实现图形设计与产品内容相统一，创造出反映时代精神、民族风貌的适用、经济、美观的包装作品。其次，文字是包装设计的重要组成部分，在商品包装上，可以没有图形，却不能没有文字。园艺产品包装上的文字设计本身就是一幅成功的画面，包装上的产品的品质、产地、使用方法、企业性质等文字介绍，必须作为包装整体设计的一部分来统筹考虑。

知识拓展

包装设计中文字艺术编排

包装设计中的文字内容应简明、真实、生动、易读、易记；字体设计应反映商品的特点、性质，具独特性，并具备良好的识别性和审美功能；外文字体的设计要注意销售对象和销售物品的特点，要懂得译入语的语言特征，熟悉译入语国家的文化，文字应简练，避免直译或字对字译。文字的编排和包装的整体设计风格应和谐。包装物上灵活多样的品名文字编排可提高包装的感染力和视觉效果，要认真地推敲，精心布置，注意主次、大名、生产单位、质量、型号、规格、用途、用法、特点、成分和广告语等内容。将图形排列成条形、弧形、半圆形的文字使包装图文并茂，赋予视觉趣味感，形成一种独特的风格，包装画面简洁而具有很强的视觉文字冲击力，在一些饮料、保健品和天然药材等包装上经常使用。对园艺产品的特定消费对象设计不同的字体以增强亲切感。如儿童用品采用活泼、有趣的字体；文化用品选择典雅细腻字体；保健品则应用轻柔秀丽的字体。不同形态的包装和表述内容的层次应设计不同的字体。扁形方盒包装一般在主要展示面安排反映品名、生产单位及质量的文字，而在侧面安排广告语，其余文字安排在背面。方形包装盒主要展示面有正反两面，一般品名安排在正面，背面安排说明文字，广告语安排在侧面。纯天然的园艺产品应在包装上显著标明。

(2)包装材料。包装材料的不同组合与配置，可以带来不同的视觉效果，给消费者以新奇、冰凉、质朴或豪华等不同的感觉，不同材料的表面变化或表面形状可以达到商品包装的最佳效果。无论是纸类材料、塑料材料、玻璃材料，还是金属材料、陶瓷材料、竹木材料以及其他复合材料，都有不同的质地肌理效果。材料要素是包装设计的重要环节，它直接关系到包装的整体功能和经济成本、生产加工方式及包装废弃物的回收处理等多方面的问题，恰当地选用包装材料，并妥善地加以组合，会给消费者带来不同的审美感受。

(3)文化个性元素。不同的地域有着不同的审美风俗，我国地域辽阔，城市与农村、沿海与内地以及各民族之间，审美观的差异性显著。因此，包装设计要想得到不同地域消费者的接受，就更应注意产品特性的表现。包装设计应充分发挥自己的民族特色，只有民族的才是世界的。我国是一个有着悠久历史的文明古国，有着深厚的民族文化底蕴，如果能充分发掘我国的民族文化遗产，必将大幅度推动我国包装设计的发展与进步。其次，不同年龄、不同阶层的顾客对包装的要求也有所不同。儿童多喜欢动物卡通和影视人物形象；年轻人普遍喜欢色彩鲜艳、时尚个性的包装；高收入阶层的人士喜欢款式讲究、色彩高雅的包装；老年人一般选购经济、安全、耐用的包装。所以，园艺产品的包装设计应根据消费对象的不同审美特点来设计相应风格的包装。要体现产品的个性或地方的文化特色，实现文化价值的认同与心动，树立良好形象，达到销售目的。

(四)园艺产品的包装策略

包装是构成园艺产品的重要组成部分，是实现园艺产品价值和使用价值的手段，是园艺产品生产与消费之间的桥梁，它和人们的生活密切相关。包装策略(tactics)是产品策略的重要组成部分，一个好的商品需要好的包装来与之配套。而一个好的包装不仅有赖于独特的设计，还要运用正确的策略方法，通常有以下几种包装策略可供选择。

(1)分类包装策略。分类包装策略是指企业的各种产品都有自己独特的包装。在设计上不同的产品采用不同的风格、不同的色调、不同的材料。这种包装策略的优点是不会因某一商品营销的失败而影响其他商品的市场信誉，缺点是包装设计、推广的费用比较高。

(2)类似包装策略。类似包装策略是指企业所生产的各种不同产品，在包装上采用相同的图案、近似的色彩或其他共同的特征，使顾客一看包装便知道生产者是谁。采用这一策略可以壮大企业声势，扩大影响，同时还可以节省包装材料及包装设计费用。但这一策略一般只适用信誉较高的企业和同一品质的产品。

(3)多用途包装策略。多用途包装策略是指原来包装的商品使用完后，包装物可以移作他用，以此给消费者额外的利益。这种策略一方面可以刺激消费者的购买欲望，使消费者得到多种满足；另一方面印有品牌、商品的包装物，能够发挥广告的作用，增加重复购买的可能性。采用此策略时，必须特别注意研究时尚、风俗和消费者的心理需求。

(4)组合包装策略。组合包装策略是指按消费者的购买和使用习惯，将多种相关的商品组合包装在同一包装物中。这种包装便于顾客配套购买商品，增加销售。如园艺产品中的蔬菜、水果和各种小杂粮、小食品比较适合采用此包装策略。但是采用这种包装策略时不能把毫不相干的产品搭配在一起。

(5)更新包装策略。更新包装策略是指为了克服现有包装的缺点，或为了吸引新的顾客而改变原来包装的策略。更新包装可等于产品创新。但是产品质量是营销的基础，如果产品质量欠佳，即便改变包装也无济于事，另外，更新包装应事先通知中间商和顾客，以免引起误会。

(6)附带赠品包装策略。附带赠品包装策略指在商品包装物上或包装物内，附带奖券或实物，目的是引起重复购买，扩大销售。如伊利牛奶包装上附有兑奖券就属于这种策略，附带赠品包装策略是流行于西方国家的一种重要包装策略，其实质是一种让利行为，因此，很受中低收入者的欢迎。因为采用这一策略要拿出一定的奖金，应量力而行，还要考虑法律法规的限制。

(五)发展园艺产品包装的对策

园艺产品的包装设计是产品价值提升的有效手段，加快园艺产品包装设计改进的步伐刻不容缓。

首先，要加快技术创新。现代科技的飞速发展和产品技术含量的增加对传统包装产品构成威胁，同时，人们消费观念的变化对包装产品使用价值也提出了进一步的挑战。如我国粮食大量采用塑料编织袋包装，这种包装塑料主要成分是一种高分子聚合材料，虽然强度高、成本低、耐腐蚀，但对人体有害，包装玉米等原粮问题不大，而包装大米、面粉等直接入口的粮食则存在一定风险。同时，塑料编织袋透气性差，粮食易变性，不宜长时间贮存。包装技术落后仍然是困扰园艺产品包装的重要问题。要普及园艺产品的包装技术，利用科技力量提高园艺产品的包装技术，让园艺产品包装远离落后局面，让包装后的园艺产品为农民创造更多收益。

其次，要采用分级包装。分级包装是指对一种商品根据不同层次的消费者采用不同形式的包装，满足不同层次消费者的购买需求。消费者层次主要以购买水平和购买心理而定。消费者购买产品的动机不尽相同，有的消费者将购来的物品用于自己消费，对于商品包装看得并不重要，因此对这些消费者包装要尽可能简化。而有的消费者购物的目的则是作为礼品馈赠亲朋好友，这些消费者十分注重商品的包装。因此，针对不同消费者对商品包装的要求不同，分级包装更能促进商品的销售。

再次，要美化艺术包装。艺术包装是指切合消费者的消费需求，强调包装的美化装饰功能，以新、奇、美的形式给消费者以强烈的视觉刺激，产生心理上的美感，促使潜在购买变成现实的购买行为。尽管消费者评判商品优劣的根本标准是商品本身的质量，但包装作为商品的外观，以第一印象进入消费者的视觉，的确影响着消费者对商品的取舍。消费者一般会通过熟悉、记忆，引发联想，产生感情定势，建立消费信心这一过程，作为长久性或习惯性购买的重要依据。所以，要满足消费者的审美情趣和情感消费需求，强化包装的美化装饰功能，是包装设计不懈追求和努力实现的目标。

最后，要发展绿色包装。所谓绿色包装就是在包装设计中，考虑维持生态平衡，保护自然环境，有益于人类健康，利于可持续发展的包装。绿色包装为我国企业同国际标准接轨、创造绿色品牌提供了有利条件。园艺产品企业要注重选择和设计包装材料，在满足包装功能的前提下，尽量减少包装物对环境的污染，包装设计中突出绿色发展理念，图案内容健康简洁，对产品质量、环保标志、使用方法明确标注，并尽可能说明包装废弃物回收处理方法。

任务2 园艺产品的价格营销

情境案例

“蒜你狠”开溜！今年大蒜惨了

2018 年 6 月新蒜上市后，大蒜价格行情究竟又会如何？我们回过头来看看 2016 年大蒜价格为啥暴涨，而到了 2017 年为啥又会突然间“断崖式”地下跌。

2016 年 1 月开始，大蒜价格开始上涨，到了 3 月、4 月，平均批发价格已经突破了 10 元/千克，同比 2015 年 5 月翻了 1 倍，市场零售价格达到 18 元/千克左右，部分地区突破 20 元/千克。仿佛又回到了 2010 年“老虎发威”“蒜你狠”的年代。

2013—2015 年大蒜连续多年的价格低迷，打击农民种植大蒜的信心，全国大蒜种植面积低于 600 万亩，市场供应明显不足。据统计，2015 年全国收获大蒜 550 万亩，同比下降 13%，比 2010 年 680 万亩还要少 19.1%。全国总产量 660 万吨，同比下降 5%。在许多大蒜的主要种植区，2015 年由于出现寒潮低温天气，大蒜大量减产，平均减产 10%。山东泰安地区 10 万亩大蒜苗冻伤，部分地方死苗严重，死苗率达到了 50% 以上。由此可见，种植面积下降、供应量不足，仍然是 2016 年大蒜价格暴涨的根本原因。而极端恶劣天气的出现、游资的加入、大蒜存储商的抢购、蒜农的惜售等各种因素共同发力，共同促成了2016年全国大蒜价格的暴涨。

2016年我国大蒜暴涨持续了数月，偏高的价格令广大蒜农、经销商异常兴奋。受2016年大蒜价格暴涨的刺激，各地蒜农纷纷扩大种植面积，是年秋，全国大蒜种植面积突破800万亩，增幅超过20%。2017年春季全国大部分农区气温偏高，光照正常，墒情适宜，大蒜单产水平明显提高。受2016年贮存大蒜利润丰厚的影响，2017年冷库经销商收购贮存大蒜积极性高涨。山东主产区库存同比大增50%，北京新发地大蒜批销商2016年收储200万吨，2017年则超过300万吨。2017新蒜陆续上市后，价格突然呈"断崖式"下跌。5月1日还是19元/千克，到6月1日就成了4.7元/千克，一个月内暴跌了75.26%。据统计2017年6月初至年底，全国大蒜均价为每千克3.5～5元，进入2018年，价格还在持续走低，每千克降至2～4元。蒜价的陡然跌落，令经销商不知所措，更让广大蒜农叫苦不迭。市场供给突然大幅增加，导致供大于求，价格的断崖式下跌便成为自然。

【引出问题】大蒜的价格巨幅波动的原因是什么？它遵循了什么理论？

【生成任务】根据该案例，运用价格策略开展园艺产品营销。

美国营销业有一谚语，"世上没有减价两分钱不能抵消的品牌忠诚"，足以说明产品价格在市场经济中的重要影响力。诚然，低价格能给消费者带来实惠，给经营者带来销量，但缺少经营者最想要的合理利润，低价不符合经营者的目标。要想经营的园艺产品既能击败竞争对手，又能赢得客户，就要充分发挥价格的利器，从定价开始，掌握巧妙定价的决策，掌握行之有效的定价方法与技巧，根据市场需求，灵活地进行园艺产品价格调整，使自己在激烈的市场竞争中立于不败之地。园艺产品价格制定得恰当，会促进园艺产品的销售，提高园艺产品生产经营者的盈利，反之，会制约需求，降低收益。所以，无论你的品牌多么受人欢迎，也要研究价格策略。定价在整个营销策划方案中占据着十分重要的位置。

一、园艺产品价格的变动特点

第一，园艺产品价格波动幅度大。我国园艺产品的小农生产模式，典型的小生产大市场格局，无法准确预测市场供求变化，缺少整体的生产安排，生产总是滞后于市场供需，园艺产品价格经常出现"蒜你狠、姜你军、豆你玩、苹什么、辣翻天、白菜亡、萝卜坑"等疯狂现象，上上下下"过山车式"的园艺产品价格，让多少经营者欲哭无泪。

第二，园艺产品价格季节性波动明显。例如，草莓生长在春天，桃盛产在夏天，苹果到秋天才上市。人们的消费却是常年性的，所以在刚刚上市或在供应淡季时价格较高，到了大量上市或供应旺季时价格就会降低，园艺产品的价格随季节、生产的时期不同而周期性地循环变动。

第三，园艺产品价格地区差异大。有些园艺产品只能在特定地区生产，如铁棍山药，按照国家标准《地理标志产品怀山药(GB/T 20351—2006)》，属于受国家保护的原产地产品，只有在河南省焦作温县地区生产的才叫铁棍山药，其他地区种植的山药均为非铁棍山药。同一园艺产品因不同的生产地区价格差异巨大。

第四，重大节日的周期性需求规律。我国的重大节日对园艺产品的需求量影响较大，如春节、国庆等，访亲探友、朋友聚会或重大的活动等，使园艺产品的需求倍增，供应量是平时的数倍，而节后需求量骤减，导致价格出现明显的变动，特别是春节前的园艺产品，价格随时都在变动。

第五，受经济周期变动的影响明显。在经济高速发展时期，就业率和收入快速提高，增加了对园艺产品的需求，特别是对特色、健康、生态的园艺产品的需求，刺激了园艺产品价格的上升；反之，经济发展速度降低后，就业率和收入增长放缓，抑制了人们的消费，对园艺产品的需求也随之减弱，从而引起园艺产品价格下降。

知识拓展

科学合理对园艺产品的定价意义

我们要保持园艺产品价格的合理稳定，要从园艺产品价格的制定着手，站在战略的高度来重视，俯瞰全局、立意高远，这样定能在行业竞争中获得先手，占据博弈先机，有力地挫败对手，在复杂恶劣、残酷无情的市场角逐中立于不败之地。科学合理地对园艺产品进行定价，在营销中具有十分重要的现实意义。

第一，是战胜对手的法宝。兵法云“知己知彼，百战不殆”，了解并捕捉到竞争对手尽可能详尽的信息，分析不同对手的报价风格和报价规律，据此制定出有竞争优势的出价，在价格战上战胜对手。

第二，实现利润的最大化。利用高价格策略对新产品、朝阳产品能够迅速收回投资，实现利润的最大化。

第三，减少矛盾，规避渠道冲突。针对区域里的各主要代理商共同代理同一项目的碰单现象，要保持高度警惕，细心分析市场的反馈信息，果断地给予各主体合理的价格指导，规避潜在的冲突，共同为企业争取更多的订单。

第四，促进企业的可持续发展。通过薄利多销，通过折扣价、批量价、促销价等细水长流、不贪短期利益的方式，让客户感觉到受重视、得实惠，使其内心底层培养起对企业产品和服务的信赖感和忠诚度，从而稳定住老客户，守住已有市场。

产品价格的本质是对产品自身和产品服务的价值认定，是产品价值信息的外在体现，包含成本、利润和税金三个部分。这里的成本是广义的成本，主要包括企业生产环节中的直接材料费、水电费、人工费、管理费，以及生产经营环节的销售费、服务费、财务费等，过高或过低的价格都会变相地扭曲产品的信息，会给消费者传递错误的信息，从而影响到产品的销售。除此之外，市场的供求状况、竞争程度、顾客的购买动机、国家政策、政府或行业组织干预程序、企业或产品的形象、产品的分销渠道、促销手段以及企业本身的规模、财务状况等多种因素都在影响着产品的定价。产品定价是一个极其复杂的过程，每个企业都会采取不同的定价方法，也只是得到产品的基本价格。进一步讲，企业还需根据具体的市场环境、产品条件、市场供求、企业目标等灵活地运用适当的定价的策略和技巧，制定最终的销售价格，以期能达到扩大销售、增加企业利润的目的。

二、园艺产品的定价目标

园艺产品定价目标是园艺产品生产经营目的的具体化和数量化，它是确定定价策略和定价方法的重要依据，是产品定价的基础，有什么样的定价目标，就会有什么样的产品价格。园艺产品的定价目标主要有以下几种。

(1)维持或提高市场占有率为定价目标。市场占有率是营销者生产经营状况和产品竞争力状况在市场上的综合反应，维持或提高市场占有率通常是营销者普遍采用的定价目标。为了维持或提高市场占有率，需要生产经营者在较长时间内维持较低的价格，应付竞争对手的进攻，保持其园艺产品的销售量和销售额稳步增长。一般在市场需求对园艺产品价格有较大弹性，单位产品达到规模效应，或低价阻止现有或潜在竞争对手进入时采用该定价目标。

(2)以追求利润最大化为定价目标。利润最大化是指生产经营者在一定时期内可能获得的最高利润总额。许多经营者喜欢制定高价来快速取得市场利润，但这应该是在经营者推出新产品的时候，而且应该是一个让消费者感到物有所值的价格。当市场竞争激烈，产品销量下降时，应该及时降低产品价格以吸引更多的消费者，薄利多销使盈利总额增加。这种从静态的角度给产品定价，忽视了影响价格的其他因素，这是在市场竞争中处于有利地位时的定价目标。

(3)以稳定价格为定价目标。在市场竞争和园艺产品供求关系比较正常的情况下，为了避免不必要的价格竞争，保持生产的稳定，常常采用以稳定价格为目标的定价策略，这类经营者一般在本行业中占有举足轻重的地位，左右着市场价格，其他经营者往往采取跟随策略。

(4)以适应竞争为定价目标。在市场竞争中，经营者给自己的产品制定价格时，相比竞争对手的价格一般都无外乎采用高于、低于或等同于竞争对手的价格策略。究竟采用哪一种价格，往往取决于经营者的条件。当经营者实力较弱时，应该制定跟随竞争对手的价格；如果经营者实力较强、具有明显的竞争优势时，宜制定低于或高于竞争对手的价格。

(5)以维持生存为定价目标。采用这一定价目标，通常是经营者处于不利的市场环境中而实行的一种缓兵之计，作为短期目标。经营者会通过降低价格来保持一定的销售量，只要产品价格能弥补变动成本和部分固定成本，经营者就可以维持生存。一旦市场环境好转，它将被其他目标所取代。

(6)以树立产品形象为定价目标。产品在消费者心目中的品牌形象是生产经营者的无形资产，运用多种营销策略，使价格水平与消费者对价格预期彼此相符，如绿色食品、保健食品等优质园艺产品，实行较高价格，树立高品质的市场形象。以此为定价目标可收到意想不到的效果。

三、园艺产品的定价方法

园艺产品经营者往往需要根据不同的情况、不同的定价目标，采取不同的定价方法。

(1)成本导向定价法。成本导向定价法是以产品单位成本为基本依据，再加上预期利润来确定价格的方法，一般有售价加成、成本加成、变动成本加成、目标定价及盈亏平衡定价法。它们的定价优点是比较简单的定价法，简单易用，在考虑生产者合理利润的前提下，当顾客需求量大时，价格显得更公道些。其缺点是不考虑市场价格、需求变动以及市场的竞争问题，不利于园艺产品经营者降低产品成本，提升竞争能力。

(2)需求导向定价法。需求导向定价法是依据消费者对园艺产品价值的理解和需求差别来制定价格的方法。如相同的园艺产品因消费者需求和认识的差别，可以采用不同的价格。在产品供过于求时，园艺产品经营者运用需求导向法定价，效果会更好。这种定价方法以销售地点、销售时间、产品质量、销售方式等发生变化所产生的需求差异为定价依据，对同一产品，根据不同的需求制定不同的价格。主要根据地区差异、季节差异、质量差异、购销差异、批零差异等因素进行定价。采用该种定价方法，要事先搞好市场细分，在需求差异明显的细分市场上进行，防止"转手倒卖"。实施差异定价要有充足的理由，避免引起顾客的反感。同时要控制成本开支，否则得不偿失。

(3)竞争导向定价法。在竞争激烈的市场上，园艺产品经营者通过研究竞争对手的生产条件、服务状况、价格水平等因素，依据自身的竞争实力，参考成本和供求状况来确定园艺产品价格。园艺产品竞争导向定价的形式主要是随行就市定价法。随行就市定价法用于质量差异不大、竞争激烈的产品，或者成本不易测算、市场需求和竞争对手反应难以预料的产品。随行就市定价法可以使自己获得平均利润，同时避免挑起激烈的价格战，造成两败俱伤，它最大的优势是容易被消费者所接受，是同质的园艺产品定价惯用技法。其主要是根据生产季节、货源供应情况及产品质量等随行就市定价。生产旺季，价格就低一些；有时一天中的价格也不一样，特别是新鲜蔬菜和水果，早晨一般价格较高一些，到下午蔬菜的新鲜度下降，价格就会相对低一些。

案例链接

看不懂的土豆价格

风调雨顺的日子农民本应觉得开心，可是翔安区新店镇的土豆种植户们却笑不出来。因为供大于求，今年土豆的收购价格比去年降了一大半，最低每斤只有两毛，而且还得求小贩来收。

幸运卖了高价的农户，感觉像中了彩票。在新店镇吕塘社区董水村，一个土豆种植户正雇佣10多个女村民，把刚从地里刨出来的土豆，装袋后卖给一个小贩。

"这是扁薯，在土豆中品质算非常好的，是专门用来炒土豆丝的，比做薯条的那些土豆要好。"种植户董先生向记者介绍。"我运气算比较好的，卖了个好价钱。"董先生得意地说，他是在三个月前就跟小贩约好了价格，一斤卖1.6元，维持了去年的价格，否则如果放到现在再卖，价格肯定要掉一半，还不一定卖得出去。"真感觉今年种土豆跟买彩票似的。"董先生打趣道。

价格降得厉害，约好的商贩也反悔，并不是每个村民都像董先生那么幸运。在董先生家隔壁，一个女村民正在为自己地里的土豆犯愁，她说："我们去找小贩来收，他们却说'过几天，过几天'，可是最后都不来。"该村民无奈地说，眼看土豆的叶子都快枯死了，再不刨出来卖就会全烂掉，她只好以每斤两毛的超低价格求隔壁村一个小贩来收。对方答应了，但也只收了一部分，到现在家里还有一亩多的土豆没卖出去。

据介绍，种植一亩土豆的成本在3 000多元，每亩土豆的产量大约在5 000斤，如果收购价格能维持在七八毛左右，村民还是能保本的。现在收购价只有两毛钱，村民就要亏本了。

据悉，由于今年土豆价格下降厉害，即使之前小贩跟种植户约了价格，但是很多都反悔了。因为按以前的价格收，小贩肯定也会亏钱，所以对方即使背上违约的骂名或责任，也不愿意来收。

面对今年的土豆滞销一事，一向乐观的大宅社区书记陈金发也露出一些难色，他告诉记者，这阶段他们通过合作社的名义，去帮土豆种植户跑了南昌、武汉等几个大的土豆收购基地，但也只帮他们卖出了一小部分，且价格就在八九毛左右。

“实在没办法啊，今年严重供大于求。”陈金发说，不仅是土豆，胡萝卜同样存在这个情况。根据他的经验，土豆和胡萝卜这种农产品的价格是跟水叶菜成反比的，由于这阶段水叶菜便宜，所以市民会趋于购买水叶菜，而不会选择土豆或胡萝卜，后者的价格自然上不去。让陈金发最为担忧的是，这几天温度回升了，如果再碰到下雨天，土豆就会腐烂，村民想卖也卖不出去了。

（节选自：戴舒静．再销不出就要烂在地里，翔安土贱卖一斤两毛没人收．厦门晚报，2015-03-17．）

四、园艺产品的定价策略

随着市场竞争日益激烈，价格营销在企业经营中的地位越来越突出。通过定价方法，企业依据成本、需求和竞争情况综合制定了产品的基本价格，不过在实际制定价格的过程中，还会受到心理、社会、文化等多种因素的影响，所以在对商品制定价格时要根据市场行情，及消费者对不同价格的心理反应，及时对这个基本价格进行修正，以便确定一个灵活机动的价格。

（一）竞争定价策略

这是一种主动竞争的报价方式，是企业通过主动收集竞争对手信息，然后再结合企业营销战略和目标，以此来制定出可能高于或低于这一水平的价格。之后还要不断跟踪竞争产品价格的变化，及时分析原因，合理调整本企业的出价。

这种报价模式运用于两种环境：一种是大宗商品的投标报价模式环境，通过投标竞价以接近对手的出价击垮实力相近的对手，中标得利。或者以低于竞争对手的出价直接中标。最后要不击败对手，中标得利，要不不中标，但也给对手威慑力，使其震撼。另一种是日常竞价的报价模式环境。这种竞争性的定价往往是在新的产品上运用较多，新产品与其他产品相比，可能具有竞争程度低、技术领先的优点，但同时也会有不被消费者认同和产品成本高的缺点，因此在为新产品定价时，既要考虑能尽快收回投资，获得利润，又要有利于消费者接受新产品。实际中一般有两种定价策略：

一是撇脂定价。通过销售初期消费者的求新心理和市场上缺少竞争对手的情况来制定高价从而有利于提高商品声望，使利润最大化，迅速收回成本，同时也会使消费者对产品产生优质、新颖的印象。美中不足的是高价格、高利润会引起竞争对手的强烈关注,吸引大量竞争对手参与竞争,影响本企业的地位和利润。因此,撇脂价格是一种短期价格策略,如提前上市的果蔬产品的高价格就是采用的这种撇脂定价,它适合于市场需求量大且需求价格弹性小,顾客愿意为获得产品价值而支付高价的细分市场。

二是渗透定价。它正好与撇脂定价相反,是在新品投放市场时,以低价吸引消费者,提高市场占有率。渗透定价有利于迅速打开产品销路,抢先占领市场,扩大品牌的知名度,同时低价也能有效阻止竞争对手的加入,保持市场优势。美中不足的是今后提价会失去很多顾客,比较适合于产品需求价格弹性较大、企业生产经营的规模经济效益明显,低价可以增加销量,通过薄利多销获取利润。

(二)心理定价策略

心理定价是根据消费者不同的消费心理而灵活定价,以满足不同类型消费者需求的策略。它是长期以来市场较量的结果,往往被人们主观地认识为是合理的,易为消费者接受并能保证企业收益。心理定价一般包括声望定价、尾数定价、习惯定价、最小单位定价、招徕定价。

(1)声望定价。声望定价指利用消费者仰慕名牌的心理而制定大大高于其他同类产品的价格。如现在高端的健康养生保健的果蔬品,有地方特色的优质园艺产品,价格高于一般的产品数倍。消费者在购买这些产品时,特别关注其品牌、标价所体现出的炫耀价值,目的是通过消费获得极大的心理满足与面子需求,这有助于提高商品形象,缺点是适用面有限,面向大众的生活日用品不应采取此种策略。

(2)尾数定价。尾数定价一般分为两种情况:一是零头定价法。对日常用品,消费者乐于接受带有零头或整数的价格,“零头定价法”给人经过精确计算、定价准确的印象,如 4.99 元就比 5 元看起来更准确便宜,并且奇数比偶数更好。这种尾数价格往往能使消费者产生一种似乎便宜、且定价精确的感觉。二是整数定价,对价格较高的产品,如耐用品、礼品或服装等消费者不太容易把握质量的产品,整数定价会抬高产品身价,达到扩大销售的目的。对价格特别高或特别低的商品则宜采用方便性整数定价。为了显示自己地位或品位,通过采取整数定价,如 1 000 元、9 000 元等价格,更能赋予商品高贵形象,有利于提高商品地位。

(3)招徕定价。零售商常利用消费者贪图便宜的心理,特意将某几种产品的价格定得较低以招徕顾客,或者利用节假日和换季时机举行大甩卖、限时抢购等活动,把部分商品打折出售,目的是吸引顾客,促进全部产品的销售。超市和百货商店常利用这种心理,通过节假日有意把消费者熟悉的几种商品价格定低,以吸引顾客光顾及购物。

(4)习惯性定价。有些商品如牛奶,消费者在长期的消费中,已在头脑中形成了一个参考价格水准,个别企业难以改变。如果企业定价低于该水准易引起消费者对品质的怀疑,高于该水准则可能受到消费者的抵制。企业定价时要迎合消费者的这种习惯心理进行产品定价。

(5)分级定价。根据商品的品质或级别的不同,把其分成若干个级别,按不同级别制定不同档次的价格。如木耳按质量分成一级与二级,并给予不同的分档价格,既简化管理、易于上货,又便于消费者选购。当然,商品的分级数不宜过多或过少,档次的价格差价也应适宜,否则会导致一部分寻求中间价格的消费者改从其他商店去购买。分级定价可以满足不同消费层次的顾客需求,扩大产品的销售量。

(三)折扣定价策略

折扣定价是在超级市场中可以通过牺牲某种产品的销售利润,甚至以低于成本的价格进行促销,让消费者明显感觉到该产品价格明显低于周边市场,选购有利可图,踊跃前往购买。园艺产品的折扣定价常在节假日或每天的收市前进行,为了鼓励顾客大量购买或早付清货款,增加淡季销售量,常常在价格或数量上需酌情给顾客一定的优惠,这种调整叫作折扣定价。折扣定价有多种形式。

(1)数量折扣,是企业给那些大量购买某种产品的顾客的一种折扣,以鼓励顾客购买更多的货物。大量购买能使企业降低生产、销售等环节的成本费用,如买三送一等。

(2)季节折扣,是企业鼓励顾客淡季购买的一种减让,以使企业的生产和销售一年四季能保持相对稳定。

(3)现金折扣,是企业对现金交易的顾客或对及早付清货款的顾客给予一定的价格折扣。许多情况下采用此定价法可以加速资金周转,减少收账费用和坏账,如八折销售或七折销售等。

(4)推广津贴,是为扩大产品销路,生产企业向中间商提供的促销津贴。如零售商为企业产品刊登广告或设立橱窗,生产企业除负担部分广告费外,还在产品价格上给予一定优惠。

(5)功能折扣,也叫贸易折扣,是制造商给予渠道中间商的一种额外折扣,使中间商可以获得低于目录价格的价格。

(6)价格折让,又称以旧换新,是另一种类型的价目表价格的减价。如顾客可以凭旧货折算成多少现金,来抵扣购买新产品时的部分价款。

(四)地区定价策略

通常一个企业的产品不仅在本地销售,同时还要销往其他地区,而产品从产地运到销地要花费一定的运输、仓储等费用。那么应如何合理分摊这些费用,是分别制定不同的价格,还是采用相同的价格?地区定价具体有如下五种方法。

(1)分区定价。企业把销售市场划分为远近不同的区域,各区域因运距差异而实行不同的价格,同区域内实行统一价格。分区定价类似于邮政包裹、长途电话的收费。可以较为简便地协调不同地理位置用户的运费负担问题。

(2)产地定价。以产地价格或出厂价格为交货价格,运杂费和运输风险全部由买方承担。这种做法适用于销路好、市场紧俏的商品,不利于吸引路途较远的顾客。

(3)统一交货价。也称邮票定价法。企业对不同地区的顾客实行统一的价格,即按出厂价加平均运费制定统一交货价。这种方法简便易行,但实际上是由近处的顾客承担了部分远方顾客的运费,对近处的顾客不利,而比较受远方顾客的欢迎。

(4)津贴运费定价。指由企业承担部分或全部运输费用的定价策略。当市场竞争激烈,或企业急于打开新的市场时常采取这种做法。

(5)基点定价。企业在产品销售的地理范围内选择某些城市作为定价基点,然后按照出厂价加上基点城市到顾客所在地的运费来定价。这种情况下,运杂费用等是以各基点城市为界由买卖双方分担的。该策略适用于体积大、运费占成本比重较高,销售范围广、需求弹性小的产品。

知识拓展

园艺产品生命周期各阶段的价格策略

产品生命周期理论是美国哈佛大学教授雷蒙德·弗农(Raymond Vernon)1966年在其《产品周期中的国际投资与国际贸易》一文中首次提出的。产品生命周期是产品的市场寿命,即一种新产品从开始进入市场到被市场淘汰的整个过程。典型的产品生命周期一般可以分成四个阶段,即介绍期(或导入期)、成长期、成熟期和衰退期。

价格策略是产品市场寿命周期各阶段的营销战略的重要组成部分,企业能否打开销路,能否为消费者所接受,能否实现预期利润,与在产品市场寿命周期各阶段应采取不同的价格策略有关。

一、导入期的价格策略

产品的导入期,一般是指新产品试制成功到进入市场试销的阶段。在产品导入期,由于消费者对产品十分陌生,企业必须通过各种促销手段把产品引入市场,力争提高新产品的市场知名度;另一方面,导入期的生产成本和销售成本相对较高,是企业在给新产品定价时不得不考虑的因素,所以在导入期,企业营销的重点主要集中在价格策略方面,一般有四种可供选择的价格策略。

(1)高价快速策略。这种策略的形式是:产品采用高定价策略,同时在市场上配合大量的宣传推销活动,把新产品推入市场。其目的在于主动高调抢先占领市场,并希望在市场竞争还没有形成之前就能收回成本,获得利润。

(2)选择渗透战略。这种战略的形式是:产品采用高定价策略,同时在市场上只用很少的宣传促销努力。其目的在于渗透性占领市场,高价格的目的在于能够及时收回投资,获取利润;少宣传促销的方法可以减少销售成本。

(3)低价快速策略。这种策略的方法是:产品采用低定价策略,同时在市场上配合大量的宣传推销活动。其特点是可以使产品迅速进入市场,有效地限制竞争对手的出现,为企业带来巨大的市场占有率。

(4)缓慢渗透策略。这种策略的方法是:产品采用低定价策略,同时在市场上不做大的宣传促销努力。低价格有助于市场快速地接受该产品;少宣传促销又能使企业减少销售费用,以弥补低价格造成的低利润。

二、成长期的价格策略

当产品进入导入期,销售取得成功之后,便进入了成长期。成长期是指产品通过试销效果良好,购买者逐渐接受该产品,产品在市场上站住脚并且打开了销路。这是需求增长阶段,需求量和销售额迅速上升。生产成本大幅度下降,利润迅速增长。在此情况下,竞争对手也会纷至沓来,威胁企业的市场地位。因此,在成长期,企业的营销重点应该放在保持并提高市场占有率和销售额的方面,一般有三种可供选择的价格战略。

(1)企业在市场占有率和销售额方面增长较快,开工率充足,此时应保持产品价格稳定。

(2)企业在市场占有率和销售额方面增长稳定,开工率较充足,此时可适当降低产品价格,继续提高市场占有率和销售额。

(3)企业在市场占有率和销售额方面出现负增长,开工率不充足,如果此时产品质量稳定、服务保障等方面没有问题,可根据主要竞争对手情况及时降低产品价格,以增加竞争力,迅速恢复提升市场占有率和销售额。

三、成熟期的价格策略

商品的成熟期是指商品进入大批量生产,市场供需基本平衡,市场上处于激烈竞争的阶段。通常这一阶段比前两个阶段持续的时间更长,市场上大多数商品均处在该阶段,在成熟期中,一般有两种可供选择的价格战略。

(1)主动的价格策略,是指企业继续追求提高市场占有率和销售额为营销重点,主动降价。此策略是主动出击,掌握市场主动权。同时加剧行业市场竞争,可能缩短产品的成熟期。

(2)稳定的价格策略,是指企业继续保持现有市场占有率和销售额为营销重点,稳定价格。此策略是在一定的时间内保持价格稳定,企业能获得稳定的利润,可能延长产品的成熟期。

四、衰退期的价格战略

衰退期是指产品逐渐老化,市场供大于求,进入产品更新换代的时期。当产品进入衰退期时,企业不能简单地一弃了之,也不应该恋恋不舍,一味地维持原有的生产和销售规模。企业必须研究其在市场上的真实地位,然后决定如何经营下去,还是就此放弃经营。如果企业选择了继续经营下去,一般有两种可供选择的价格策略。

(1)维持价格策略。是指企业在目标市场、销售渠道等方面维持现状。在产品质量、售后服务等方面满足顾客需求,应加强与主要竞争对手的合作,保持市场产品价格稳定,可能延长产品的衰退期。

(2)主动价格策略。在衰退期很难长时间保持价格不变,由于市场需求逐年减少,企业销售额也逐年降低,从而造成市场上严重供大于求,这时期有些企业不愿意让市场占有率和销售额降低,会主动降价来维持其市场占有率和销售额,此时的主动降价只能带来销量短时的上升,损害的是企业长期的利益。一味地主动降价最终造成市场恶性竞争,相关企业无利润甚至亏损,可能加快结束产品的衰退期。

企业要正确判断出产品市场处在生命周期的阶段,根据不同阶段采取正确的价格策略,否则就有可能造成价格战,价格战是最低级的竞争,恶性的价格战不仅会损害到企业甚至是整个行业的利益,最终损害的还是消费者利益,因价格战导致企业利润减少甚至亏损,产品质量和服务就无法保证。所以企业应根据产品采取正确的价格策略,并且在一定时间内保持稳定,要在产品质量、售后服务、品牌等方面下功夫。

五、园艺产品的营销价格调整

园艺企业为某种产品制定出价格以后，并不意味着大功告成。随着市场营销环境的变化，产品价格的剧烈波动，使得企业随时对现行的市场价格予以适当调整。当企业自身产品或成本具有优势，将价格作为竞争的利器，内部主动发起价格调整，称为主动调价；当企业出于应付竞争的需要，针对竞争对手主动调价，而不得不被动地相应调整价格，称为被动调价。一般来说价格调整有减价及提价两种策略。

（一）对价格调整的反应

企业产品价格的变动最主要的是对消费者与竞争对手的影响。一般价格的变动在不同的市场会有不同的市场反应。

在同质产品市场上，消费者又很熟悉市场，那竞争对手的反应就很重要。如果竞争对手降价，其他企业也必须降价，否则消费者会购买竞争对手的产品。如果某企业提价，其他企业不一定随之提价，最先发动提价的企业也不得不取消提价。企业适应竞争对手价格变动的最佳反应，要视具体情况而定。如果竞争对手的目标是提高市场占有率，它就可能随着本企业产品价格的变动而调整价格。如果竞争对手的目标是获取最大利润，它就可能采取其他如增加广告预算、加强广告宣传或提高产品质量等策略。受到进攻的企业要考虑自己的优势，竞争对手的价格和质量，竞争对手的意图和资源，市场对价格的敏感性，其产品在整个生命周期中所处的阶段，成本费用随销售量和产品的变化情况以及企业的其他机会等，从而将价格定在一个合适的、对竞争对手有竞争力的水平。面对竞争对手已发动的变价战，企业要花很多时间去研究最佳反应方案是不可能的，必须在几天甚至几小时内明确果断地做出反应。缩短这种价格反应决策时间的有效途径，是事先预测竞争对手价格变动，准备好恰当的对策。总之，企业在发动价格调整时，必须善于利用各种信息来源，掌握竞争对手的心理反应，以便及时采取适当对策。

而在异质产品市场上，企业对竞争对手价格变动的反应有更多的自由。在这种市场上，消费者选择卖主时，不仅要考虑产品价格高低，而且还要考虑产品的质量、服务、可靠性等因素，因而他们对于较小的价格差异并不介意。消费者对调价的反应，主要看消费者的价格意识，即指消费者对商品价格高低敏感性的强弱程度。一般而言，价格意识和收入呈负相关关系，即收入越低、价格意识越强，收入越高、价格意识越弱，价格调整一般对需求不会产生较大影响。除此之外，消费者对那些经常要买而花费又大的产品的价格变动较敏感，对花钱少、不经常购买的小商品，价格较高也影响不大。最后，消费者还会考虑取得、使用和维修产品的总费用。当某种产品这方面的总费用低于产品价格的变动，即使价格比竞争对手高，对销路的影响也不大。可见，当价格变动在消费者可接受的价格意识范围内，则对消费者的影响不大，如提价幅度超过可接受的价格水平，则会引起消费者不满，产生抵触情绪，不愿购买企业产品，降价幅度低于下限，有时也会导致消费者产生种种疑虑，会对实际购买行为产生抑制作用。

(二)影响园艺产品价格调整的因素

一般园艺产品价格受众多因素的影响,园艺产品的价格调整具有常态性,其价格变动的原因及对策见表 4-2。

表 4-2 园艺产品价格变动的原因及对策

调价	原因	对策
提价	通货膨胀 物价上涨 成本费用增加 产品供不应求	在合同上规定调整价格条款 缩减服务项目 减少价格折扣 取消利润微薄的产品项目 向消费者说明情况 帮助大宗顾客降低提价的影响 增加高价项目 控制提价幅度
降价	生产能力过剩,供过于求 竞争激励,市场占有率下降 成本费用比竞争对手低 市场扩张 通货紧缩	适应市场需求,实行灵活定价 控制降价频率,不宜频繁降价 通过降价提高市场占有率 淡季降价比旺季降价有利 销量下降时,不宜采取降价

(三)降价

1. 降价的方式

产品降价,可以扩大销售,增强竞争能力,促使经营者加强管理。一般来说,除产品滞销、陈旧变质等原因外,经营者要降价销售的基础是要降低产品的成本,增加总收入。同时也要防止消费者对降价产生不利于企业的猜测或误解,为此,经营者在加强管理,降低消耗,提高劳动生产率的同时,在进行降价时应用一定的技巧,让各方面都感到满意,实现企业的预期营销目标。

降价最直接的方式是将企业产品的目录价格或标价进行降价出售。但更多的企业是采用各种折扣形式来降低价格。此外,变相的降价形式有赠送样品和优惠券,实行有奖销售;给中间商提取推销奖金;允许顾客分期付款;赊销、免费送货上门、技术培训、维修咨询;提高产品质量,改进产品性能,增加产品用途。由于这些方式具有较强的灵活性,在市场环境变化的时候,即使取消也不会引起消费者太大的反感,同时又是一种促销策略,因此在现代经营活动中运用越来越广泛。在销售实践中,还常采用如下降价方式:

(1)零头降价。即根据消费者的求廉心理,将产品的整数价格变为尾数价格。

(2)自动降价技巧。如美国一家商店规定,店内出售的产品如 12 天后卖不出,就自动降价 25%出售;再过 6 天卖不出,就自动降价 50%出售;再过 6 天卖不出,就自动降价 75%出售;再过 6 天卖不出,就将产品送人或抛弃。该店这样做,开始时亏了本,但时间长了,受到了消费者的普遍欢迎。另外一些易腐变质、必须当天售完的产品,如蔬菜、瓜果等,若收市时就会降价促销,若收市还未售完超市则应及时处理掉。

(3)弹性降价。即根据购物的不同数量,确定不同降价幅度的一种降价技巧。如一次购物在100件以内,产品按原价出售;一次购物100~500件,按原价的95%出售等。产品的弹性降价技巧,一般也称产品的折扣定价技巧,它可促使消费者多购买产品。

(4)赠送降价技巧。如购买某种商品达到规定的量时,就有相应的礼品赠送。如铁棍山药特产店,贴着"每购买2.5千克山药,赠送礼品盒一个"的促销告示。这就是出售铁棍山药采取的赠送降价技巧应用。经营者为吸引消费者购买产品,一般采用3种赠送降价技巧。①搭配奉送。即顾客买一样东西,店方送一个小纪念品。②配套发奖。即顾客在店里买了东西后,可凭发票到指定地点领奖,奖品大都是一些实用的或有纪念意义的物品。③减价优惠。即顾客买了东西后,可得到商店所发的优惠券,顾客凭券可在指定地方买到低价的商品。

(5)逆反降价技巧。一般情况下,产品降价出售,总是由高到低,如100元降为90元。但有的经营者在对商品进行降价时,却登出"100元可买110元产品"的广告,这种降价从表面上看是没有任何区别,但折扣的大小却不同,"100元可买110元产品"折扣率90.91%,"100元产品卖90元"折扣率90%,两者相差0.91%,对经营者可增加1%的利润。"100元可买110元产品"一次的销售收入为100元,"100元产品卖90元"一次实现的销售收入为90元,实现的销售收入显然前者比后者高10元。可消费者的反应心理却不同,"100元可买110元产品"使消费者产生货币价值提高的心理反应,产生"与产品降价无直接关系"的错觉,"100元产品卖90元"消费者的直觉反应是降价求售。

(6)全面降价技巧。杭州市解放路百货商店在报纸和电视台登出一则广告"凡本店出售的商品,其价格一律低于杭州市同类商品,如有顾客买到的商品价格高于本市同类商品的,均可持货物和单据到本店领取高出部分的差额"。在这里,该店就是采用了全面降价(低价)的技巧,从表面看,商店似乎减少了利润,其实并非如此,该店采用此法后,前来购买商品的人日渐增加,当月销售额同比增加45.7%,资金周转加快10.36天,利润增加44.9%。

确定何时降价是调价策略的一个难点,通常要综合考虑企业实力、产品在市场生命周期所处的阶段、销售季节、消费者对产品的态度等因素。比如,进入衰退期的产品,由于消费者失去了消费兴趣,需求弹性变大、产品逐渐被市场淘汰,为了吸引对价格比较敏感的购买者和低收入需求者,维持一定的销量,降价就可能是唯一的选择。由于影响降价因素较多,企业决策者必须审慎分析和判断,并根据降价的原因选择适当的方式和时机,制定最优的降价策略。

2. 降价的要求

为使产品降价取得理想的效果,经营者必须努力做到以下几点。

(1)降价的幅度要适宜。经营者产品的降价,应根据具体原因、目的和要求进行,降价的幅度既不宜过小也不宜过大。过小不足以引起消费者的兴趣,达不到降价的目的;过大既会给经营者带来一定的利益损失,又会引起消费者的猜疑。

(2)降价的时机要恰当。一般来说,对新鲜产品,如蔬菜、水果、水产品等,在落市前就应降价;对时尚产品,流行周期一过就应降价;对季节性产品,季末就应降价,对一般产品,应尽可能在陈旧、变质前降价。

(3)降价的次数应适当控制。总的要求是经营者产品降价的次数不宜太多,一个产品的降价次数多了,会使消费者产生观望等待心理,不利于经营者的产品销售,也不利于经营者经销工作的正常开展。

(4)降价的标签应显示出来。产品降价后,应将降价后的价格标签立即显示出来,制作降价的价格标签，一种方法是划去原标价，再填写降价后的价格；一种方法是换上降价后的新标签。一般来说，国家定价的产品，一律使用红色标签；国家指导价的产品，一律使用蓝色标签；经营者定价的产品，一律使用绿色标签。

(四)提价

通过提价，可增加效益，改善经营管理，即在产品成本一定的情况下，产品提价可提高经营者的盈利水平，增加效益。如产品的售价不变，成本提高，时间长了，经营者就会缺乏足够的承受能力，就会发生亏损。另一方面，消费者对提价有一种本能不满的反感，产品提价会带来销售量的减少。同时，根据价值规律，无论产品是供大于求，还是供小于求，在产品质量一定的前提下，谁的产品价格低，谁就会吸引更多的买者。因此，经营者在提价问题上要进行认真分析然后再决策。

无论是因经营者的费用增加而提价，还是经营者根据市场情况提价，都有一定的风险，搞不好会适得其反。因此，经营者在提价时，必须遵循如下要求：

(1)提价的幅度要适宜。产品提价的幅度不宜过大，一般应控制在这样的水平上，一是不宜高于经营者生产经营费用增加的幅度；二是不宜高于同类产品经营者提价的幅度。

(2)提价的形式要灵活。可对产品直接提价，如从 2 元直接提到 2.2 元；可以产品间接提价，如改变结算方法、减少折扣，也可对产品搭配提价，如一种产品提价，可与另一种产品降价相配合。

(3)提价的手法要巧妙。有些产品可通过改变其形状、材质、包装等手法提价，使用户易于接受。有些产品可通过增添附加物或增加服务项目，或赠送礼品等方法提价，使用户感到实惠。

(4)选择好提价的时机。对产品性能改变等造成的技术性提价，应在用户需求量最迫切，反感程度较小的时候提价。如某种仪器经过改进，功能有所提高，用户又急等使用，则可适当提价。对产品成本提高造成的费用性提价，应广泛宣传解释，取得广大用户谅解后提价。

(5)控制提价的次数。产品提价要尽可能一步到位，不宜分步到位。在一定的时间内(如一年内)，经营者产品提价的次数不宜多于一次，否则容易遭到广大消费者的抵制。

(6)提价后要进行情况跟踪。产品提价后，与经营者有关的部门，如经销部门或财务部门，要对用户进行跟踪调查。对用户对产品提价的承受能力、提价引发消费替代效应的情况进行跟踪，从该产品提价与相关产品或代用品价格之间的关系中，分析产品提价的合理性。

(7)提价的回落要慎重。随着经营者外部环境的改变和内部条件改善，产品提价后，经营者还要适时考虑价格的回落，设法将提高的价格再降下来，要回落价格，就要做好两项工作。一是挖潜，减少消耗，降低成本，使价格回落建立在可靠的基础上；二是慎重。

企业的价格不是一成不变的，而且价格的制定只是一个开始，企业必须根据市场需求的变化不断地调整价格。例如，新产品在最初的时候，消费者一般都出于好奇、攀比、炫耀等心理购买，因此，可以制定较高的价格；但是随着产品的更新换代和替代品的不断出现，企业要不断地降低价格，增加一些促销活动，促进产品的销售。

提价一般是暗提，而且一定要分步提价，每次的提价不能高于消费者差别感觉的上限，只有在迫不得已的情况下，才能明提，可以通过开发新产品、改变产品的规格、增加产品的功能等进行提价，在整个社会商品的成本材料价格整体提升之后，导致企业的生产费用大幅度上涨，在这种大的经济形势下，企业可以采用明提的方法，这样能够得到消费者的理解，但是要注意，不要趁乱提价和胡乱提价，比如方便面企业成本上涨5%左右，但是价格在明提和暗提交替使用下，提价20%左右。

降价要慎重，因为价格是有刚性的，一般降下去容易，但是很难再涨上去，因此，在经济形势不好和竞争激烈等情况下，企业可以采用赠送一些附加产品或者服务的形式变相降低价格，尽量避免直接降低价格，在降价的时候，一定要一步降到位，最好能产生震撼效果，让消费者感觉商品是真便宜了、优惠了。

项目小结

本项目主要包括两方面的内容：一是园艺产品的产品营销，阐述园艺产品的特质及品质评价指标，园艺产品的“三品一标”标准化分类分级，园艺产品的整体概念营销，园艺产品的创新；园艺产品的品牌的内涵、基本要素、功能及园艺产品品牌塑造；园艺产品包装的基本要求、基本准则、影响包装设计的因素及内容，园艺产品的包装策略；二是园艺产品价格营销，阐述了园艺产品价格的变动特点，不同时期产品价格策略的应用，园艺产品的定价目标及定价方法，园艺产品的价格策略，提价与降价的方式及要求。

项目实训

实训项目1：园艺产品标准化分级

实训目标：能够对园艺产品进行标准化分级处理。

实训要求：选择某一园艺产品，对其进行品质评价，并进行分级处理。

实训项目2：园艺产品的价格策略

实训目标：能够运用价格策略营销农产品。

实训要求：选择大型超市、园艺产品专卖店、农贸市场摊贩、批发市场经营户、园艺产品种植户中的一个角色对其经营的园艺产品营销活动进行调查，分析价格策略在其销售园艺产品中的运用，形成园艺产品营销活动价格策略运用的方案。

习题测试

一、基本概念

品牌　商标　广告语　包装　包装设计　价格策略

二、单项选择题

1. 出口的红星苹果，山东、河北按照苹果的直径从65～90毫米的苹果每相差5毫米为1个等级，共分为5等，这种苹果的分级在园艺产品整体产品概念中属于(　　)的内容。

A. 核心产品　　B. 形式产品　　C. 附加产品　　D. 以上都是

2. 园艺产品品牌的首要元素是(　　)。

A. 品牌标识　　B. 品牌名称　　C. 品牌符号　　D. 品牌广告语

3. 园艺产品实质上是为了满足市场需求，而提供的是一种(　　)。

A. 服务　　B. 质量　　C. 效用　　D. 功能

4. 商品包装包括若干个因素，(　　)是最主要的构成要素，在整体包装上应居突出地位。

A. 商标或品牌　　B. 图案　　C. 包装材料　　D. 形状

5. 附着或系挂在商品销售包装上的文字、图形、雕刻以及印制的说明是(　　)。

A. 商品说明　　B. 包装标签　　C. 运输标志　　D. 包装标志

6. 将品牌划分成地方品牌、国家品牌、国际品牌等是根据(　　)不同来划分的。

A. 品牌主体　　B. 品牌产品生产经营所属环节

C. 品牌市场占有空间范围　　D. 品牌自主性

7. 为了使包装成为激发顾客购买欲望的主要诱因，客观要求在包装设计中注重(　　)。

A. 差异性　　B. 安全性　　C. 便利性　　D. 艺术性

8. 品牌最基本的含义是品牌代表着特定的(　　)。

A. 消费者类型　　B. 文化　　C. 利益　　D. 商品属性

9. 在企业产量过剩、面临激烈竞争或试图改变消费者需求的情况下，企业的主要定价目标是(　　)。

A. 维持企业生存　　B. 当期利润最大化

C. 市场占有率最大化　　D. 产品成本最小化

10. 某种产品的最低价格取决于该种产品的(　　)。

A. 市场需求　　B. 成本费用　　C. 市场占有率　　D. 竞争产品价格

11. 某种产品的最高价格取决于该种产品的(　　)。

A. 市场需求　　B. 成本费用　　C. 市场占有率　　D. 竞争产品的价格

12. 买主和卖主只能接受价格而不能决定价格的市场条件是(　　)。

A. 完全竞争　　B. 垄断竞争　　C. 寡头竞争　　D. 纯粹垄断

13. 在(　　)条件下，产品差异是制造商控制其产品价格的一种主要战略。

A. 完全竞争　　B. 不完全竞争　　C. 纯粹垄断　　D. 政府垄断

14. 在企业定价方法中，目标定价法属于(　　)。

A. 成本导向定价　　B. 需求导向定价　　C. 竞争导向定价　　D. 市场导向定价

15. 消费者在农贸市场购买蔬菜，蔬菜商贩根据消费者的购买数量赠送消费者数量不等的香葱，这种服务创新是属于(　　)。

A. 核心产品创新　　B. 形式产品创新　　C. 附加产品创新　　D. 方法创新

16. 随行就市定价法是(　　)市场的惯用方法。

A. 完全垄断　　B. 异质产品　　C. 同质产品　　D. 垄断竞争

17. 为鼓励顾客购买更多物品，企业给那些大量购买产品的顾客的一种减价称为(　　)。

A. 功能折扣　　B. 数量折扣　　C. 季节折扣　　D. 现金折扣

18. 企业利用消费者具有仰慕名牌商品或名店声望所产生的某种心理，对质量不易鉴别的商品定价最适宜用(　　)法。

A. 尾数定价　　B. 招徕定价　　C. 声望定价　　D. 反向定价

19. 在强大竞争对手的压力之下，企业的市场占有率(　　)，这种情况下，企业就需要考虑降价。

A. 下降　　B. 上升　　C. 波动　　D. 不变

20. 利用顾客求廉的心理，特意将某几种商品的价格定得较低以吸引顾客，是采用的(　　)。

A. 招徕定价　　B. 撇脂定价　　C. 价格歧视　　D. 折扣定价

21. 消费者在市场上对具有"三品一标"的园艺产品判断依据是(　　)。

A. 搜寻品特质　　B. 经验品特质　　C. 信任品特质　　D. 安全品物质

22. 园艺产品表面的清洁程度指标是属于(　　)。

A. 感官品质　　B. 安全品质　　C. 营养品质　　D. 卫生品质

23. 无锡阳山水蜜桃是(　　)。

A. 无公害园艺产品　　B. 绿色食品　　C. 有机食品　　D. 地理标志产品

24. 迷你小南瓜相对于原先的南瓜而言，是属于(　　)。

A. 核心产品创新　　B. 形式产品创新　　C. 附加产品创新　　D. 方法创新

三、复习思考题

1. 简述园艺产品的整体概念内涵。
2. 简述品牌与商标的关系。
3. 如何进行园艺产品的品牌塑造？
4. 品牌的基本要素是什么？
5. 包装设计的基本要素是什么？
6. 园艺产品降价的技巧有哪些？

项目五

园艺产品的营销渠道与促销

知识目标：

- 了解营销渠道的含义、类型，园艺产品渠道评估方法及调整内容；园艺产品物流概念，配送的含义，园艺生鲜品冷链配送特点；园艺产品促销内涵及作用，促销组合的含义及方式。
- 理解园艺产品中间商的类型与影响因素；园艺产品物流管理目标和内容，园艺产品配送目标，园艺生鲜品冷链配送的影响因素；促销组合的影响因素。
- 掌握园艺产品直接渠道与间接渠道的内容，生鲜品常见营销渠道；园艺产品配送的方法；广告、人员推销、营业推广、公共关系的各自含义、特点及促销形式。

能力目标：

- 能够构建园艺产品的营销渠道，并对其进行管理、评估，实施激励；能够运用物流关键技术进行园艺产品物流管理；能够运用广告、人员推销、营业推广及公共关系四种形式开展园艺产品的促销。

教学课件

任务1 认识园艺产品的营销渠道

情境案例

"樱桃王子"遇到"卖菜大王",书写乡村振兴新故事

四月果香飘满城,正是樱桃采摘上市的季节,在毕节市纳雍县库东关乡陶营村,上千亩"玛瑙红"樱桃挂满枝头,"小樱桃"带红了乡村振兴"大产业"。一进陶营村,便能看到漫山遍野挂满鲜红的"玛瑙红"樱桃。这种樱桃色泽艳丽,果形大,口感清甜,深受大家的喜爱。

陶营村的樱桃产业始于1996年发现的一株芽变植株,后发展到现在全村种植面积达到了4 800多亩,产值3 800多万元,人均创收1.2万元的规模。为了拓宽樱桃的销售渠道,从2016年起,陶营村开始通过线上宣传赋能,打造农旅体验游的采摘模式。但随着种植面积不断扩大,村里人发现,樱桃的保鲜存放成了大问题,有时候在超市货架上一天都放不了,该怎么销售,这是个难题。

如何拓宽销售渠道,确保樱桃卖得出好价格,避免"物廉伤农"的情况,陶营村的肖书记为此没少费心思。机缘巧合,在2023年的全国两会上,他与"卖菜大王"——合力超市的董事长李德祥结识,困扰他多时的樱桃问题一下子有了解决方案。村里准备和合力超市合作,增宽陶营村的樱桃销售渠道。

到了樱桃上市的季节,贵州合力超市集团采购经理李升清和同事驱车200多千米来到了陶营村。通过了解,李升清发现农户们都是通过游客上门采摘和售卖给批发商两种方式,赚取微薄的利润。还有部分农户甚至还没来得及采摘,果子就已经坏在了树上。同时他们也发现了陶营村樱桃的最新种植技术能使樱桃品质得到提升,今后可以采用冷藏运输方式,从树上直接采摘送达门店销售。

李升清敏锐地意识到,陶营村的樱桃急需解决娇嫩难贮存的问题。合力超市计划先往毕节运送一批陶营村的樱桃,在探寻运输保鲜的同时拓宽销售渠道。未来,合力超市将与陶营村探索布局樱桃深加工,延长产业链。比如生产樱桃酒、樱桃果汁等,让"土特产"产业化、规模化。目前,合力超市已经与省内50多个市县签订战略合作协议,与200多家省内农业合作社达成长期合作。超市推行的"农户+农业合作社+超市"发展模式,让农户不愁销路,让消费者吃上了新鲜果蔬。

【引出问题】陶营村樱桃销售采用了哪些营销渠道?

【生成任务】通过该案例,运用多渠道策略开展园艺产品营销。

一、园艺产品营销渠道概述

营销渠道是市场营销组合中的重要组成部分,对园艺类生产者来说,在营销组合四大因素

中，最重要的还是渠道。产品再好，价格再优惠，找不到客户，建立不起渠道，那么一切都成了空谈。

(一)营销渠道的含义

营销渠道是指某种货物或劳务从生产者向消费者移动时取得这种货物或劳务的所有权或帮助转移其所有权的所有企业和个人。它是产品从生产者到消费者的市场通路。渠道建设不但取决于生产者的主观努力，还取决于对方的合作态度和热情，且并非一日之工，需要一定时间的积累。渠道的狭窄，直接制约着价格。因此，园艺产品经营者要长期重视渠道的建设和维护，有目的地、主动地与各地客商建立和保持合作关系，充分利用社会资源。当渠道出现堵塞，出现断流，应及时维护并查找原因。从事营销，其实大量的时间就是花费在了渠道的开拓和维护上面，可见渠道的重要。

(二)营销渠道的类型

营销渠道的结构可以分为长度结构(层级结构)、宽度结构以及广度结构三种类型。三种渠道结构构成了渠道设计的三大要素或称为渠道变量。进一步说，渠道结构中的长度变量、宽度变量及广度变量完整地描述了一个三维立体的渠道系统。

1. 营销渠道的长度结构类型

一般根据营销网络中是否有中间商的参与可分为直接渠道和间接渠道。直接渠道是指没有中间商参与，由生产者直接把园艺产品转移到消费者手中的营销渠道。间接渠道是指园艺产品从生产者转移到消费者手中需要经过中间商的营销渠道。间接渠道可以根据渠道层次的数目划分为一级、二级、三级等不同层次的分销渠道。

2. 营销渠道的宽度结构类型

结构类型是根据生产者在同一层次上并列使用的中间商的多少，分为窄渠道和宽渠道。窄渠道是指生产者只选一个中间商来销售自己的产品。宽渠道是指生产者通过两个或两个以上的中间商来销售自己的产品。渠道的宽度结构分三种类型。

(1)密集型分销渠道，也称为广泛型分销渠道，就是指制造商在同一渠道层级上选用尽可能多的渠道中间商来经销自己的产品的一种渠道类型。密集型分销渠道，多见于消费品领域中的便利品，比如新鲜水果等。

(2)选择性分销渠道，是指在某一渠道层级上选择少量的渠道中间商来进行商品分销的一种渠道类型。比如高档盆景等。

(3)独家分销渠道，是指在某一渠道层级上选用唯一的一家渠道中间商的一种渠道类型。比如特殊种苗等。

3. 广度结构

渠道的广度结构，实际上是渠道的一种多元化选择。也就是说许多公司实际上使用了多种渠道的组合，即采用了混合渠道模式来进行销售。比如，有的公司针对大的行业客户，公司内部成立大客户部直接销售；针对数量众多的中小企业用户，采用广泛的分销渠道；针对一些偏远地区的消费者，则可能采用邮购等方式来覆盖。

(三)营销渠道的影响因素

营销渠道的影响因素大致有以下四个方面：

1. 顾客特性

渠道设计深受顾客人数、地理分布、购买频率、平均购买数量以及对不同市场营销方式的敏感性等因素的影响。顾客众多就用宽渠道，否则采用窄渠道。

2. 产品特性

相比于种子、种苗，生鲜水果蔬菜可以采用宽渠道。

3. 中间商特性

设计渠道时，还必须考虑执行不同任务的市场营销中间机构的优缺点。比如水果在水果店销售，鲜花在花店销售。

4. 企业特性

企业的总体规模决定了其市场范围、较大客户的规模以及强制中间商合作的能力。

另外，企业渠道设计还受到竞争特性和环境特性等因素的影响。

二、园艺产品直接营销渠道

直接渠道是指没有中间商参与，由生产者直接把园艺产品转移到消费手中的营销渠道。直接营销渠道一般与产品自身的特点密切相关，如品质优良但品牌知名度不高，产品搬运不便，产品科技含量高需要专业化的售后服务等。直接销售主要优势在于：与顾客建立一种直接的关系，让顾客能够直接与厂家互动。直销靠人员的推广，这样，可充分地将商品的特点、好处、利益、用途、用法、用量解释清楚，给予良好的售中和售后服务，以刺激顾客购买，这要比单纯的广告有效得多。采用直接营销渠道要特别注意对直销人员的激励，如设置合理的销售奖金甚至分红，并以“自己的事业”“永久的事业”等精神激励。在价格定位时，一般皆以较高价位或较高利润的姿态出现。直接销售还需要企业建立良好客户信息数据库，有较强的技术支持能力。

直接营销渠道花费是比较高的。由于缺少诸多的销售网点，必须加大其他方面的宣传力度。企业还得拥有一个日益庞大和复杂的信息和通信网络，包括免费的电话和传真支持。更要自己建立一支优秀的销售、服务队伍，这就需要比间接销售更强大的资金投入以加强销售部门的计划、培训和管理能力。如园艺产品的种子、种苗往往由于产品科技含量高，需要专业化的售后服务。其他园艺产品面对集团购买时，还有网上销售等，多采用直接营销渠道。

三、园艺产品间接营销渠道

间接渠道是指园艺产品从生产者转移到消费者手中需要经过中间商的营销渠道。基本模式为：生产者—中间商—消费者。间接渠道是社会分工的结果，通过专业化分工使得商品的销售工作简单化；中间商的介入，分担了生产者的经营风险；借助于中间环节，可增加商品销售的覆盖面，有利于扩大商品市场占有率。但中间环节太多，会增加商品的经营成本。间接渠道可以根据渠道层次的数目划分为一级、二级、三级等不同层次的分销渠道。

间接渠道的优点包括：①企业可以利用国内其他组织机构在国外的分销渠道和营销经验，迅速将产品推向国外市场，为生产企业缩短了买卖时间，在一定程度上帮助生产企业节约了资金，有利于生产企业把人、财、物等资源集中用于发展生产，可以取得更良好的时间效益。②减少了企业所承担的库存、资金回笼等风险，提高资金使用的安全性。③在间接渠道中，中间环节承担了采购、运输和销售的任务，起到了集中存储、平衡与扩散商品的作用，进而调节了生产与消费需求之间的商品数量、花色品种和等级方面的矛盾。

间接渠道的不足：①不便于制造商掌握消费者信息，如果与中间商协作不好，制造商会难以及时准确地得到消费场需求情报。②增加中间商环节，必然增加费用，由此会降低产品的价格竞争力。③增加中间商会增加渠道控制难度，当中间商实力过于强大时，往往会影响甚至左右制造商的营销政策。

(一)中间商的类型与选择

中间商是指在生产者与消费者之间参与商品交易业务，促使买卖行为发生和实现的、具有法人资格的经济组织或个人。

1. 中间商的类型

(1)批发商。批发商是联系生产者和零售商及其他用户的桥梁和纽带。在营销网络中发挥着重要的作用。根据其功能可以分为以下几种：

一是商业批发商。也称独立批发商，对其经营的商品拥有所有权，是批发商中最大的批发商，约占整个批发业的50%。商业批发商又可分为完全服务批发商和有限服务批发商。

二是中间经纪商。与商业批发商不同，中间经纪商对商品没有所有权，他们只执行少数几个职能。中间经纪商中为买卖双方提供交易服务，收取一定佣金。主要类型有代理商、经纪人、委托商和拍卖公司等。

三是制造商分店或销售办事处。它们是由买方或卖方自行经营批发业务，而不通过独立的批发商进行。制造商分店有一定的商品贮存，其形式如同商业批发商，只不过隶属关系不同；销售办事处没有存货，是企业驻外的业务代办机构，主要办理本公司的采购业务，也兼做批发业务。

(2)零售商。零售商的主要业务是将商品直接销售给最终消费者，是联系生产者、批发商和消费者的桥梁。通过零售活动，可以帮助生产者扩大市场覆盖面，及时反馈市场供求信息，零售情况是生产者营销决策的重要参考依据。

一是店铺零售。店铺零售是指在店内零售商品和提供服务。其主要形式有百货商店、商业区中心、专业品商店、超级市场、便利商店、购物中心。

二是无店铺零售。无店铺零售采用商品目录、直接邮购、电话销售、电视销售、电子销售服务等方法。无店铺零售包括直复市场营销、上门直接销售和自动售货。

三是连锁经营。连锁经营是指经营同类商品或服务的若干个企业，以一定的形式组成一个联合体，团结起来，在整体规划下进行专业化分工，并在分工基础上实施集中化管理，把独立的经营活动组合成整体的规模经营，从而实现规模效益。它是一种经营模式，是在整体规划下进行专业分工，使复杂的商业活动简单化，以提高经营效益，谋取规模效益的一种经营方式。

连锁经营一般具有以下特点：①连锁经营把分散的经营主体组织起来，具有规模优势(统一化:统一店名、店貌,统一广告、信息,统一进货,统一核算,统一库存和统一管理)。②连锁经营都要建立统一的配送中心,与生产企业或副食品生产基地直接挂钩(节省流通费用,减低成本,一般价格能低于同类商店2%～5%)。③连锁经营容易产生定向消费信任或依赖。④消费者在商品质量上可以得到保证(统一管理、统一进货渠道、直接定向供应)。连锁经营是一种紧密的组织形式,内部形成了一系列严格完备的制度规范着各种行为和关系,以保障组织高效运转。

连锁经营是当今世界商品流通和服务业中最具活力的经营方式,在我国也已经显示出了巨大的发展潜力。连锁总部对连锁店的管理控制表现在两个方面:一是经营管理模式的贯彻,二是对信息流的把握。连锁经营可分为三种主要类型:直营连锁、特许连锁和自由连锁。

直营连锁,也称公司连锁。它是由归属于同一资本系统的若干生产、分销机构组合而成的。这些机构的所有权都属同一主体,并受其统一管理。这种连锁形式没有加盟店的存在。

特许连锁,也称加盟连锁、合同连锁,是盟主和众多加盟店之间的一种契约性的联合。通常由主导企业把自己开发的产品、服务和营销系统(包括商号、品牌、商誉等)的经销、使用权以合同形式转让给加盟店,让它们在规定的区域内使用,并按合同规定缴纳一定的特许使用费,承担一定的义务。特许连锁组织成员之间纵向、横向都是独立的,但在经营管理上必须按合同规定接受转让方的制约,制约程度则因特许连锁的具体方式不同而各有差异。

自由连锁,又称自愿连锁,是以自愿为原则组成的独立零售集团。自愿连锁可以由某一批发企业发起,若干零售店参加,从事大规模购买和统一销售。也可以由若干零售企业自己组织起来,成立一个采购中心集中采购,并联合开展销售活动,参加联营的中、小零售商都保持自己的独立性和经营特色。总店与成员店之间是协商和服务的关系,总店主要负责统一进货和配送。

2. 选择中间商的影响因素

在选择中间商时一般要考虑以下几个因素。

一是中间商的市场范围。市场范围是选择中间商最关键的原因。首先,要考虑中间商的经营范围所包括的地区与产品的预计销售地区是否一致,比如,产品在东北地区,中间商的经营范围就必须包括这个地区。其次,中间商的销售对象是否是生产商所希望的潜在顾客,这是个最根本的条件。因为生产商都希望中间商能打入自己已确定的目标市场,并最终说服消费者购买自己的产品。

二是中间商的产品政策。中间商承销的产品种类及其组合情况是中间商产品政策的具体体现。选择时一要看中间商有多少"产品线"(即供应来源),二要看各种经销产品的组合关系,是竞争产品还是促销产品。一般认为应该避免选用经销竞争产品的中间商,即中间商经销的产品与本企业的产品是同类产品,因为顾客会对不同生产企业的产品进行客观比较,之后再决定购买有竞争力的产品。

三是中间商的地理区位优势。区位优势即位置优势。选择零售中间商最理想的区位应该是顾客流量较大的地点。批发中间商的选择则要考虑它所处的位置是否利于产品的批量贮存与运输,通常以交通枢纽为宜。

四是中间商的产品知识。许多中间商被规模巨大而且有名牌产品的生产商选中,往往是因为他们对销售某种产品有专门的经验。选择对产品销售有专门经验的中间商就会很快地打开销路。因此,生产企业应根据产品的特征选择有经验的中间商。

五是预期合作程度。中间商与生产企业合作得好会积极主动地推销企业的产品，对双方都有益处。有些中间商希望生产企业也参与促销，扩大市场需求，并相信这样会获得更高的利润。生产企业应根据产品销售的需要确定与中间商合作的具体方式，然后再选择最理想的合作中间商。

六是中间商的财务状况及管理水平。中间商能否按时结算，包括在必要时预付货款，取决于财力的大小。整个企业销售管理是否规范、高效，关系着中间商营销的成败，而这些都与生产企业的发展休戚相关，因此，这两方面的条件也必须考虑。

七是中间商的促销政策和技术。采用何种方式推销商品及运用选定的促销手段的能力直接影响销售规模。有些产品广告促销比较合适，而有些产品则适合通过销售人员推销。有的产品需要有效的贮存，有的则应快速运输。要考虑到中间商是否愿意承担一定的促销费用以及有没有必要物质、技术基础和相应的人才。选择中间商前必须对其所能完成某种产品销售的市场营销政策和技术的现实可能程度做出全面评价。

八是中间商的综合服务能力。现代商业经营服务项目甚多，选择中间商要看其综合服务能力如何，有些产品需要中间商向顾客提供售后服务，有些在销售中要提供技术指导或财务帮助（如赊购或分期付款），有些产品还需要专门的运输存储设备。合适的中间商所能提供的综合服务项目与服务能力应与企业产品销售所需要的服务要求相一致。

案例链接

广开“快速通道”帮农产品出村

受新冠疫情影响，不少农村尤其是贫困地区的农产品遭遇滞销。今年的中央一号文件提出，脱贫攻坚质量怎么样、小康成色如何，很大程度上要看“三农”工作成效。

（一）物流不畅销售承压

受疫情影响，近期部分地区“菜篮子”等重要农产品流通受阻，一些地区蔬菜、水果滞销难卖，贫困地区受地理位置和交通区位影响，更是受到了不小冲击。

广西是全国最大的砂糖橘和沃柑生产基地，全区有30多个贫困县将柑橘作为扶贫主导产业，对打赢脱贫攻坚战具有举足轻重的作用。广西农业农村厅副厅长梁雄介绍，当前广西柑橘遇到了“卖难”问题，全区在田砂糖橘170万吨、沃柑100万吨，价格同比下降24%，涉及200多万农户700万农民。家禽也是广西重要的扶贫产业，当前活鸡价格同比下降19%，已处理鸡苗1 674万只，450万只肉鸡销售困难。这些农产品滞销将直接影响贫困地区农民的脱贫增收。

针对这些难点当地农业农村部门联合商务部门对防疫保供农产品运输实行运费适当补贴；联系中国农产品市场协会等单位，发布供货信息，开展促销宣传；动员采购商对接采购和企事业单位系统采购，鼓励沃柑和家禽等产品的大宗采购。物流不通是制约目前农业产销和农民增收的核心问题，应保证农资原料、禽苗、鲜活农产品等涉农类物资运输畅通。

(二)产销对接找到出路

"1月中旬,不少主产区农产品开始滞销,但消费者的果蔬生鲜订单却猛增。"拼多多联合创始人赵佳臻说,据统计,1月平台水果订单量同比涨幅超过120%,米面粮油、肉禽蛋类和新鲜蔬菜订单量,同比涨幅超过140%。面对这种大规模供需错位,平台线上线下两手抓。线下,发动近6万名新农人,对接500多个产区,帮助农产品出村。线上,设置"抗疫农货"促销专区,培训引导家庭农场、合作社从T2B批发模式扩大到T2C网络零售模式,利用快递小件等电商物流网络,活化农产品流通源头。

"要不是第一书记出手,家里52羽出栏的鸭子,真不知咋整,每天都要喂食料,卖又卖不出。"近日,江西省定南县老城镇丁坊村贫困户曾建平终于不再为鸭愁销路。目前,该镇11位第一书记化身"卖货郎",通过互联网平台售卖和对接复工复产企业食堂,助力贫困户销售家禽、蔬菜、蜂蜜和草鱼等农产品。

北京新发地农产品批发市场董事长张玉玺说,市场冬季农产品60%来自海南、广西、云南等南方地区,有椒类、豆角、茄子等蔬菜,砂糖橘、沃柑等水果。当部分地区农产品逐渐出现滞销时,新发地市场积极与各农产品主产区实现对接,到产地直接收购,将滞销农产品运往北京,再通过政府储备库产品轮换、直通车进社区、便民菜店、生鲜配送等多个渠道分销。中国优质农产品开发服务协会会长黄竞仪介绍,协会积极采购贫困地区农产品。组织拼多多、百果园等大型农产品流通企业,协调上好佳等大型连锁超市,2020年将对贫困地区开展不低于100亿元的专项采购。目前,农产品批发市场发挥主渠道作用,商超连锁企业保障农产品供应,杜绝哄抬物价、囤积居奇等行为。电商企业加大网络销售力度,建立特卖频道,丰富农产品种类。各地积极发展农超对接、农社对接、直采直供等流通模式,减少中间环节、降低流通成本。

(节选自:乔金亮. 广开"快速通道"帮农产品出村. 经济日报,2020-03-09.)

(二)园艺生鲜品常见营销渠道

首先是"批发市场"渠道。批发市场是个汇聚买卖双方的集散地,是一个购销平台,它一般可以成批量地实现蔬菜、水果、鲜花等园艺产品的销售,因此受到各蔬菜基地的重视,成为目前园艺产品销售的主渠道之一。

其次是"现代超市"渠道。超市也是蔬菜产品一条可供选择的营销渠道。另外,值得提出的一点是,有一种生鲜连锁超市,即以生鲜食品为主的社区型小型超市。

再次是"终端直销"渠道。蔬菜基地可以采取走出去的办法开展终端直销,建立的子终端消费客户群。比如,主动和一些大型学校、部队、机关、企事业单位的食堂、餐饮业饭店、宾馆等建立关系,上门送菜。这些单位的蔬菜购买量一般都是很大的,值得蔬菜基地重视与其建立长期的合作关系。

最后是"打包外销"渠道。"打包外销"就是避开在国内市场与同行的竞争,通过外销渠道与境外采购商进行合作,将蔬菜出口。现在有不少蔬菜基地,已经通过航空运输等方式把蔬菜销售到了境外地区，获得了良好的收益。

知识拓展

园艺产品的新零售

园艺产品的新零售是指园艺企业以互联网为依托，通过运用大数据、人工智能等先进技术手段，对商品的生产、流通与销售过程进行升级改造，进而重塑业态结构与生态圈，并对线上服务、线下体验以及现代物流进行深度融合的零售新模式。“新零售”的核心要义在于推动线上与线下的一体化进程，其关键在于使线上的互联网力量和线下的实体店终端形成真正意义上的合力，从而完成电商平台和实体零售店面在商业维度上的优化升级。同时，促成价格消费时代向价值消费时代的全面转型。

一、新零售的特点

新零售的特点：①连接虚拟和现实：无论在哪，无论何时，都能快乐地买买买。②全天候服务：以消费者为中心，利用数字技术提供全天候服务。③改变利润来源：企业利润回归零售本质，来自商品和服务，没有中间平台信息差。④实时数字化：供应链、交易链、服务链“三链融合”。

二、实施维度

园艺产品的新零售通过线上、线下和物流三个维度实施。

线上在“新零售”生态体系中肩负着商家与消费者双方的信息收集、整理、反馈与决策等重要职能，同时也承担了支付、交流等渠道功能，是零售数字化改造的主阵地，扮演着优化交易过程的重要角色。当前，众多商业企业实施“新零售”战略的主要目标之一，就在于为顾客提供能够尽可能摆脱特定时间、空间和形式束缚的全新购物方式，实现在不同购买渠道和支付手段下亦能获得一致性的价格、服务与权益，进而时时处处都能满足顾客在整个消费过程中的购买、社交、休闲、娱乐等各种需求，而上述目标的达成则主要依赖于企业线上经营模式和技术应用的创新。

线下是支撑“新零售”生态体系的基础性平台，扮演着优化体验过程的重要角色，商家围绕提升消费者购物体验的一系列举措大多以其为依托来推进实施。未来的“新零售”时代，线下实体店铺将被赋予更多的消费体验功能，对于用户而言，线下远比线上更加的真实和生动。“产品＋服务＋场景＋体验”四位一体的线下平台会为消费者呈现出一幅“产品个性化、服务精细化、场景多样化、体验内容化”的全新购物图景。毋庸置疑，“新零售”所代表的未来主流零售模式必定会将“人”这个因素置于核心与关键位置，针对商品的经营仅是表象，基于提供满足消费者需求的商品和服务来经营“人”方为实质，而用户不断升级的消费需求尤其是消费体验需求则主要依靠于线下平台的搭建。通过对线下平台的升级改造，将传统零售单一而孤立的平面化销售方式嵌入多维而立体的用户消费场景之中，构建以真实生活场景为体验入口的零售生态体系，势必成为“新零售”变革的一个着力点与突破口，线下实体店面的价值也将迎来新一轮的重估。

物流无论是在传统零售业生态构架内还是在“新零售”生态体系中，都是不可或缺的关键组成部分，在各交易主体的购、存、销等业务活动中承担着商品存储与流转的重要职能。从消费者角度看，物流的好坏在很大程度上直接影响着消费者的购物体验和购物决策，京东能够从最初与当当、亚马逊的电商混战中脱颖而出，在很大程度上就得益于其自我搭建的全国智能化物流系统和规模庞大的仓储中心。从企业角度看，新零售商业模式要求的线上线下一体化必须有高效、智能、精确、协同、环保的智慧化物流解决方案作为支撑，从而达到提高商品配送效率、降低运营成本以及减少甚至消灭库存的理想状态。搭建公开透明、精准可溯、信息共享、标准统一的物流平台对于零售各渠道之间形成经营合力将至关重要。在以价值消费为主的“新零售”时代，线上线下相互交融，消费者在线下店面体验，在线上平台下单，所购买的商品将依托智慧物流体系完成快速精准送达，整个购物过程的各个环节实现无缝衔接。因此，依托于大数据、物联网、人工智能、高精度地图定位等新兴技术的智慧化物流将在上述“新零售”商业场景中扮演着极为关键的角色。勇于创新，是企业发展的第一推动力。

四、园艺产品营销渠道管理内容

渠道管理是指制造商为实现公司分销的目标而对现有渠道进行管理，以确保渠道成员间、公司和渠道成员间相互协调及合作能力的一切活动，其意义在于共同谋求最大化的长远利益。渠道管理分为：选择渠道成员、激励渠道、评估渠道、修改渠道决策、退出渠道。生产厂家可以对其分销渠道实行两种不同程度的控制，即绝对控制和低度控制。渠道管理工作包括：

（1）对经销商的供货管理，保证供货及时，在此基础上帮助经销商建立并理顺销售子网，分散销售及库存压力，加快商品的流通速度。

（2）加强对经销商广告、促销的支持，减少商品流通阻力；提高商品的销售力，促进销售；高资金利用率，使之成为经销商的重要利润源。

（3）在保证供应的基础上，对经销商提供产品服务支持。妥善处理销售过程中出现的产品损坏变质、顾客投诉、顾客退货等问题，切实保障经销商的利益不受无谓的损害。

（4）加强对经销商的订货处理管理，减少因订货处理环节中出现的失误而引起发货不畅。

（5）加强对经销商订货的结算管理，规避结算风险，保障制造商的利益。同时避免经销商利用结算便利制造市场混乱。

（6）其他管理工作，包括对经销商进行培训，增强经销商对公司理念、价值观的认同以及对产品知识的认识。还要负责协调制造商与经销商之间、经销商与经销商之间的关系，尤其对于一些突发事件，如价格涨落、产品竞争、产品滞销以及周边市场冲击或低价倾销等扰乱市场的问题，要以协作、协商的方式为主，以理服人，及时帮助经销商消除顾虑，平衡心态，引导和支持经销商向有利于产品营销的方向转变。

五、园艺产品营销渠道管理方法

(一)高度控制

生产企业能够选择负责其产品销售的营销中介类型、数目和地理分布，并且能够支配这些营销中介的销售政策和价格政策，这样的控制称为高度控制。根据生产企业的实力和产品性质，绝对控制在某些情况下是可以实现的。一些生产特种产品的大型生产企业，往往能够做到对营销网络的绝对控制。

(二)低度控制

如果生产企业无力或不需要对整个渠道进行绝对控制，企业往往可以通过对中间商提供具体支持协助来影响营销中介，这种控制的程度是较低的，大多数企业的控制属于这种方式。低度控制又可称为影响控制。这种控制包括如下一些内容：

1. 向中间商派驻代表

大型企业一般都派驻代表到经营其产品的营销中介中去亲自监督商品销售。生产企业人员也会给渠道成员提供一些具体帮助，如帮助中间商训练销售人员，组织销售活动和设计广告等，通过这些活动来掌握他们的销售动态。生产企业也可以直接派人支援中间商，比如目前流行的厂家专柜销售、店中店等形式，多数是由企业派人开设的。

2. 与中间商多方式合作

企业可以利用多种方法激励营销中介网员宣传商品，如与中介网员联合进行广告宣传，并由生产企业负担部分费用；支持中介网员开展营业推广、公关活动；对业绩突出的中介网员给予价格、交易条件上的优惠，对中间商传授推销、存货销售管理知识，提高其经营水平。通过这些办法，调动营销中介成员推销产品的积极性，达到控制网络的目的。

制造商必须在整个市场上塑造自己产品的形象，提高品牌的知名度，也就是必须给分销商提供强大的服务、广告支持。另外，分销商在自己区域内执行制造商的服务、广告策略时，制造商还应给予支持。为分销商提供各种补贴措施，比如，焦点广告补贴、存货补贴，以换取他们的支持与合作，达成利益的统一体。这一点很重要，制造商必须制订详细的措施，因地制宜地实施各种策略，争取分销商的广泛参与、积极协作。这既提高了自身品牌的知名度，又帮助分销商赚取利润，激发他们的热情，引导他们正当竞争，从而减少各种冲突，实现制造商与分销商的双赢。

(三)渠道成员的激励

为了更好地控制渠道，使其发挥应有的作用，需要采取一定的方法激励渠道成员，主要方法包括：

1. 目标激励

这是一种最基本的激励形式。厂家每年都会给分销渠道成员制订(或协商制订)一个年度目标，包括销量目标、费用目标、市场占有目标等，完成目标之分销商将会获得相应的利益、地位以及渠道权力。所以，目标对于分销商来说，完成目标既是一种巨大的挑战，也是一种内在动力。在目标的制订方面，企业往往存在“失当”的问题，大多表现为目标过高的倾向，而过高或过低的渠道目标都不能达到有效激励的效果，过低了轻而易举，过高了遥不可及。因此，要制订科学合理的渠道目标，必须考虑目标的明确性、可衡量性、挑战性、激励性以及可实现性特征。

2. 渠道奖励

这是制造商对分销商最为直接的激励方式。渠道奖励包括物质奖励和精神奖励两方面。其中物质奖励主要体现为价格优惠、渠道费用支持、年终返利、渠道促销等，这是渠道激励的基础手段和根本内容。而精神激励的作用也不可低估，因为经济基础决定上层建筑，上层建筑也反作用于经济基础，渠道成员同样有较高的精神需求。精神激励包括评优评奖、培训、旅游、“助销”、决策参与等，重在满足分销商成长的需要和精神的需求。

3. 工作设计

这是比较高级的激励模式。工作设计的原义是指把合适的人放到合适的位置，使他们开心，使他们能够发挥自己的才能。这一思想用在渠道领域，则是指厂家合理划分渠道成员之经营区域（或渠道领域），授予独家（或特约）经营权，合理分配经营产品之品类，恰当树立和定位各渠道成员的角色和地位，互相尊重，平等互利，建立合作伙伴关系，实现共进双赢。

六、园艺产品营销渠道评估与调整

（一）园艺产品营销渠道评估

园艺产品营销渠道评估主要是对整个渠道系统或渠道中的个别成员的效率和效果进行客观的考核和评价。整个评估过程要严格执行诚信原则，它将直接影响到评估的公平、公正。企业在设计或选择营销渠道时应对可供选择的渠道从经济性、可控性和适应性三方面进行评估。

1. 经济性

企业经营的最终目的是获得最佳经济效益。不同的营销渠道会产生不同的经济效益。在这三项标准中，经济性标准最为重要。因为企业追求的是利润，而不是追求渠道的控制性与适应性。经济分析可用企业经常遇到的一个决策问题来说明，即企业应使用自己的推销力量还是应使用销售代理商。判别一个方案的首要标准，不是销售额，而是能否取得最大利润。

2. 可控性

企业在选择营销渠道时，不仅应考虑其经济性，而且还要考虑所选择渠道的可控性。有效控制渠道，可保证企业的长期利益和实现企业的营销策略。在各种渠道结构中，企业自销最容易控制，其次是垂直式分销渠道结构，最后是其他的各种渠道结构。

3. 适应性

考虑到成本因素和稳定性因素，一般说来，渠道建成之后，不宜轻易变动。这就要求在渠道选择时，一定要注意中间商的适应性，尽量减少渠道冲突。每个渠道方案都会因某些承诺而失去弹性。当决定利用销售代理商时，可能要签订 5 年的合同。这段时间内，即使采用其他销售方式会更有效，但也不得任意取消销售代理商。所以，一个涉及长期承诺的渠道方案，只有在经济性和控制性方面都很优越的情况下，才可以考虑。

(二)影响园艺企业营销渠道的因素

从微观角度因素分析，包括企业因素、用户因素和渠道成员因素。

(1)企业因素。包括经营者、企业本身的战略目标、经营思想、资本情况、品牌形象、产品特点、技术能力等都有很强的关联性。

(2)用户因素。主要有用户的类型、用户需求、消费过程的复杂程度、用户习惯等。

(3)渠道成员因素。包括渠道成员的素质、实力、期待回报等。

(三)营销渠道效率评估方法

营销渠道评估方法包括定量分析法和定性分析法两大类。

对于一些可以量化的，比如销售额、利润率等采用定量分析法，即通过数量关系与数量变化进行分析的方法。主要有：①比率分析法。根据不同数据做对比，得出比率。②趋势分析法。根据一阶段某一指标的变动绘制趋势分析图。③结构分析法。根据某一指标占总体的百分比来观察。④相互对比法。选取某两个指标作为一组进行对比。⑤数学模型法。建造适合某一指标的数学模型来观察指标的变化。

对于一些不太准确的估计值，比如，市场占有率、经济成本和很难量化，比如用户满意度、使用便利性、渠道可控性等，在渠道效率评估时，采用定性分析法，即通过主观判断分析能力来推断事物的性质和发展趋势的分析方法。主要采用逻辑推理、哲学思辨、历史求证、法规判断等思维方式，着重从质的方面分析和研究某一事物的属性。

(四)园艺产品营销渠道调整

随着市场变化，园艺企业需要根据自身的要求、评估的结果以及中间商的表现，对分销渠道进行调整。调整分销渠道方式如下：

(1)增减分销渠道对象。这是指在某一分销渠道模式里增减个别中间商，而不是增减这种渠道模式。一旦决定增减某个中间商，也要采取相应的措施，防止出现一些不必要的矛盾。

(2)增减某一种分销渠道。这是指增减某一渠道模式，不是指增减渠道里的个别中间商。某种分销渠道出售本企业的某种产品，其营业额一直不够理想，企业可以考虑在全部目标市场上或某个区域内撤销这种渠道模式，而另外增设一种其他的渠道模式。但在增减某种渠道时，也要相应地做经济分析，并注意其他渠道成员的反应。

(3)调整整个分销渠道。这指改变整个分销渠道系统，这是调整分销渠道决策困难的一种，它必须由企业行业实力品牌人做出决策，因为这不仅要改变整个已经习惯的分销渠道，而且要调整企业已经习惯的市场营销组合，并要制定相应的政策。

营销渠道的调整一定不能违背我国民法典规定，提高自觉遵法意识。

任务2　园艺产品物流及配送

情境案例

当天发货，日均5 000单，省内2天可达

2021年1月，农历春节前，一盆花卉经过3～4道工序包装，一家企业每天出货5 000单，当日订单当日发货，广东省内预计2天可达。春节临近，里水年宵花进入销售旺季。今年，企业纷纷选择"云卖花"，对于花卉等易损耗品而言，里水农户通过做好包装、选好物流、无损配送等措施，确保花卉能准时、安全地送达客户手中。

在吉宏园艺打包场，记者见到，每盆花卉出货前都要经过套无纺布保护花朵、套气柱袋固定植株、装箱贴单等工序，部分发往北方的订单还需要加套三四层保温棉，现场已经堆满一批打包好准备装车出货的花卉植物。作为里水镇电商经营比较成熟的花卉企业，近半个月来，吉宏园艺平均每天出货量达5 000～6 000盆。吉宏园艺销售经理许立华介绍，公司现安排了20多名打包工人马不停蹄地处理来自各个电商平台的订单。由于花卉的商品属性不同，要尽量做到当日订单当日发货，工人们常要工作至夜深。

除了在打包上要尽量多层保护，在花期的选择上同样重要。许立华介绍，目前公司在电商平台上主要的产品是发财树及蝴蝶兰，一般会选择带有一两朵花朵的蝴蝶兰包装发货，这样可以确保客人收到的花卉开得刚刚好。与此同时，公司也会为园区内的其他供应商提供一件代发服务，帮助企业抱团"触网"。

花卉企业马不停蹄地进行打包，物流企业也齐心协作同步跟进。在每日彩园艺场内，中通快递新华市场部经理禤金生正忙着将货物装车。时效方面，对于广东省内的花卉订单，一般两天内即可送达。距离春节还有半个月，花卉零售需求将进一步释放，里水镇正积极协调主要物流公司，开设花卉物流快递定制配送服务，目前已有100多家花农（企业）参与，确保花卉无损到家。

同时，里水"云上花市"已经正式上线，在天猫、淘宝、抖音、拼多多等热门主流电商平台，以及"梦里水乡线上花市"小程序，都可以购买到里水产的鲜花。例如，在"梦里水乡线上花市"小程序，一款由吉宏园艺公司售卖的蝴蝶兰，售价从9.9元到43.9元不等，近两天已经售出了133件。许立华表示，近期将会密集在平台上上新，推出更多符合消费者品位的产品组合，拓宽销路。

（节选自：吴碧霞. 日均发货500单、省内2天可达！里水蝴蝶兰"触网"，商家出货忙！佛山新闻网，2021-01-27.）

【引出问题】在年宵花销量旺季，里水花卉企业是如何做好物流及配送业务的？

【生成任务】通过该案例，分析开展园艺产品营销的物流及配送活动内容。

一、园艺产品物流概述

所谓物流，是指物品从供应地向接收地的实体流动过程。物流强调物流活动项目的具体化，追求整体的最优化，现代物流有5方面的特性。

1. 主动性

现代物流活动已经深入到整个企业管理的全过程中。

2. 系统化

现代物流不再孤立地追求各项功能的效益最大化，而是提倡“供应链管理”的思想。它将包装、装卸、贮存、配送、流通加工、物流信息处理等综合在一起，作为一个系统品来管理。它从采购物流开始，经过生产物流，再进入销售物流，最后还要考虑回收物流和废弃物物流，从而形成了一种良性的系统化物流循环。物流的系统化可以大大节约流通费用，提高流通的效率与效益。

3. 信息化

由于全球经济的一体化趋势，当前的物流业正向全球化、网络化和信息化方向发展，商品与生产要素在全球范围内以空前的速度自由流动。电子数据交换技术与互联网的应用，使物流效率的提高更多地取决于信息管理技术。计算机的普及和条码技术的普遍应用则提供了更多的需求和库存信息，提高了物流管理水平。

4. 社会化

这突出表现为第三方物流与配送中心的发展。随着市场经济和社会化的发展，专业化分工越来越细，且各专业之间的合作越来越密切。生产企业与零售行业所需的原材料、中间产品、最终产品大部分由不同的物流中心、批发中心与配送中心提供，以实现少库存和零库存。现代物流的社会化趋势是社会经济活动发展的必然结果。

5. 一体化

按照一般的流通规律，商流、物流、信息流是三流分离的。商流可以使物质资料的使用价值得以实现，经过商流，物质资料就变更了所有权；物流解决的是物质资料从生产地向消费地的位移，无法变更物质资料的所有权；信息流解决的是流通主体之间的信息传递。现代物流实现了物流、商流与信息流的统一。

二、园艺产品物流管理内容

园艺产品物流管理的主要内容包括园艺产品的包装、运输、仓储、装卸搬运、库存控制配送、流通加工和订单处理。

(一)园艺产品物流管理的目标

(1)送货及时，能按顾客需要的时间送到。

(2)准确迅速地完成订单处理和货物发送等工作。

(3)送货的品种、规格、数量可靠。

(4)根据客户需求,保证不间断地供货。

(5)技术服务到位,结算方式方便顾客。

(6)运输工具和运输方式的选择符合顾客要求。

(7)降低物流成本。

(二)园艺产品物流管理的内容

(1)包装。物流的包装主要指运输包装,要求做到:①人工装卸的要适合人体的承受能力,适合工人操作,包装体过大过小都不好。机械装卸的要求要与机械性能一致。②包装要能满足仓库堆码的高度。③要符合商品的性能,适合远距离运输。

(2)运输。物流中的运输问题包括:运输线路、运输工具、运量、运送时间的决策等。

(3)仓储。包括仓库自建与租赁决策、仓库位置、结构、规模、形式决策等。

(4)装卸搬运。包括装卸作业方式、装卸机械类型的决策。

(5)库存控制。指合理的库存量,既能满足顾客订货的需要,又能降低库存费用。包括存放点、存放量、进货周期、进货数量的决策。

(6)配送。根据用户要求,对物品进行拣选、加工、包装、分割、组配等,并按时送达指定地点。

(7)流通加工。为了促进销售,提高效率,在保证使用价值不发生改变的前提下,对园艺产品进行加工。其内容包括装袋、定量化小包装、拴牌子、贴标签、挑选、组装等。

(8)订单处理。包括接受订单、记录、整理、汇集订单和准备发运商品等工作。

(三)园艺产品物流管理的关键技术

园艺产品物流管理的关键环节主要有存货控制、订单处理和合理运输。

1. 存货控制

存货控制主要包括三方面内容:

(1)存货管理的目标。企业在生产和销售预算确定的情况下,存货量的大小取决于采购量。存货管理的基本目标是以尽可能小的成本使企业存货维持正常的经营活动。

(2)存货管理的内容。存货管理的内容一般有四个方面。

①在某一时点上公司的订货量(或生产量)应该是多少单位?

②在什么存货水平上公司应该订货或生产?

③什么样的存货项目需要公司加强管理?

④公司存货成本变动能够进行套期保值吗?

(3)存货管理方法。存货管理的方法主要有以下两种:

①ABC 控制法。ABC 控制法是意大利经济学家巴雷特于 19 世纪首创的,以后经不断发展和完善,现已广泛用于存货管理、生产管理及成本管理。运用 ABC 法控制存货资金,一般分如下几个步骤:

第一步:计算每一种存货在一定时间内(一般为一年)的资金占用额;

第二步:计算每一种存货资金占用额占全部资金占用额的百分比,并按大小排列秩序,编成表格;

第三步：根据事先测定好的标准，把最重要的存货划为 A 类，把一般存货划为 B 类，把最不重要的存货划为 C 类；

第四步：对 A 类存货进行重点规划和控制，对 B 类存货进行次重点管理，对 C 类存货只进行一般管理。

②经济批量管理。经济批量是一定时期存货贮存成本和订货成本总和最低的采购批。

订货成本。订货成本是指为定购材料、商品而发生的成本。订货成本与订货次数成正比，与每次订货数量成反比。企业要想降低订货成本，就得需要大批量采购，以减少订货次数。

贮存成本。指在物质贮存过程中发生的仓储费、搬运费、保险费等。一定时期内的贮存成本总额，等于该期内平均存货量与单位贮存成本之积。

随着订货批量的变化，贮存成本和订货成本此消彼长，确定经济订货批量的目的就是要寻找这两种成本之和最小化的订货批量。当企业按照经济订货批量来订货时，可实现订货成本和贮存成本之和最小化。

假设：A 为全年需要量，Q 为每批采购量，F 为每次订货成品本，C 为每件年贮存成本，则经济订货批量计算公式为：

$$采购次数 = \frac{A}{Q}$$

$$平均库存量 = \frac{Q}{2}$$

$$全年订货成本 = \frac{A}{Q} \times F$$

$$全年平均贮存成本 = \frac{Q}{2} \times C$$

$$全年总成本\ T(Q) = \frac{QC}{2} + \frac{AF}{Q}$$

求 T 对 Q 的导数，并令 $T = 0$，得：

$$Q = \sqrt{\frac{2AF}{C}}$$

[例 5-1] 某企业全年需要某材料 3 600 千克，该材料单位成本 10 元，单位存储成本为 2 元，一次订货成本 25 元。则：

$$Q = \sqrt{\frac{2AF}{C}} = \sqrt{\frac{2 \times 3\,600 \times 25}{2}} = 300(千克)$$

在实际工作中，由于企业对各种存货的需用量经常会发生变动，某些原因导致交货日期也可能会延误。所以，企业在确定出每一存货的经济批量外，还可以根据实际情况留有一定的保险储备，以防止供应延误、库存短缺造成的损失。

2. 订单处理

订单处理是从接受订单到发运交货，再到收到顾客对货物的反馈意见为止的全部过程。订单处理程序包括如下三个主要步骤：

(1)下达指标。接到订单以后首先要进行审核，如产品名称、规格、包装、数量、价格、交货时间、装运条件、付款方式、所需单证等，审核无误、确能满足订单要求，就可以接收订单，合同即为成立，买卖成交。

(2)备货整装。如用现库存货履行合同，则应通知存货管理部门按单配货，如必须另行加工生产，须通知有关部门安排生产，入库后统一配货。与此同时还要通知运输部门安排运输工具、运输线路、运量、预定载位，安排运输日程，待货配齐后，要进行运输包装整理、加刷标记，衡量检验、安排发货。

(3)制单发运。发运前首先要填制发票、办理货物的运输凭证及其他有关证件，出口货物还需办领申请手续、保险、核对货物与合同是否符合，外商用信用证付款的，要仔细审核信用证是否与合同相符，做到绝对准确。

各项单证审核无误后，货物即可发运，并通知接货人，最后收集顾客对货物的反映。

3. 合理运输

(1)合理运输的要求。合理运输，就是要按照商品运输的合理流向，以最短的里程、最快的速度、最省的费用，把商品安全完好地送达目的地。合理运输决策的要求是及时、准确、安全、经济。

所谓"及时"，指运送及时，即要求按产、供、销的具体情况，及时地将商品由产地运到销地。及时运送，既能减少商品运输的损耗，又能把握销售机会。

所谓"准确"，指运送准确，即要求切实防止和避免运输过程中可能发生的错发、错收等各种差错。

所谓"安全"，指运送安全，即要求在运输过程中不发生损坏、丢失和霉烂等损耗，或把这种损耗控制在最低程度。

所谓"经济"，指经济效益较好，即要求选择合理的运输路线和运输工具，降低运输费用。

(2)运输工具和运输方式的选择。目前，我国园艺产品运输的主要方法有以下几种：

①公路运输。公路运输灵活、方便、快捷，是中短途和部分长途运输常用的运输工具，包括汽车、拖拉机、人(畜)力车。保温车或冷藏保鲜车是未来冷链系统的主体，是运输业的发展方向，冷藏保温车是在普通货车上加上一个类似于集装箱的保温箱或制冷保温箱，机械自动化调节运输中园艺产品的温度；气调冷藏保温车是在冷藏车的基础上加上气调装置。冷藏保温车等已在公路运输上广泛运用，与其他的运输方式相比，已成为园艺产品保鲜条件最好的运输方式。

②水路运输。水路运输工具包括小艇、木船、机帆船、大轮(渡轮)船、船艇等，其行驶平稳，载运量大，运费便宜，并可以与货车联运，十分方便。

③铁路运输。铁路货车主要有棚车、敞车、保温车(冰保车)或冷藏车(机保车)、平板车和特种专用车等。我国铁路四通八达，运程速度快、运费低，运货量大时可形成专列。

④集装箱运输。集装箱运输适用于多种运输工具。集装箱具有足够强度，能长期反复使用；在途中转运时，不搬动容器内的货物，可以直接换装；便于货物的装满和卸空；具有较大的容积，因此是园艺产品运输方法中最有前途的，它保证最大限度地减少产品的损耗和损伤，缩短运送时间。

⑤航空运输。航空运输是比较有前途、引人注目的产业，其快捷、损耗小，但运费较高，受气候条件制约。

⑥冷链运输。目前，在经济发达国家已建立起以低温冷藏为中心的冷藏系统，使果蔬采后

损失<5%。这种园艺产品采后的流通、贮藏、销售中连贯的低温冷藏技术体系称为冷链保藏运输系统(图 5-1)。冷链运输是我国园艺产品运输的主要发展方向。

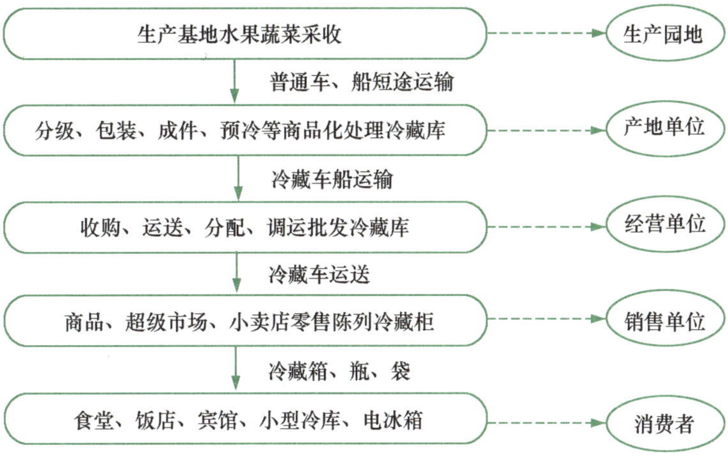

图 5-1 冷链保藏运输系统

案例链接

智慧物流助力江西赣州安远县农产品“出山”

走进江西省赣州市安远县鹤子镇,你也许会好奇,空中沿着索道穿梭不止的小“缆车”是什么?

“这叫穿梭机器人,别看它们个子不大,却能装着 100 千克以内的货物穿梭自如,又快又方便。”在安远县鹤子镇杨功村的智运快线基站,村民郭爱金把自家生产的蜂蜜放进穿梭机器人中,关好盖子,随后只见机器人缓缓上升,沿着钢索驶向下一站。

郭爱金说,如何让农特产品“走”出大山曾是困扰当地农民的“老大难”问题。“我以前寄发送往外地的蜂蜜订单,只能去乡镇的快递收发点,不仅路程较远,还耽误时间。如今在家门口就能发货,操作也简单,村民都爱用。”

为实现城乡一体化配送,近年来,安远在县城建设物流总仓,在乡镇建设物流基站,在村庄建立收发点,以穿梭机器人连接,通过云端系统控制穿梭机器人在索道上自动驾驶,形成农村智慧物流服务网络体系。

智运快线鹤子镇电商运营中心负责人古清湖说,穿梭机器人可全天候进行配送,运行速度最高可达每小时 60 千米,可实现县域内随时发送、一小时到达。目前,智运快线“村村通”工程已在鹤子镇电商运营中心建立了总基站,下设 6 个村级站点,线路全长约 20 千米。

农村智慧物流助力农产品“出山”的同时,也在为创业青年返乡发展培育适宜“土壤”。“以前从我们村寄一箱橙子到周边省份要三五天,现在 24 小时内就能送到,而且快递成本也降低了不少。”安远县油蔡村村民蔡永钦说。去年 4 月,蔡永钦辞去工作,回到家乡进入电商行业,通过互联网帮助周边农户售卖蜂蜜、红薯、橙子等农产品。

“农村物流条件变好了，农民的收益空间也在不断拓宽，我们更有干事创业的信心。”蔡永钦说，以前由于运输不便，周边农户生产的脐橙只能低价卖给果蔬经销商，如今农户在线上售卖自家产品，每斤脐橙能多赚一元多，相当于每棵脐橙树净收益提升了一两百元。

据统计，2020 年安远县电商销售额突破 25 亿元，快递单量超 1 600 万单，有效带动了当地群众增收致富。

（节选自：熊家林．江西安远果蔬坐“缆车”进城．致富天地，2021(11)：76.）

三、园艺产品配送

（一）配送的含义

配送是指在经济合理的区域范围内，根据用户要求，对物品进行拣选、加工、包装、分割、组配等作业，并按时送达指定地点的物流活动。配送是物流中一种特殊、综合的活动形式，是既包含商流活动和物流活动，又包含物流中若干功能要素的一种形式。多品种、少批量、多批次、多用户的配送物品，能够最有效地通过配送实现终端的资源配置。

（二）配送流程

配送一般包括订货、验收、贮存、保管、装卸、分拣、包装、加工、运输、配送等。一般流程如图 5-2 所示。

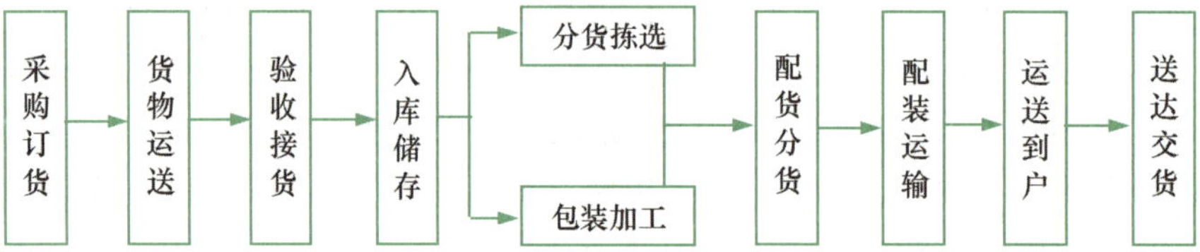

图 5-2　配送的一般流程

（三）园艺产品配送

1. 园艺产品配送目标

园艺产品物流配送目标包含以下三个方面：

第一，减少浪费，降低成本。当没有接到订单请求时，根据预测决策系统的预测值保持少量库存；当接到订单请求，开始备货，并根据库存状况迅速补货，减少园艺产品变质浪费的可能性，降低成本。同时选取运输量最短路径，降低了运输成本。

第二，做到在准确的时间，按准确的数量送到准确的地点。该系统借助强大的网络功能，可以对客户的需求做出迅速的反应，另外随着中心自动化技术的运用，为配送活动减少了时间，提高了准确度。

第三，真正实现以客户为中心的服务理念。由于此模式是第三方物流服务的一种，具有第三方物流规模化运输的特点，可以将各地的订单汇集起来，通过配载、拼箱，实现园艺产品的多频次、少批量配送服务，满足客户个性化需求。

2. 园艺产品配送合理化方法

借鉴国外经验，园艺产品配送合理化的方法大致有以下几个方面：

（1）推行一定综合程度的专业化配送。通过采用专业设备、设施及操作程序，取得较好的配送效果并降低配送过分综合化的复杂程度及难度，从而追求配送合理化。

（2）推行加工配送。通过加工和配送结合，充分利用本来应有的中转，而不增加新的中转求得配送合理化。同时，加工借助于配送，加工目的更明确和用户联系更紧密，更避免了盲目性。

（3）推行共同配送。通过共同配送，可以以最近的路程、最低的配送成本完成配送，从而追求合理化。

（4）实行送取结合。配送企业与用户建立稳定、密切的协作关系。配送企业不仅成了用户的供应代理人，而且承担用户贮存据点，甚至成为产品代销人。在配送时，将用户所需的物资送到，再将该用户生产的产品用同一车运回，这种产品也成了配送中心的配送产品之一，或者作为代存代储，免去了生产企业库存包袱。这种送取结合，使运力充分利用，也使配送企业功能有更大的发挥，从而追求合理化。

（5）推行准时配送系统。准时配送是配送合理化的重要内容。配送做到了准时，用户才有资源把握，可以放心地实施低库存或零库存，可以有效地安排接货的人力、物力，以追求最高效率的工作。另外，保证供应能力，也取决于准时供应。从国外的经验看，准时供应配送系统是现在许多配送企业追求配送合理化的重要手段。

（6）推行即时配送。即时配送是最终解决用户企业担心断供之忧，大幅度提高供应保证能力的重要手段。即时配送是配送企业快速反应能力的具体化，是配送企业能力的体现。即时配送成本较高，但它是整个配送合理化的重要保证手段。此外，用户实行零库存，即时配送也是重要保证手段。

（四）园艺生鲜品冷链物流

目前，我国生鲜园艺产品物流发展的重点就是冷链物流。要解决好生鲜园艺产品生产地与销售地不一致，以及生产与消费时间上的差异问题，提高销售效率，必须依赖于冷链物流。

1. 园艺生鲜品冷链的构成

冷链由冷冻加工、冷冻贮藏、冷藏运输及配送、冷冻销售四个方面构成。

（1）冷冻加工。例如，鲜花、果蔬的预冷、速冻等。在这个环节上主要涉及的冷链装备是冷却装置、冻结装置和速冻装置。

（2）冷冻贮藏。包括冷却贮藏和冻结贮藏，以及中高档水果蔬菜的气调贮藏，它是保证食品在贮存和加工过程中的低温保鲜环境。在此环节主要涉及各类冷藏库/加工间、冷藏柜、冻结柜及家用冰箱等。

（3）冷藏运输及配送。包括食品的中、长途运输及短途配送等物流环节的低温状态。它主要涉及铁路冷藏车、冷藏汽车、冷藏船、冷藏集装箱等低温运输工具。在冷藏运输过程中，温度波动是引起食品品质下降的主要原因之一，所以运输工具应具有良好的性能，在保持规定低温的同时，更要保持稳定的温度，远途运输尤其重要。

（4）冷冻销售。包括各种冷链食品进入批发零售环节的冷冻贮藏和销售，它由生产厂家、批发商和零售商共同完成。随着大中城市各类连锁超市的快速发展，各种连锁超市正在成为冷链食品的主要营销渠道，在这些零售终端中，大量使用了冷藏/冷冻陈列柜和贮藏库，它们成为完整的食品冷链中不可或缺的重要环节。

2. 园艺生鲜品冷链配送的特点

（1）鲜活性。随着人们生活水平的提高，人们对生鲜食品新鲜度的要求也越来越高，生鲜食品中，比如蔬菜、水果在采摘后仍是鲜活的有机体，因此需要采用冷链运输降低蔬菜的呼吸和蒸腾作用，保持蔬菜新鲜度。

（2）易损性。蔬菜、水果质地鲜嫩，含水量高。在采收、装卸、配送运输过程中容易受到伤害，受损的生鲜食品容易遭遇病菌的侵袭，造成食品腐烂。在蔬菜、水果采摘之后除了对包装、配送运输和装卸过程加强管理之外，还应尽量减少搬运、装卸的次数和缩短运输距离，以减少在路途的损耗。

（3）时效性。时效性即是即时性，消费者对生鲜食品的第一要求就是食品的新鲜，新鲜的生鲜食品不仅可以赢得消费者的喜爱，而且可以使消费者支付较高的价格。蔬菜、水果从原产地采摘后应该及时地运送到消费者手中，这对生鲜食品物流配送提出了更高的要求。应该以最快速度送到消费者手中，以免对产品品质有所影响。

（4）配送成本所占比重较大。据调查，我国生鲜食品的冷链物流成本在总成本中所占的比重达到 58%以上，而且，物流成本的比重仍有不断增加的趋势，因此配送成本占了较大的比例。

3. 园艺生鲜品冷链配送的影响因素

生鲜食品配送模式受多方面因素的影响，结合食品冷链的构成因素及生鲜食品本身的特性，提出生鲜食品配送模式选择的主要影响因素：效率、环境、成本。

（1）效率因素。生鲜食品是一种脆弱的产品，从生产地到消费地的时间越短越能够保证其新鲜程度与品质，这就需要配送系统具有较高的效率。购买专业化冷链配送设备能提高效率，它是一种长远投资。越新鲜的食品，越能受到广大消费者的喜爱，有更广阔的市场，所以提高生鲜配送的效率，可以使生鲜食品有更好的经营市场。

（2）环境因素。拿生鲜食品物流中的海鲜类产品物流来说，是所有物流种类中要求最高的一种，长距离运输时，应避免为了想减少运输成本而让生鲜食品受挤在有限的空间里，导致在配送途中过大的产品损耗率。因此应提供适应的配送环境，减少生鲜食品在配送的产品流失。

（3）成本因素。成本是任何企业进行配送时考虑的一个重要因素，企业时常通过追求低物流成本获取较高效益，采用低档装备包装新鲜的生鲜产品，在目前国内的生鲜产品市场上，消费者对于高档次、高价位生鲜产品的需求还不是足够大，所以导致了生鲜食品经营者宁愿牺牲生鲜的品质（低水平的包装和不规范的运输）来降低成本，但我们还是支持要保证物流动作应在保证高质量与高效率的前提下尽量降低成本。低成本可以通过其他方式获得，比如选择合适的配送方案、生鲜的包装或者冷链设备的保养使用等。

知识拓展

园艺产品供应链管理

一、供应链的含义

供应链是由供应商、制造商、仓库、配送中心和渠道商等构成的物流网络,即指围绕核心企业,通过对信息流、物流、资金流的控制,从采购原材料开始,制成中间产品及最终产品,最后由销售网络把产品送到消费者手中这一过程涉及的供应商、制造商、分销商、零售商直至最终用户组成的一个供需网络。

这是一个范围更广的虚拟企业结构模式。它包含所有加盟的结点企业,不仅是一条连接从供应商到用户的物料链、信息链、资金链,而且是一条给相关企业都带来收益的增值链。

二、供应链管理

供应链管理使供应链运作达到最优化,以最少的成本,令供应链从采购开始,到满足最终客户的所有过程,包括工作流、实物流、资金流和信息流等均能高效率地操作,把合适的产品、以合理的价格,及时准确地送达消费者手中。其基本要求包括:①信息资源共享。信息是现代竞争的主要后盾。供应链管理采用现代科技方法,以最优流通渠道使信息迅速、准确地传递,在供应链商的和企业间实现资源共享。②提高服务质量,扩大客户需求。供应链管理中,一起围绕"以客户为中心"的理念运作。消费者大多要求提供产品和服务的前置时间越短越好,为此供应链管理通过生产企业内部、外部及流程企业的整体协作,大大缩短产品的流通周期,加快了物流配送的速度,从而使客户个性化的需求在最短的时间内得到满足。③实现双赢。供应链管理把供应链的供应商、分销商、零售商等联系在一起,并对之优化,使各个相关企业形成了一个融会贯通的网络整体,在这个网络中,各企业仍保持着个体特性。但它们为整体利益的最大化共同合作,实现双赢的结果。在供应链管理的发展中,有人预测,在未来的生产和流通中,将看不到企业,而只看到供应链。生产和流通的供应链化将成为现代生产和流通的主要方式。

1.常见的供应链管理方法

常见的供应链管理方法包括快速反应和有效客户反应两种。

快速反应,是指物流企业面对多品种、小批量的买方市场,不是储备了"产品",而是准备了各种"要素",在用户提出要求时,能以最快速度抽取"要素",及时"组装",提供所需服务或产品。

有效客户反应,是一个由生产厂家、批发商和零售商等供应链成员组成的,各方相互协调和合作,更好、更快并以更低的成本满足消费者需要为目的的供应链管理解决方案。有效客户反应是以满足顾客要求和最大限度降低物流过程费用为原则,能及时做出准确反应,使提供的物品供应或服务流程最佳化的一种供应链管理战略。

2.实施供应链管理的关键问题

(1)配送网络的重构。配送网络重构是指采用一个或几个制造工厂生产的产品来服务一组或几组在地理位置上分散的渠道商时，当原有的需求模式发生改变或外在条件发生变化后引起的需要对配送网络进行的调整。这可能由于现有的几个仓库租赁合同的终止或渠道商的数量发生增减变化等原因引起。

(2)库存控制。库存控制问题包括：一个终端渠道对某一特定产品应该持有多少库存，终端渠道的订货量是否应该大于、小于或等于需求的预测值，终端渠道应该采用多大的库存周转率，终端渠道的目标在于决定在什么点上再订购一批产品，以及为了最小化库存订购和保管成本，应订多少产品等。

(3)产品设计。有效的产品设计在供应链管理中起着多方面的关键作用。那么什么时候值得对产品进行设计来减少物流成本或缩短供应链的周期，产品设计是否可以弥补顾客需求的不确定性，为了利用新产品设计，对供应链应该做什么样的修改等这些问题就非常重要。

(4)配送战略问题。在供应链管理中配送战略也非常关键。采用直接转运战略、经典配送战略还是直接运输战略，需要多少个转运点及哪种战略更适合供应链中大多数的节点企业等。

所谓直接转运战略就是指在这个战略中终端渠道由中央仓库供应货物，中央仓库充当供应过程的调节者和来自外部供应商的订货的转运站，而其本身并不保留库存。而经典配送战略则是在中央仓库中保留有库存。直接运输战略，则相对较为简单，它是指把货物直接从供应商运往终端渠道的一种配送战略。

(5)供应链集成与战略伙伴。由于供应链本身的动态性以及不同节点企业间存在着相互冲突的目标，因此对供应链进行集成是相当困难的。实践表明，对供应链集成不仅是可能的，而且它能够对节点企业的销售业绩和市场份额产生显著的影响作用。

(6)顾客价值的衡量。顾客价值是衡量一个企业对于其顾客的贡献大小的指标，这一指标是根据企业提供的全部货物、服务以及无形影响来衡量的。最近几年来，这个指标已经取代了质量和顾客满意度等指标。供应链系统随时间而变化也是一个重要的考虑因素。即使能够准确地预测需求(例如，供需双方签署长期合作合同)，计划过程也需要考虑在一段时间内由季节波动、发展趋势、广告和促销、竞争者的定价策略等因素引起的需求和成本参数的变化。这些随时间而变化的需求和成本参数使确定最有效的供应链管理战略变得更加困难。而事实上，最有效的供应链管理战略就是使供应链系统运行成本达到最小且满足顾客需求的战略。

在初级园艺产品市场，供应链管理可能是决定企业成败的唯一最重要的因素。在这种情况下，企业的竞争就是品牌行销的竞争，就是成本和服务水平的竞争，而成本和服务水平则是供应链管理中的两个关键要素。

供应链管理中的问题涉及许多方面的活动，从战略层次到战术层次一直到作业层次。战略层的问题是对公司有着长远影响的决策，包括关于制造工厂和仓库的数量、布局及产能大小以及物料在物流网络中流动等方面的决策。战术层的决策一般包括采购和生产决策、库存策略和运输策略等。而在作业层次上，则包括日常活动的决策，如计划、估计备货期、安排运输路线、装运等。

任务3 园艺产品的促销营销

情境案例

惠农网农桑节6月21日开启，千余种农产品优惠低至3折

作为2021年上半年重要的采购黄金期，继零售电商“618”狂欢后，农业B2B电商惠农网接棒，将联合全国优质农产品商家，于6月21—23日启动“农桑节”活动，实施惠农乡村，助力农村振兴。其间，惠农网将携平台头部商家发放百万补贴福利，并推出大宗批发三折起、1分钱领样、特价专供等多种形式的线上促销，为用户打造上半年规格最大的全品类、高性价比的大宗采购狂欢，助力实现农产品及农用物资自由，满足夏播、麦收、追肥、补苗等农业生产需求。感兴趣的采购商可以下载惠农网APP参与活动。

一、百万补贴加码，最高可享5重叠加优惠

惠农网“农桑节”活动设有主会场和追肥补苗、养殖补栏、当季农产品、热卖排行榜4个分会场，覆盖农资农机、种子种苗、禽畜肉蛋、水产、水果、蔬菜、粮油米面、农副加工、苗木花草等近千余种农产品品类以及农用物资，包括黑龙江的大米、山东的西瓜、湖北的小龙虾、广东的荔枝、广西的鸡苗等热销商品。热卖排行榜分会场基于真实的消费数据，指引消费，助力采购商快速选到口碑好、卖得也好的商品。采购商每天登录惠农网APP有机会获得满1 000减10元、10 000减100元的补贴券，最高可享限时折扣、满立减、粮票抵扣、店铺优惠券、平台补贴券等5重叠加优惠。除此之外，“农桑节”期间将每天10点、15点、20点上线3场“1分钱领样”活动。

二、短视频看货，省心还能赢现金大奖

惠农网创新采用比赛拿现金大奖、流量曝光的激励机制，让诚信商家、优质商品更加凸显。目前，“农桑节”抖货短视频有奖大赛正火热进行。即日起至6月23日，在惠农网APP抖货视频发布所需货品即可参赛，不仅有机会赢得千元现金大奖，还能了解行情、分级、仓储、物流等更多田间地头的实况信息，为决策提供参考。

三、采购无忧，“硬核”政策护航品质消费

自上线以来，惠农网以健全的诚信保障体系，优质的客服服务等为用户营造安全的交易环境，虚假价格赔付、货不对板赔付、24小时/48小时/72小时发货等保障服务，有效遏制不诚信交易的发生，让每次采购都有安心保障；“农桑节”期间，惠农网将升级平台基础设施能力，加码“服务力”，确保支付、售后等环节畅通；同时，惠农网将严格商家、商品准入制度，要求商家做到响应速度快、售后服务好、优惠力度大，并给精选出的品质高、口碑好的农产品贴上“农桑节”标签，节约买家筛选时间，保障促销期间的用户体验，实现采购无后顾之忧。

【引出问题】惠农网“农桑节”共举办了哪些营销促销活动？

【生成任务】通过该案例，运用促销策略开展园艺产品促销活动。

一、园艺产品促销概述

(一)园艺产品促销内涵

促销是市场营销活动的基本策略之一,同样是市场营销组合中的重要组成部分,适销对路的产品是园艺营销企业扩大销售的前提,合适的定价目标是园艺营销企业扩大销售的基本条件,适当的促销则是园艺企业扩大销售的必要手段。

促销是指企业利用各种有效的方法和手段,包括通过人员和非人员的方式,使消费者了解和注意企业的产品、激发消费者的购买欲望,并促使其实现最终的购买行为。促销的主要方法包括广告促销、人员推销、营业推广和公共关系促销四大类。促销的实质是信息沟通。企业为了促进销售,把信息传递的一般原理运用于企业的促销活动中,在企业与中间商和消费者之间建立起稳定有效的信息联系,实现有效的信息沟通。

(二)园艺产品促销作用

1. 沟通信息,消除生产经营者和消费者之间的时空矛盾

我国广袤独特的地域特点,造就了许多特色鲜明的园艺产品,同时也形成了产、销、消之间的时空矛盾,生产者有好的产品因消息闭塞而找不到销路,中间商和消费者又苦于不知道哪里有卖而不能实现各自愿望。例如,我国有些山区,农民几乎不种蔬菜,每家却有核桃、板栗栽培,但缺乏销售渠道,农民的生活比较贫困。这一现象一方面说明了地处偏远地区农民的市场经济观念淡薄;另一方面反映了产销时空矛盾的客观存在。通过宣传、促销、沟通信息,可以使更多的中间经营者和消费者及时了解生产信息。

2. 刺激需求,开拓市场,扩大销售

一般商品需求都是有弹性的,既可以在某种因素作用下扩大需求,也可以因某种原因导致缩小需求。例如,枣、核桃的营养滋补保健作用逐渐被人们认识,枣、核桃原果近几年销量不断上升,相关的初深加工也在不断增多。所以,以枣、核桃等为代表的小果生产经营将蕴含着很大的商机。而形色靓丽、酸甜适度,集观赏、食用保健功能于一身的石榴,在俄罗斯、加拿大等很多国家受到欢迎,被视为水果珍品。这些水果我国很多地区都有生产并且形成了产业带。通过宣传促销,可以不断开拓其国内外的新市场,让这些颇具潜力的园艺产品有更加广阔的国内外销售空间。

3. 有助于突出园艺产品生产经营者和园艺产品特色,稳定顾客

在激烈的市场竞争中,处于垄断地位的园艺生产经营者不多,独一无二的园艺产品也不多,在这种情况下通过有效的促销活动,可以树立良好的本企业形象,突出自身的经营特色和园艺产品特点,以及凭借购买本企业产品可以给中间商或消费者带来的特殊利益,扩大知名度,从而使顾客对本企业及本企业产品产生青睐,坚定重复购买本企业产品的信心。即使在市场衰退、销售下降的情况下,通过促销也可以稳定顾客,达到让更多的人购买本企业园艺产品的目的,使销量回升。

4. 反馈信息，提高经济效益

通过有效的促销活动，使更多的消费者或用户了解、熟悉和信任本企业的产品，并通过消费者对促销活动的反馈，及时调整促销决策，企业生产经营的产品就能适销对路，扩大企业的市场份额，巩固企业的市场地位，从而提高企业营销的经济效益。

（三）促销组合

促销组合是指企业根据促销的需要，对广告宣传、人员推销、营业推广与公共关系等各种促销方式进行的适当选择和配合；是企业在市场营销活动中有计划、有目的地把人员促销和非人员促销两大类中的人员推销、广告促销、营业推广和公共关系促销这些具体的促销方式结合起来，综合运用，形成一个完整的最佳促销策略。促销组合是一个有机的整体，是各种促销方式的正确选择、组合和运用。

促销组合体现了现代市场营销理论的核心思想——整体营销。促销组合是一种系统化的整体策略，4 种基本促销方式则构成了这一整体策略的四个子系统。每个子系统都包括了一些可变因素，即具体的促销手段或工具，某一因素的改变意味着组合关系的变化，也就意味着一个新的促销策略（图 5-3）。

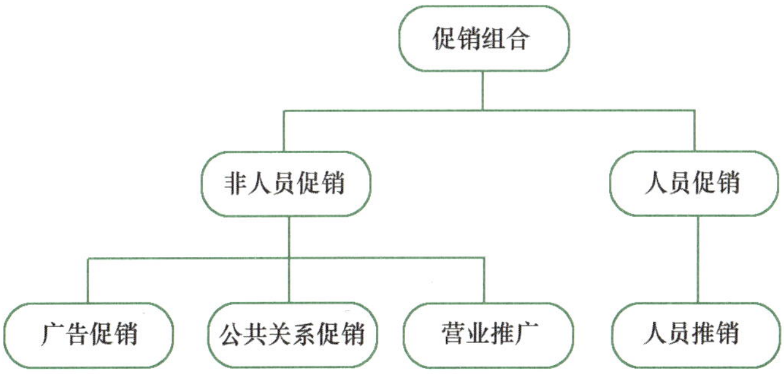

图 5-3 促销组合

（四）促销策略

1. 推式策略

推式策略即以直接方式，运用人员推销手段，把产品推向营销渠道（图 5-4）。其作用过程为，企业的推销员把产品推荐给批发商，再由批发商推荐给零售商，最后由零售商推荐给最终消费者。该策略适用于以下两种情况：①企业经营规模小，或无足够资金用以执行完善的广告计划。②市场较集中，分销渠道短，销售队伍大。

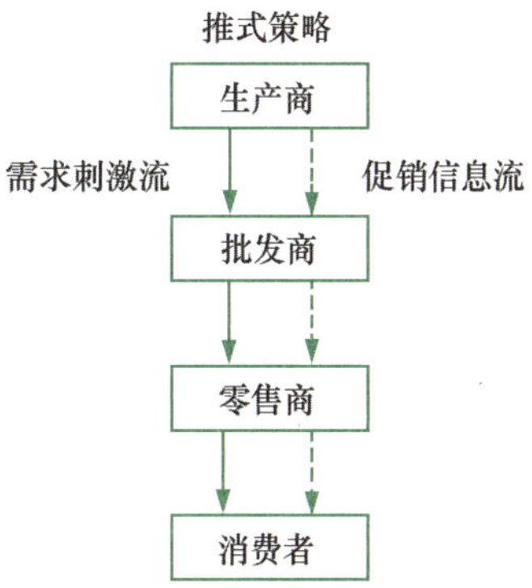

图 5-4 推式策略

如果选择推式策略，厂商首先通过某种方式针对批发商做促销，箭头所指是促销信息流，也就是生产商主要针对批发商来做促销。在这个地方，主要依靠的是人员推销，有时候也会选择营业推广，只不过营业推广是针对中间商采取的营业推广。

最常见的就是，批发商替生产商卖东西，如果经过特定时间，比如一年卖到多少钱，生产商就可能给批发商奖励，这是针对中间商采取的营业推广措施。所以总体来讲，推式策略就是说生产商首先针对批发商做促销，典型的手段就是营业推广或人员推销，生产商自己的业务员直接跟中间商联系，联系的过程中就告诉批发商，如果你卖我的产品，你可能会挣多少钱，卖多少我可能会给你什么奖励，在这个过程当中，就刺激批发商产生需求了。批发商就会愿意替生产商卖产品，所以可以看到需求刺激流也是从上到下流动的。批发商如果决定从生产商进货了，批发商就会和自己的下游零售商联系，也是通过相关的促销，典型的如人员推销、营业推广，告诉零售商来卖这些产品，卖得好作为批发商也给折扣、也给奖励。所以在这种形势下，又刺激了零售商产生经销这种产品的需求，需求刺激流也是从上到下进行的。零售商进完货之后，要考虑把产品卖出去，所以零售商就会在他自己的终端，针对目标顾客做一些相关的促销，比如做一些店头的广告，做一些奖励比如抽奖等来刺激顾客购买产品，在这个过程当中，促销信息流也是从上到下进行的，即零售商针对目标客户，通过促销来刺激目标顾客产生购买需求。

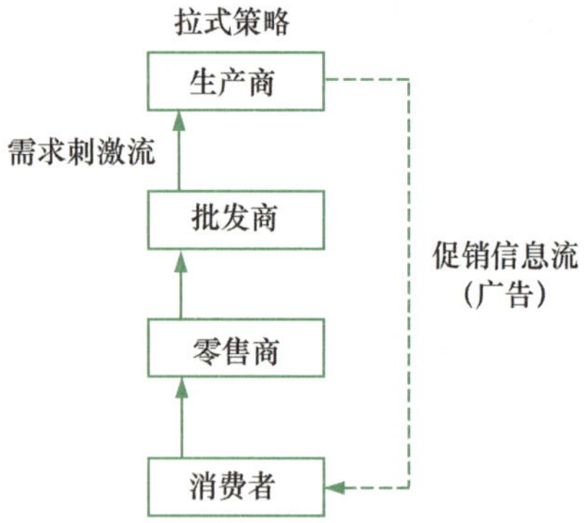

图 5-5　拉式策略

2. 拉式策略

采取间接方式，通过广告和公共宣传等措施吸引最终消费者，使消费者对企业的产品或劳务产生兴趣，从而引起需求，主动去购买商品(图 5-5)。其作用路线为，企业将消费者引向零售商，将零售商引向批发商，将批发商引向生产企业，这种策略适用于：①市场广大，产品多属便利品。②商品信息必须以最快速度告知广大消费者。③对产品的初始需求已呈现出有利的趋势，市场需求日渐上升。④产品具有独特性能，与其他产品的区别显而易见。⑤能引起消费者某种特殊情感的产品。⑥有充分资金用于广告。

如果选择拉式策略，生产商是直接面向目标顾客做促销。在促销过程当中，最典型的手段就是依靠广告，比如，生产商在中央电视台、北京电视台等电视台做电视广告，目标顾客看完这个广告之后，可能就会产生购买欲望。产生购买欲望之后，消费者就会寻求去购买这个产品，就会找零售商比如问问周边超市有没有这个产品，有的话就要买，在这过程当中，消费者就拉动零售商产生了进货的需求，因为这么多人都问这个产品，说明这个产品有销路，零售商就会产生进货的需求。可以看到整个需求刺激信息是从下往上走的，零售商就会向他上游的批发商询问有没有这个货，如果有的话打算进货，就把这需求刺激给批发商了。批发商看到有这么多零售商想进这种货，说明这种货有利可图，就会找厂家，问厂家能不能给供货，所以需求信息就这样从下到上传递。

拉式策略整个渠道的正常运转，完全是由厂家直接面向顾客做广告，刺激顾客产生需求之后，按照整个渠道结构层级，自下而上层层拉动。推式策略是从上一层一层往下推，最终到达目标顾客。

3. 推拉结合策略

在通常情况下，企业也可以把上述两种策略结合起来运用，在向中间商进行促销的同时，通过广告刺激市场需求，在推式促销的同时进行拉式促销，用双向的促销努力把园艺产品推向市场，推向消费者。

(五)促销组合的影响因素

促销方式各具特点，企业要制订出最佳组合策略，必须对促销组合进行筛选，影响促销组合策略的选择有以下几个因素。

1. 促销目标

最佳促销组合的确定要考虑促销目标。同样的促销工具在实际不同的促销目标上，成本和效益会不同。为了不同的促销目标，应有不同的促销组合。

促销目标是影响促销组合决策的首要因素。要明确促销的目的是什么，是为了短期内提高销售量、处理老产品库存还是新品上市促销等，这些都会影响促销策略的选择。每种促销工具都有各自独有的特性和成本，营销人员必须根据具体的促销目标选择合适的促销工具组合。

2. 产品的性质

园艺产品种类和品种极其繁多，产销极不均衡，诸如水果、蔬菜宜采用推式策略，利用人员促销，通过直接推销一方面调动中间商购买和存储的积极性，迅速占领市场。另一方面促进消费者加大时令水果、蔬菜的消费量，减少生产企业的贮存量。

3. 产品市场生命周期

产品市场生命周期是指一种产品从投入市场开始到退出市场为止的周期性变化过程。分为四个阶段：产品的投入期、成长期、成熟期、衰退期。产品市场生命周期也是产品的经济寿命，第四个阶段的到来便是退出市场的开始。在产品市场生命周期的不同阶段，促销目标有所不同，则应选择不同的促销组合策略。例如，一个新的园艺品种投入期，企业的促销目标就是让消费者认识和了解产品，因此宜采用广告宣传辅之人员推销的拉式策略。在产品的成长期，销售量迅速增长，企业的促销目标是进一步引起消费者的购买兴趣，因此应着重宣传产品特点，使他们逐渐对产品产生偏好，可以考虑多利用广告辅之公共关系的拉式策略；在产品的成熟期，企业的促销目标主要是巩固老顾客，增加消费者对产品的信任感，保持市场占有率，因此，应尽可能多地运用公共关系宣传，以提高企业和产品的声誉；在产品的衰退期，企业的促销目标主要是继续巩固老用户让其坚持购买，因此，促销方式应以营业推广为主，辅之以公共关系和广告宣传。

4. 市场性质

不同特点的市场需要采取不同的促销组合策略。一般来说，向小规模本地市场促销，应以人员推销为主，若开拓全国乃至国外市场，则应以广告促销和公共关系促销为主。人员推销、广告促销、营业推广、公共关系促销，四种促销形式各具特点、各有作用，相辅相成。企业应有计划地将各种促销方式有机地结合起来，适当选配和运用，使之互相配合。人员推销必须借助广告宣传介绍，才能引导更多的潜在消费者，广告宣传最终也要通过人的推销活动，才能实现销售产品的目的。因此，促销组合实质上是综合运用四种促销方式，使之成为一个有机整体，发挥其整体功能。应该指出，任何一种促销方式都有其固有的优点和缺陷。如人员推销可与用户建立牢固的业务关系，成交速度快，能详细周到地进行个别服务，但缺点是传递信息速度慢、接触面窄，需要人员多；广告虽然传递信息速度快，但费用高，可信度低。因此，企业在考虑商品促销时，应注意使各种促销方式扬长避短，优化组合，对其综合运用，以期达到最佳的促销效果。

5. 促销费用

促销组合的选择还取决于可支配的促销费用。大企业可以有“大手笔”，小企业也可以有“令人意想不到的诀窍”。通常可考虑的方法有：量力支出法、销售额比例法、竞争对等法、目标任务法、投资收益法。量力支出法就是指企业根据自己的实际财力决定自己的促销费用的大小。销售额比例法是指企业以销售额或售价的一定百分比为准来确定其促销费用的大小。竞争对等法是指企业在确定促销费用时，考虑主要竞争者的状况，希望从资金、促销手法与促销形式等方面与主要的竞争者对等。目标任务法是指企业根据自己的特殊任务目标，及完成目标需要的成本来确定自己的促销费用。投资收益法，即企业将促销当作一种投资，以期获得更大的收益，为此，可能会不惜代价。但是，各种方法都有利弊，因此，企业必须谨慎选择。

二、广告促销

（一）广告促销的概念

广告是指商品经营者或者服务提供者，通过付费，借助一定媒介直接地或者间接地介绍自己所推销的商品或者所提供的服务或观念，属非人员促销方式。

（二）广告促销目标

首先，销售产品与销售信息截然不同。营销目标的基本点是销售额与利润，而广告目标则代表了对目标顾客传达销售信息，并达到某种传播效果的标准。测定营销目标的具体形式就是销售金额和利润数量，而广告目标则是以公司及产品在消费者中知名度的提升、态度或观念的转变，并最终促进消费行为来认定的。

其次，即时效果与延时效果也不一致。营销目标往往以单一的时间段作为衡量标准，比如通常企业根据产品销售和财务核算确定一个月或一年是一个周期。而广告在一般情况下都有一个迁延特性，这个迁延特性包括两方面含义：其一是广告效果一般情况下并不是立竿见影的，大多数广告效果的显现要在广告投放相当时间之后才有所表露；其二是广告作为一种对消费者心理及观念的影响，它的有效性往往具有相当长时间的持续性，即使在广告投放结束之后，仍旧在消费者中存在着以往广告投放的影响。

最后，有形结果与无形结果殊有差异。营销目标通常是一些具体的措施和明确的数字，它以准确无误的计量单位来说明，如营销渠道和网点、利润数字、上货率等。广告目标虽然也力求定量化，但在实施之后所达成的结果常常很难具体化，如消费者态度的转变、意见的改变、信心的激发等，许多属于心理状态，很难用具体数字来对这种模糊性质加以测定。

（三）广告促销的特点

1. 信息性

通过广告告知消费者某类产品的信息。消费者在未购买之前对产品先有了一定的了解，这样会缩短打开市场的时间。猕猴桃种植业的发展就是一例，我国的猕猴桃种植原来只集中于陕西省等少数地区，如何才能扩大生产，打开全国的消费市场？在猕猴桃种植发展之初，有关部门就通过各种方式向消费者介绍猕猴桃的营养价值，还赋予了其美好的称谓，例如猕猴桃是“中华之果”、是“天然的维 C 之王”等。所以猕猴桃投放市场后很快被广大消费者接受而迅速打开了销路。

2. 说服性

广告是人员推销的补充，人员推销时先有广告做基础，能够加快顾客购买速度，坚定购买决心。随着时间的流逝，顾客可能对企业及企业产品淡忘，广告还可以刺激记忆说服其购买。

3. 群体性

广告不是针对某一个人或某一个企业而设计的，是以某一个受众群体为接受对象的，由于广告是利用某种媒介发布的，所以广告的接受者一定是群体而不是个体。

4. 效果显著性

随着人们生活水平的提高，尤其是电视机、手机移动端的普及，人们接触宣传媒体的机会增多，速度加快，一则好的广告会很快被人们熟悉并迅速传播开来。请名人、明星做园艺产品代言人进行广告宣传的也不乏其数。

(四)广告宣传的原则

1. 真实性原则

我国广告法，对广告活动提出了广告应当真实合法，符合社会主义精神文明建设等几项基本要求，并特别提出，广告不得含有欺骗和误导消费者的内容。广告的生命在于真实，进行广告宣传必须如实地向消费者介绍产品，不可夸大其词，误导消费者。例如，某些蔬菜或水果的食疗价值，绝不可以说成有治疗作用。

2. 效益性原则

设计、制作发布广告时要做好市场调查，有些广告媒介费用很高，要根据宣传的目标、规模、任务、市场通盘考虑，从实际出发，节约成本，力争以最少的广告费用，取得最大的效益。

3. 艺术性原则

广告内容是通过艺术形式反映和表现出来的，无论是电视广告、印刷广告、广播广告或其他广告，都分别或全面地通过美的语言、美的画面、美的环境将广告意念烘托出来。要处理好真实性和艺术性的关系。艺术形式不得违背真实性原则，要运用新的科学技术，精心设计、制作广告，要给人以美感，要使广告的受众从中得到启发，受到感染。

(五)广告媒体选择

广告媒体主要包括：印刷品媒体(报纸、杂志、书籍、传单等)；电子媒体(电视、广播、国际互联网等)；邮政媒体(通过邮寄方式送达消费者的产品目录、价目表、说明书等)；销售现场媒体(店头广告、实物演示、店内灯箱等)；纪念品媒体(年历、手册、小工艺品等)。

一般来讲，选择广告媒体要从企业或商品特点和促销目标出发，选择覆盖面广、传播速度快，直接接触目标市场，节省广告成本，能获得最佳促销效益的广告媒体。广告媒体选择主要考虑以下几点。

1. 目标市场

广告的目的就是对目标市场的潜在顾客发生影响，从而促进购买。因而，选择广告媒体要考虑消费者易于接触，并乐于接受的媒体。还要根据目标市场范围，选择覆盖面与之适应的媒体。如开拓区域市场，可选择地方报纸、电台、电视台，如果提高在全国的知名度，则宜选择全国性的媒体。

2. 广告商品的特性

由于商品的性质、性能、用途不同，宜选择不同的广告媒体。例如，对于一般的园艺产品可用电视、广播或宣传单等，对于专业技术含量较高的种子、种苗等，则宜利用专业性报纸杂志，或邮寄广告形式，以便更直接地接触广告对象。

3. 媒体性质

主要是考虑媒体本身的流通性、时间性、覆盖面和表现力等。

4. 广告预算

不同媒体费用不同，同一媒体不同时间、位置费用也会不同。企业在选择时要根据自身财力和对广告效果预期选择适宜的媒体。即在选择广告媒体时不能超出广告预算的许可范围。

三、人员推销

人员推销是为了达成交易，通过用口头介绍的方式，向一个或多个潜在顾客进行面对面的营销通报。这是一种传统的推销方式，人员推销与其他促销方式相比有不可替代的优点，所以至今仍是营销企业广泛采用的一种促销方式。人员推销有三个基本要素：推销人员、推销品和推销对象。在这三个要素中推销人员的素质高低直接关系到推销的效果，影响企业营销目标的实现。因此，企业要认真选拔推销人员，严格培训和考核制度，加强对推销人员的管理，努力培养高素质的推销人员队伍。

（一）人员推销的特点

1. 灵活，针对性强

销售人员直接与顾客联系，可对各类顾客的特殊需要，设计具体的推销策略并随时加以调整，及时发现和开拓顾客的潜在需求。对顾客提出的质疑及时解答，消除顾虑，促成购买行为。

2. 感召顾客，说服力强

满足顾客需要，为顾客服务是实现产品销售的关键环节。销售人员直接与顾客接触，可以通过察言观色准确了解顾客心理，从顾客切实需要出发，为顾客解决困难，提供优质服务，从而与顾客之间建立起一定的感情，使顾客产生信任感，最终促成销售。

3. 过程完整，竞争力强

人员推销是从选择目标市场开始，经过了解顾客需求，当面介绍产品，例如，水果可品尝，花卉可观、闻，提供各种服务，说服顾客购买，最后促成交易这样一个完整的过程。随着过程的终结，也就实现了销售行为。人员销售的这一特点是任何促销方式所不具备的。

人员推销成本高，所需人力、物力、财力和时间成本高，寻找优秀推销员不易。

(二)推销人员的任务

1. 顺利销售产品,扩大产品的市场占有率,提高产品知名度

公司经营的中心任务就是占领和开拓市场,而推销员正是围绕这一中心任务开展工作的。推销员的重要任务就是在复杂的市场中寻找新的、尚未满足的消费需求。他们不仅要说服顾客购买产品,沟通与老顾客的关系,而且还要善于培养和挖掘新顾客,并根据顾客的不同需求,实施不同的推销策略,不断扩大市场领域,促进公司生产的发展。

2. 沟通信息

顾客可通过推销员了解公司的经营状况、经营目标、产品性能、用途、特点、使用、维修、价格等诸方面信息。刺激消费者从需求到购买行动的完成,同时,推销员还肩负着搜集和反馈市场信息的任务,应及时了解顾客需求、需求特点和变化趋势,了解竞争对手的经营情况,了解顾客的购后感觉、意见和看法等,为公司制订有关政策、策略提供依据。

3. 推销商品,满足顾客需要,实现商品价值转移

推销员在向顾客推销产品时,必须明确他推销的不是产品本身,而是隐藏在产品背后的对顾客的一种建议,即告诉顾客,通过购买产品,他能得到某些方面的满足。同时,要掌握顾客心理,善于应用推销技巧,对不同顾客使用不同的策略。

4. 良好的服务是推销成功的保证

推销员在推销过程中,应积极向顾客提供多种服务,如业务咨询、技术咨询、信息咨询等。推销中的良好服务能够增强顾客对企业及其产品的好感和信赖。

(三)人员推销的基本形式

1. 上门推销

上门推销是最常见的人员推销形式。它是由推销人员携带产品样品、说明书和订单等走访顾客,推销产品。这种推销形式可以针对顾客的需要提供有效的服务,方便顾客,故为顾客广泛认可和接受。

2. 柜台推销

柜台推销又称门市,是指企业在适当地点设置固定门市,由营业员接待进入门市的顾客,推销产品。门市的营业员是广义的推销员。柜台推销与上门推销正好相反,它是等客上门式的推销方式。由于门市里的产品种类齐全,能满足顾客多方面的购买要求,为顾客提供较多的购买方便,并且可以保证产品完好无损,故顾客比较乐于接受这种方式。

3. 会议推销

会议推销是指利用各种会议向与会人员宣传和介绍产品,开展推销活动。譬如,在订货会、交易会、展览会、物资交流会等会议上推销产品。这种推销形式接触面广、推销集中,可以同时向多个推销对象推销产品,成交额较大,推销效果较好。

(四)销售人员的基本素质

1. 关系处理能力

关系处理能力主要包括正确处理与企业关系的能力、正确处理与促销对象关系的能力、正确处理与竞争对手关系的能力。

2. 良好的个人修养

忠于职守，诚实守信。营销人员还应该注意培养自己仪表端庄、举止文雅、作风正派、谦虚礼貌、平易近人等良好的气质和外表风度，给消费者一种亲切、愉快和满意的直观感觉，以赢得他们的信任，为销售工作的顺利开展奠定基础。

3. 宽领域的知识结构

宽领域的知识结构包括宏观经济知识、企业知识、产品知识、用户知识、法律知识。

4. 全面的销售能力

例如，市场开拓能力、成功谈判能力、吃苦耐劳精神、敏锐的洞察力、业务组织能力、业务控制能力、应变创新能力。

(五)人员推销的关键技巧

1. 上门推销技巧

(1)找好上门对象。可以通过商业性资料手册或公共广告媒体寻找重要线索，也可以到商场、门市部等商业网点寻找客户名称、地址、电话、产品和商标。

(2)做好上门推销前的准备工作，尤其对企业的发展状况和产品、服务的内容材料要十分熟悉、充分了解并牢记，以便推销时有问必答；同时对客户的基本情况和要求应有一定的了解。

(3)掌握“开门”的方法，即要选好上门时间，以免吃“闭门羹”，可以采用电话、传真、电子邮件等手段事先交谈或传送文字资料给对方并预约面谈的时间、地点。也可以采用请熟人引见、名片开道、与对方有关人员交朋友等策略，赢得客户的欢迎。

(4)把握适当的成交时机。应善于体察顾客的情绪，在给客户留下好感和信任时，抓住时机发起“进攻”，争取签约成交。

(5)学会推销的谈话艺术。

2. 洽谈艺术

首先，注意自己的仪表和服饰打扮，给客户一个良好的印象；其次，言行举止要文明、懂礼貌、有修养，做到稳重而不呆板、活泼而不轻浮、谦逊而不自卑、直率而不鲁莽、敏捷而不冒失。在开始洽谈时，推销人员应巧妙地把谈话转入正题，做到自然、轻松、适时。可采取以关心、赞誉、请教、炫耀、探讨等方式入题，顺利地提出洽谈的内容，以引起客户的注意和兴趣。

在洽谈过程中，推销人员应谦虚谨言，注意让客户多说话，认真倾听，表示关注与兴趣，并做出积极的反应。遇到障碍时，要细心分析，耐心说服，排除疑虑，争取推销成功。在交谈中，语言要客观、全面，既要说明优点所在，也要如实反映缺点，切忌高谈阔论、“王婆卖瓜”，让客户反感或不信任。洽谈成功后，推销人员切忌匆忙离去，这样做会让对方误以为上当受骗了，从而使客户反悔违约。应该用友好的态度和巧妙的方法祝贺客户做了笔好生意，并指导对方做好合约中的重要细节和其他一些注意事项。

3. 排除推销障碍的技巧

(1)排除客户异议障碍。若发现客户欲言又止，自己应主动少说话，直截了当地请对方充分发表意见，以自由问答的方式真诚地与客户交换意见。对于一时难以纠正的偏见，可将话题转移。对恶意的反对意见，可以“装聋扮哑”。

(2)排除价格障碍。当客户认为价格偏高时，应充分介绍和展示产品、服务的特色和价值，使客户感到“一分钱一分货”；对低价的看法，应介绍定价低的原因，让客户感到物美价廉。

(3)排除习惯势力障碍。实事求是地介绍客户不熟悉的产品或服务，并将其与他们已熟悉的产品或服务相比较，让客户乐于接受新的消费观念。

(六)人员推销的管理

1. 规范推销员管理的基础工作

推销工作点多面广，需要推销员根据顾客千差万别的具体情况，充分发挥主观能动性，以较强的应变能力，因人因时因地制宜地做好工作，才能顺利完成交办的推销任务。企业推销管理部门不可能也不应该用一套刻板的、整齐划一的模式来束缚推销员的手脚。这并不是说，因为推销员面临的市场情况千变万化，推销员管理就无处下手了。相反，市场情况越是复杂，市场范围越是广阔，推销管理部门就越应该强化推销员管理的一系列基础工作。这些基础工作主要是指认真制定并严格执行一系列的推销员管理制度。

2. 合理分派推销员任务

针对企业产品实际情况，合理分派推销员任务。如果企业产品品种单一，或虽然有多个产品品种，但其技术相似性、使用相似性较明显，则应按地区分派推销员较为适宜；如果企业产品品种繁多且彼此间相关性不强，则宜采取按品种分派任务的方法；如果企业产品品种繁多，分为若干大类，类别之间差异较大，类别内部相似性强，那么就应在不同类别间按品种分派，在类别内部按地区分派，以兼收两种方法的优点。

3. 推销员管理的定量化

推销员管理是通过对推销员所从事的具体业务环节的管理来实现的，这些业务环节包括对推销产品的管理、对市场的管理、对市场信息的管理、对经销商的管理。为保证各个环节的顺畅、高效运行，实行联销计酬、建立激励机制在企业界已得到普遍认同，但应注意不能只从产品销量上来考察，应联系销售价格、推销费用、货款回收速度、信息反馈的数量与质量，结合地区市场有关特点进行综合考察，长期追踪记录，不但把它作为推销员工资联销计酬的依据，而且要把它作为考核推销员敬业精神、业务水平及提拔使用的重要资料。推销员管理从定性管理过渡到定量管理是一种进步，只有核定指标体系并认真实施，才能不断提高推销员管理工作的水平。

案例链接

水果促销有绝招

几年前，从单位辞职的小叶因为没有技术，也没多少本钱，只能在路边摆水果摊挣钱。有一年夏天，天气炎热。小叶进了几千斤西瓜，卖了还不到一半，天气预报就说近日要下大雨。要知道卖瓜的最怕下雨，一下雨，瓜就难卖了。所以小叶很着急，他想，要是这堆西瓜下午被抢购完就好了。怎么才能办到呢？降价吧，亏本不说，而且会遭到别的卖瓜者排挤；高声吆喝吧，嗓子不可能打持久战。反复琢磨，还是想不出办法。

此时，两个小学生从瓜摊前路过，其中一个握紧拳头对另一个说："你猜我手里是什么，猜对了就给你，猜不对，你就给我一块糖。"蓦地，小叶心里一动，自己何不也用"猜"来促销？随即他找来一个广告牌，上面写道：买瓜有奖。凡买者挑中一个西瓜后猜中重量(误差允许在三两之内)，就将瓜奉送，如猜不中就按原价付钱。广告一出，顿时吸引了不少人，甚至一些本不想买瓜的人也围拢过来。有人好胜心强，挑了一个瓜没猜中，就又挑一个，直到买了好几个才罢休。还有一群年轻人，相互比赛谁能猜中，结果最后买了二十几个瓜，不得不叫一辆的士运走。不到 3 个小时，西瓜一售而空。小叶算了算，被猜中的瓜不过十来个，也就两百斤，但一下午共赚了 1 000 来块钱。

尝到了甜头以后，小叶凡碰到水果滞销，就想点子来促销。一次，他到水果市场批发水果，一个商贩有近千斤小番茄急于脱手贱卖，小叶有些犹豫，因为他认为小番茄应在菜场上购买，如当作水果恐怕不好卖。正要推辞，恰巧一对情侣经过，说起次日是情人节。小叶心一动，小番茄好似颗颗红心，若冠名为"情人果"，说不定能卖个好价钱。于是，他把小番茄全部拿下来了。

第二天清早来到集市，小叶竖起一个广告牌：情人节买情人果，代表爱心一颗颗。这一招果然奏效，许多青年男女争相购买，不到一上午，"情人果"就被抢购一空。

还有一次，小叶进了很多梨，原想时至"秋老虎"季节，梨子可润肺止燥理应好卖，可卖了两天只销掉百来斤。小叶琢磨原因，或许眼下水果种类多且都好卖，就把梨子挤在了一边。这时走过一对中年夫妻，丈夫想买几斤梨，妻子则说梨子吃多了喉咙会疼。小叶忙解释梨子能清凉润肺，解渴止咳。妻子听了，终于买了几斤梨。这让小叶受到启发，他回家上网查找吃梨的益处，第二天就在摊前打出广告：秋季吃梨好处多，并在下面细数吃梨的种种益处。这样一来，凡看广告的人大都会买几斤梨。这样不到两天，这批梨子就卖完了。

四、营业推广

(一)营业推广的含义

营业推广是一种适宜于短期推销的促销方法，是企业为鼓励购买、销售商品和劳务而采取的除广告促销、公共关系促销和人员推销之外的所有企业营销活动的总称。根据营业推广的对象不同，营业推广分为：面向中间商的营业推广、面向消费者的推广。

(二)营业推广的特点

1. 刺激购买,见效快

由于营业推广是通过特殊活动给顾客提供了一个特殊的购买机会,使购买者感觉到此机会是购买产品的绝对良机,此时的购买决策最为果断,因此促销见效最快。

2. 营业推广的应用范围有一定局限性

营业推广的刺激强烈,但时效较短,它是为企业创造声势获取快速反应的一种短暂促销方式,是广告和人员推销的一种辅助方式,影响面较小,适用于一定时期内的一定产品;如过分渲染或长期频繁使用,容易使顾客对卖者产生疑虑,反而对产品或价格的真实性产生怀疑。同时推广的形式也要慎重选择,不同的园艺产品要选用不同的营业推广方式,方式选择不当不但起不到促销作用,还会给购买者造成误会,导致对本企业及企业产品产生负面影响。

(三)营业推广的作用

1. 吸引消费者购买

这是营业推广的首要目的,尤其是在推出新产品或吸引新顾客方面,由于营业推广的刺激比较强,较易吸引顾客的注意力,使顾客在了解产品的基础上采取购买行为,也可能使顾客追求某些方面的优惠而使用产品。

2. 奖励品牌忠实者

因为营业推广的很多手段,譬如销售奖励、赠券等通常都附带价格上的让步,其直接受惠者大多是经常使用本品牌产品的顾客,从而使他们更乐于购买和使用本企业产品,以巩固企业的市场占有率。

3. 实现企业营销目标

这是企业的最终目的。营业推广实际上是企业让利于购买者,它可以使广告宣传的效果得到有力的增强,破坏消费者对其他企业产品的品牌忠实度,从而达到本企业产品销售的目的。

(四)营业推广的形式

营业推广的形式众多,难以枚举。综合起来主要大致有以下几种具体形式。

1. 折价销售、差价销售

折价可以根据购买数量、购买时间、是否现金结算、运费承担、责任等,在商品原价格基础上打一个折扣,但不是残次商品的削价处理。例如,蔬菜、鲜切花卉上午货品新鲜按正常定价销售,下午由于损失一部分水分而使感官质量下降,这种情况可在原价格基础上打折销售。再如,中间商往往是大宗购买,可以按批量实行批量差价,这样做一方面鼓励中间商多进货;另一方面在稳定老客户同时发展新客户,季节差价也是常用的差价依据。

2. 附赠品销售

这是指以较低的代价或免费向购买者提供某一物品,以刺激购买者购买某一特定产品的行为。例如,某一消费者购买一盆栽花卉,附赠一定数量的花肥,或附赠另外一种商品。中间商购进一定数量的水果，附赠精美的规格化包装盒。这样中间商可通过对部分商品进行二次包装，提高商品附加价值，刺激中间商积极销售本企业园艺产品。

3. 展室陈列

这种促销方式同广告宣传相比使购买者更放心。现场陈列园艺销售品的特点，可看、可闻、可触，能使购买者确切地了解产品的质量。有人把展室陈列喻为“无声的推销员”。对园艺产品的中间商特别是零售来说，展室陈列是良好的促销方式。要充分发挥这种方式的促销作用，需要注意陈列商品的技术。商品陈列要符合商品特点，充分反映商品品质优良的一面。

4. 其他形式

召开产品推介会、举办园艺产品专门节会、请购买者自采自摘也是近几年来兴起的一种新的营业推广形式，某些大型的果蔬产品基地可以通过邀请中间商或目标市场消费者到生产、加工地参观提高声誉和知名度，达到宣传产品、宣传企业的营业推广目的。

(五)营业推广的基本原则

营业推广虽是一种有效的促销方式，但若使用不当，不仅达不到促销目的，反而会影响园艺产品的销售，甚至损害企业形象，因此，营业推广应遵循以下原则。

1. 目标原则

营业推广必须有明确的目标。销售企业应当根据目标市场和整体策略来确定推广目标，依据目标制订周密的推广计划，并把长期目标与短期目标有机结合。

2. 费用原则

通过营业推广可以增加销售额，同时也增加了费用。销售企业要权衡推销费用与营业收益的得失，把握好所费与所得的比值，从而确定促销规模和程度。

3. 对象原则

不同的营业推广手段对不同对象的作用差别是很大的。销售企业必须事先对营业推广对象进行全面分析后分类排队，因地制宜地选用某一种或几种营业推广形式、手段，否则会事与愿违。

4. 时间原则

营业推广的时间必须与产品季节及其他经营活动相协调，时间选择要恰到好处，不能太长又不能太短，既要给购买者欲购从速的吸引力，又不能造成急于推销和减价的印象。

5. 比较原则

同一种促销方式在不同的时空条件下会有不同的促销效果，销售企业每次进行营业推广之前，都要将几种促销方式进行比较，看营业推广是否是最好方式。要把营业推广取得的成果资料与推广目标和计划进行分析比较，肯定成绩，找出问题，以便实现推广目标。

(六)营业推广的控制

营业推广控制大约有以下五个方面：

1. 确定推广目标

营业推广目标的确定就是要明确推广的对象是谁，要达到的目的是什么。只有知道推广的对象是谁，才能有针对性地制订具体的推广方案，如是为达到培育忠诚度的目的，还是以鼓励大批量购买为目的。

2. 选择推广工具

营业推广的方式方法很多，但如果使用不当，则会适得其反。因此，选择合适的推广工具是取得营业推广效果的关键因素。企业一般要根据目标对象的接受习惯和产品特点、目标市场状况等来综合分析选择推广工具。

3. 推广的配合安排

营业推广要与营销沟通其他方式如广告促销、人员推销等整合起来，相互配合，共同使用，从而形成营销推广期间的更大声势，取得单项推广活动达不到的效果。

4. 确定推广时机

营业推广的市场时机选择很重要，如季节性产品、节日、礼仪产品，必须在季前节前做营业推广，否则就会错过时机。

5. 确定推广期限

即营业推广活动持续时间的长短。推广期限要恰当，时间过长，消费者新鲜感丧失，会产生不信任感；时间过短，一些消费者还来不及接受营业推广的实惠。

五、公共关系促销

(一)公共关系促销的含义

公共关系促销是企业的一种营销方式。企业利用公共关系的维护和宣传，展示品牌形象，为产品推广做市场宣传。公关促销并不是推销某个具体的产品，而是利用公共关系，把企业的经营目标、经营理念、政策措施等传递给社会公众，使公众对企业有充分了解；对内协调各部门的关系，对外密切企业与公众的关系，扩大企业的知名度、信誉度、美誉度。为企业营造一个和谐、亲善、友好的营销环境，从而间接地促进产品销售。公共关系有三个基本要素。

第一，公共关系的主体是组织。任何组织在它生存发展过程中都和社会环境发生各种各样的关系，组织运用传播沟通手段来处理这些关系就是公共关系。公共关系强调成功的、和谐的人际关系，力求良好的社会舆论环境。

第二，公共关系的对象或客体是公众。公众总是与某个组织相关，他们的观点、态度和行为决定了这个组织的成败，组织必须和他们建立有效的沟通，争取他们对自己的了解、理解、信任、合作和支持。

第三，公共关系的手段是传播沟通。公共关系必须借助各种现代传播技术、信息载体和沟通方法来实现组织和公众之间的有效传播。

公共关系是一门“内求团结、外求和谐”的处事原理。公共关系不同于营业推广，它注重的是长期效应，属于一种间接的促销手段；公关促销不仅推销园艺产品，还推销企业的品牌、树立企业的良好形象，如果园艺产品推销出去了，关系却给毁掉了，也是失败的推销。公共关系的促销效果不是一夜之间就能达到的，而是长期坚持不懈努力的结果。一旦树立了企业品牌的良好信誉，就能在一定的时间内产生良好的销售成果。

(二)公共关系促销的作用

(1)有助于树立良好的企业形象,赢得顾客好感。

(2)有助于企业取得社会各界对其的理解和支持,营造一个良好的发展环境。

(3)有助于实现低成本扩张。公共关系活动可以赢得媒体免费且广泛的报道,还有利于口碑营销。

(4)有利于公众接受沟通信息。不像广告那么有利益性,消费者不会产生强烈的抵触情绪。

(三)公共关系促销的形式

公关活动的形式可以多样。例如,①内部刊物。这是企业内部公关的主要内容。企业各种信息载体,是管理者和员工的舆论阵地,是沟通信息、凝聚人心的重要工具。②发布新闻。由公关人员将企业的重大活动、重要的政策以及各种新奇、创新的思路编写成新闻稿,借助媒体或其他宣传手段传播出去,帮助企业树立形象。③举办记者招待会。邀请新闻记者,发布企业信息。通过记者的笔传播企业重要的政策和产品信息,这种方式传播广,信誉好,可引起公众的注意。④设计公众活动。通过各类捐助、赞助活动,努力展示企业关爱社会的责任感,树立企业美好的形象。⑤企业庆典活动。营造热烈、祥和的气氛,显现企业蒸蒸日上的风貌,以树立公众对企业的信心和偏爱。⑥制造新闻事件。制造新闻事件能起到轰动的效应,常常引起社会公众的强烈反响,如海尔张瑞敏刚接手海尔时的“砸冰箱”事件,至今人们谈及还记忆犹新。⑦散发宣传材料。公关部门要为企业设计精美的宣传册或画片、资料等,这些资料在适当的时机,向相关公众发放,可以增进公众对企业的认知和了解,从而扩大企业的影响。

(四)公共关系促销的工作步骤

公关的主要职能是信息采集、传播沟通、咨询建议、协调引导,作为一个完整的工作过程,应该包括以下四个步骤:

1. 市场调查研究

市场调查研究是做好公关工作的基础。企业公关工作要做到有的放矢,应先了解与企业实施的政策有关的公众意见和反映。公关要把企业领导层的意图告诉公众,也要把公众的意见和要求反映到领导层。因此,公关部门必须收集、整理、提供信息交流所必需的各种材料。

2. 确定公关目标

在调查分析的基础上明确问题的重要性和紧迫性,进而根据企业的总目标的要求和各方面的情况,确定具体的公关目标。一般来说,企业公关的直接目标是促成企业与公众的相互理解,影响和改变公众的态度和行为,建立良好的企业形象。公关工作是围绕着信息的提供和分享而展开的,因而具体的公关目标又分为传播信息、转变态度和唤起需求。企业不同时期的公关目标,应综合公众对企业理解、信赖的实际状况,分别确定以传递公众急切想了解的情况,改变公众的态度或是以唤起需求、引起购买行为为重点。

3. 信息交流

公关工作是以说服力的传播去影响公众,因而公众工作过程也是信息交流的过程。企业面对广大的社会公众,与小生产条件下简单的人际关系大相径庭。必须学会运用大众传播媒介及其他交流信息的方式,从而取得良好的公关效果。

4. 公关效果评估

企业应对公关活动是否实现了既定目标进行评价。公关工作的成效可从定性和定量两方面评价。信息传播可以强化或转变受传者固有的观念和态度，但人们对信息的接受、理解和记忆都具有选择性。传播成效的取得，是一个潜移默化的过程，在一定时期内很难用统计数据衡量。有些公关活动的成效，可以进行数量统计，如理解程度、抱怨者数量、传媒宣传次数、赞助活动等。评价结果的目的在于为今后公关工作提供资料和经验，也可向企业领导层提供咨询。

知识拓展

家庭农场园艺产品营业推广手段

1. 现场促销

根据园艺产品的特点，园艺产品的营业推广适合采用特价、价格折扣与优惠券、免费品尝展销会、加量不加价等方式。生鲜超市常对某一种蔬菜进行特价限量购买，以树立一种物美价廉的形象，带动其他生鲜产品的销售。

2. 免费体验

比如，有的家庭农场召集消费者进行“农场体验”活动、“农业观光旅游”或者“农家乐”营销，把园艺产品的优、劣完整体现在消费者面前，通过对产品的观、闻、品、验等手段，让消费者明白农场的生产流程，这样将大大提升消费者的感官识别，从而建立牢固的产品信任感，促进就地应时消费。

3. 教育服务

家庭农场可以依靠社区的组织关系来进行园艺产品的教育与消费，与物业、居委会联合，把农场从田间地头到餐桌的生产全过程进行演绎，让消费者明白园艺产品是如何生产、加工、贮藏、运输到消费者手中的，通过怎么样的质量检验来保证品质。利用社区关系互相共融，保证常年的园艺产品供应，建立良好的供应关系与渠道，提高信任度。

4. 引导对比

如果家庭农场有非常好的园艺产品，就可以采取和其他产品进行对比的方式进行营销。比如，观望，看外观；品尝，尝品质；比较价格、重量、产地、颜色、品牌等，通过对比手法，强调产品的实质，引导消费者通过观望、尝试到形成消费。

5. 公共关系

由于园艺产品的促销活动一般由政府和当地新闻媒体一起发动，所以依靠公共关系进行产品促销往往能够取得较好的效果。参加各种园艺产品展销会是家庭农场促销自己园艺产品的好机会。这些展销活动多数是由产地或行业组织在政府支持下举办的。活动之前通过发通知、做广告等进行广泛宣传，活动的组织机构还向有关部门和企业发出参会邀请。展销会一般都有开幕式、领导剪彩等仪式，其间邀请各种媒体参与采访报道，声势浩大，参加者踊跃，是促成大批量订货的好机会。有些展销会在园艺产品产地举办，邀请众多客商前来并安排现场参观和座谈交流，不但产品促销效果好，而且树立了良好的产地形象，扩大了产地的知名度。如农业部门举办全国优质园艺产品展销周活动就是要向中外客商展示全国各地的优质特色园艺产品、绿色食品和有机食品，进一步促进园艺产品贸易流通，丰富园艺产品市场供应。

项目小结

本项目包括三方面内容：一是认识园艺产品营销渠道，在阐述了营销渠道含义、类型及影响因素的基础上，介绍了直接营销渠道与间接营销渠道中间商类型，渠道成员管理及评估调整，园艺生鲜品常见营销渠道；二是园艺产品的物流及配送，分别阐述了园艺产品物流管理目标及内容、物流管理的关键技术，园艺产品配送含义、目标及方法，园艺生鲜品冷链配送的构成、特点及影响因素；三是园艺产品的促销营销，分别阐述了广告促销、人员推销、营业推广、公共关系促销形式的含义、特点、形式等内容。

项目实训

实训项目 1：园艺产品营销渠道成员的激励

实训目标：能够对园艺产品的营销渠道成员实现最优化管理。

实训要求：以 3～5 人学生小组为单位，调查某一农民专业合作社或小型农业企业，剖析其销售渠道优劣，分析其渠道成员的激励现状，对其渠道管理进行评估，完成其营销渠道的调整及优化方案。

实训项目 2：园艺产品配送管理及优化

实训目标：能够实现园艺产品配送的最优化设计。

实训要求：以 3～5 人学生小组为单位，对某生鲜超市的配送进行调研，分析其配送过程现状，结合其配送范围，完成其配送流程优化设计方案。

实训项目 3：开展某园艺产品的促销活动

实训目标：能够运用促销形式助销某园艺产品。

实训要求：以 3～5 人学生小组为单位，对市场上某园艺产品经营主体的促销活动进行调研，并分析其现实销售状况，为其策划设计某一促销活动，并形成最终方案。

习题测试

一、基本概念

营销渠道　物流　供应链　促销　人员推销　广告促销　营业推广　公共关系促销　ABC 控制法　经济批量管理　配送

二、单项选择题

1. 下列不属于分销渠道主要职能的是(　　)。

A. 促销　　B. 谈判　　C. 融资　　D. 价格

2. 销售渠道构成的要素有(　　)。

A. 三个　　B. 四个　　C. 五个　　D. 六个

3. 主要业务是将商品直接销售给最终消费者的商家称为(　　)。

A. 零售商　　B. 直销商　　C. 批发商　　D. A 或 B

4. 生鲜水果蔬菜销售渠道更多是采用(　　)的形式。

A. 长而宽　　B. 长而窄　　C. 短而宽　　D. 短而窄

5. 由归属于同一资本系统的若干生产、分销机构组合而成的连锁经营称为(　　)。

A. 直营连锁　　B. 加盟连锁　　C. 自由连锁　　D. 经营连锁

6. 物品从供应地向接收地的实体流动过程,称为(　　)。

A. 实体分配　　B. 配送　　C. 物流　　D. 运输

7. 某水果店全年销售水果 6 400 箱,位存储成本为 2 元,一次订货成本 25 元。该水果店一次进货量应选择(　　)。

A. 300 箱　　B. 400 箱　　C. 500 箱　　D. 600 箱

8. 园艺产品保鲜条件最好的运输方式是(　　)。

A. 公路运输　　B. 铁路运输　　C. 水路运输　　D. 管道运输

9. 为减少浪费,生鲜园艺产品运输最好采用(　　)。

A. 公路运输　　B. 航空运输　　C. 管道运输　　D. 冷链运输

10. 供应链中的核心企业一般是(　　)。

A. 制造企业　　B. 大型零售商　　C. 运输企业　　D. 均有可能

11. 小型园艺企业在产品促销时大多采用(　　)。

A. 推式策略　　B. 拉式策略　　C. 混合策略　　D. 第三方物流

12. 小型农民专业合作社,如果要做园艺产品促销广告,一般选择(　　)。

A. 电视媒体　　B. 网络媒体　　C. 印刷品　　D. 现场展示

13. 人员推销的步骤一般可分为识别潜在客户等(　　)。

A. 3 个步骤　　B. 5 个步骤　　C. 7 个步骤　　D. 9 个步骤

14. 促销成效最快的方法是(　　)。

A. 广告　　B. 人员推销　　C. 营业推广　　D. 公共关系

15. 公共促销的重点应放在(　　)。

A. 产品本身　　B. 具体方式新颖　　C. 优惠力度　　D. 企业形象

16. 根据客户要求,对物品进行拣选、加工、包装、分割、组配等作业,并按时送达指定地点,是(　　)。

A. 送货活动　　B. 销售活动　　C. 运输活动　　D. 配送活动

三、复习思考题

1. 简述园艺产品营销渠道类型及其影响因素。

2. 简述促销策略。

3. 简述园艺产品渠道成员激励的方法。

4. 简述园艺产品的物流管理目标及内容。

5. 简述园艺生鲜品冷链配送的影响因素。

6. 简述促销组合策略的影响因素。

项目六

园艺产品的网络营销

知识目标：

- 了解园艺产品网络营销的概念、特点与功能；网络营销的推广媒介及推广原则。
- 理解园艺产品搜索引擎、邮件、即时通信工具、博客、微博等推广工具。
- 掌握园艺产品微信、APP等网络营销工具。

能力目标：

- 能够运用软文营销、事件营销、短视频营销及网络直播等网络营销推广方法网络营销园艺产品。

教学课件

任务1 认识园艺产品网络营销

情境案例

电商助推农产品销售迈入"快车道"

电商目前已成为乡村振兴主渠道,在广东韶关,2020 年的"双 11",不仅是买主的狂欢节,无数农产品也借助电商平台,走出"深闺",销往全国各地。

"欢迎大家进入我的直播间,仁化丹霞贡柑被列入全国名特优新农产品名录,它的果色金黄、脆嫩爽口、蜜味浓郁……"在仁化县黄坑镇黄坑村农村电商服务站的直播间内,当地果农主播正卖力地进行直播推介。线下热闹,线上数据也是极速飙升,"我公司的贡柑现在全部是网络销售,从 11 月 1 日开始,网络销售便火热起来,仅'双 11'当天,就销售了 6 000 多箱贡柑。"黄坑镇一农产品网络销售公司负责人朱向飞告诉记者。在黄坑镇,共有 35 家贡柑公司、合作社、农场进行贡柑网络销售,目前整体销售情况良好。

11 月 9—12 日,南雄精心准备了一场集线上直播推介、线下展销体验、电子商务政务培训为一体的南雄电商"双 11"狂欢节系列活动。这场活动吸引南雄 18 个镇(街)共同参与,累计观看直播人数达 100 万人(次),不仅展销了各地特色农产品,也是一次宣传展示的好机会。"据统计,2019 年,南雄市电子商务交易额达 19.14 亿元,其中网络销售额达 5.47 亿元,农产品上行销售达 1.95 亿元,2020 年的农产品上行销售有望突破 2 亿元。农产品借着电商的东风,不仅带动了农业转型升级、产业化发展,更带动了农民创业就业、致富增收。"南雄市电子商务公共服务中心负责人敖威龙信心满满地说。

在翁源县万艺电商文创中心内,多名主播正在介绍兰花的品种、花期,一旁的客服区工作人员忙着接收、打印网上订单,而打包区的工人则麻利地将兰花打包好,等待快递收件。这是翁源兰花网络销售火爆的一个缩影。据该县商务部门统计,2020 年电商助力销售农产品,"双 11"全县兰花网络销售量比 2019 年增长近 3 倍。

(节选自:张伟,谭玉玲,董子龙. 我市电商助推农产品销售迈入"快车道". 韶关日报,2021-11-15.)

【引出问题】电商是如何助推农产品销售迈入"快车道"的?

【生成任务】通过该案例,分析做好园艺产品网络销售的内容。

一、园艺产品网络营销概述

目前互联网已迅速渗透到各个领域。它不仅是一种重要的网络技术手段,也是连接传统经济和知识经济的纽带和桥梁。互联网改变人类社会信息交流的方式和商业运作的模式,网络成为传达文字、图片、声音及视频信号的有效载体。营销从传统的市场实体店转到现在的网络平台,大大地缩短了供应链的距离,企业可以直接与消费者联系,反之,消费者的需求也通过网络渠道反馈给企业，这种双向的沟通方式增强了企业与消费者之间的联系，并深受广大企业与消费者的喜爱。

(一)园艺产品网络营销概念

所谓网络营销就是以现代营销理论为基础，借助网络、通信和数字媒体技术等实现营销目标的一种新型的市场营销方式。园艺产品网络营销主要是指利用互联网开展园艺产品的营销活动，它是园艺生产销售与现代化信息手段应用的结合体，园艺产品网络营销又被形象地称为“鼠标 + 大白菜”式营销。它可以利用多种网络手段，如博客与微博营销、微信朋友圈营销、网络广告营销、直播视频营销等，主要包括网上园艺产品信息发布、市场调查、促销、交易洽谈、付款结算等活动过程内容。

(二)网络营销的特点

作为一种新型的营销手段，网络营销区别于传统营销，具有自己独特、鲜明的特点。企业和个人之间进行信息传播是市场交换的本质，因而，互联网具有营销所要求的某些特性，使得网络营销呈现如下特点。

1. 传播的超时域性

营销目的是占领市场份额，传统营销受到经营时间和经营地点的限制，其开拓市场有一定的时域性限制。相对而言，网络营销解决了这个问题，利用互联网，每周 7 天，每天 24 小时都可以营业，可以不受时间、地域的限制，大量地开展异地随时交易。

2. 交互便捷性

网络营销依托论坛、阿里旺旺、微信等网络客服软件工具，通过在线提交表单，消费者在产生某种产品需求欲望时就能有针对性地及时了解产品和服务信息。企业通过提供良好的在线客服，快速了解消费者的需求，提高成交率。如在淘宝平台，企业通过阿里旺旺开展产品介绍、产品展示、及时回复消费者的疑惑等营销活动，买家通过阿里旺旺与企业及时沟通，提出问题，了解相关产品的相关信息，提高了企业与消费者之间的交互性，从而增强消费者对相关产品的信赖感和对企业的认可度。

3. 个性化

传统营销模式基本上是一个卖家对应多个买家，很难及时满足每个消费者的需求。网络营销打破了传统营销的限制，采取“一对一”的营销模式。企业可以根据消费者的时间，开展 24 小时服务，解决消费者的个体需求，并通过信息提供与交互式交谈，与消费者建立长期良好的关系。如消费者在戴尔公司网站购买计算机，可以自己设计，然后由戴尔公司根据消费者的要求迅速组装。网络营销改变了“企业提供什么，用户就接受什么”的传统方式，变成了“用户需要什么，企业就提供什么”的新方式。

4. 超前性

作为新型营销手段，互联网是一种功能最强大的营销工具。其营销方式灵活，兼具渠道、促销、电子交易、消费者互动服务以及市场信息分析与提供的多种功能。它所具备的“一对一”营销能力，符合营销发展的未来趋势，具有超前功能。

5. 技术性

网络营销是建立在互联网基础上，通过网络工具来实现的。借助网络工具，企业可以开展系列产品宣传、推广等营销活动。而互联网是一种高科技的技术网络系统，企业实施网络营销必须有一定的技术投入和技术支持，引进懂营销与计算机技术的复合型人才，这样才能具备市场竞争优势。

6. 成长性

网络数据无时无刻不在进行着更新、替换，产品换代也更加频繁。通过网络数据信息，企业能及时发现自身产品的不足之处，并加以改进，使产品随着互联网的发展而不断更新迭代。互联网用户数量快速增长，面对年轻、购买力强而且具有很强的市场影响力的用户，网络营销渠道将是一个极具开发潜力的市场渠道。

7. 高效性

互联网可贮存大量的信息，信息数量与精确度都远超过其他媒体，并能顺应市场需求，及时更新产品或调整价格等，消费者能够通过互联网及时有效地了解相关产品信息。如今，企业很容易在网络社交平台展示产品图片和获得推荐、评论和大量免费的可分享内容。通过网络，企业能够高效地与消费者进行产品的信息交互，使营销的过程更加快捷，及时适应市场的发展要求。

8. 经济性

网络营销的经济性也可以叫作“用户低成本营销”。通过互联网进行信息交换，代替以前的实物交换，一方面可以减少人力、物力、财力(减少印刷与邮递成本，无店面销售的租金、水电与人工成本等)；另一方面可以减少由多次交换带来的损耗。

(三)网络营销的功能

认识和理解网络营销的功能和作用是实战和利用网络营销功能和作用的基础和前提。网络营销的功能很多，具有明显的资源整合能力，是传统营销根本不具备又无法想象的，具体的有如下几个方面。

1. 信息搜索功能

信息搜索是网络营销能力的一种反映。在网络营销中，利用多种搜索方法，主动地、积极地获取有用的信息和商机；主动地进行价格比较、了解对手的竞争态势和通过搜索获取商业情报，进行决策研究。搜索功能已经成了营销主体能动性的一种表现，一种提升网络经营能力的进击手段和竞争手段。随着信息搜索功能由单一向集群化、智能化的发展，以及向定向邮件搜索技术的延伸，网络搜索的商业价值得到了进一步的扩展和发挥，寻找网上营销目标将成为一件易事。

2. 信息发布功能

信息发布是网络营销的方式之一，也是网络营销的一种基本职能。无论哪种营销方式，都是将一定的信息传递给目标人群。网络营销所具有的强大的信息发布是古往今来任何一种营销方式所无法比拟的。网络营销可以把信息发布到全球任何一个地点，既可以实现信息的广覆盖，又可以形成地毯式的信息发布链；既可以创造信息的轰动效应，又可以发布隐含信息。

信息的扩散范围、停留时间、表现形式、延伸效果、公关能力和穿透能力都是最佳的，还能进行跟踪，获得回复，可以进行回复后的再交流和再沟通。因此，信息发布的效果明显。

3. 商情调查功能

商情调查在网络营销中具有重要的商业价值。对市场和商情的准确把握也是网络营销中一种不可或缺的方法和手段。在竞争激烈的市场条件下，主动地了解商情，研究趋势，分析消费者心理，窥探竞争对手动态是确定竞争战略的基础和前提。在线调查或者电子询问调查等方式不仅可以省去大量的人力、物力，而且可以在线生成网上市场调研的分析报告，趋势分析图表和综合调查报告。其效率之高、成本之低、节奏之快和范围之大，都是以往其他任何调查形式做不到的。这就为企业提供了一种市场的快速反应能力，为企业的科学决策奠定了坚实的基础。

4. 销售渠道开拓功能

网络具有极强的进击力和穿透力。传统经济时代的经济壁垒、地区封锁、人为屏障、交通阻隔、资金限制、语言障碍和信息封闭等都阻挡不住网络信息的传播和扩散。新型技术的诱惑力，新产品的展示力，图文并茂、声像俱显的昭示力，网上路演的亲和力，地毯式发布和爆炸式增长的覆盖力将整合为一种综合的信息进击能力。快速打通进击路线，疏通种种渠道，实现和完成市场的开拓使命。这种快速、这种坚定、这种神奇、这种态势、这种生动是任何媒体和任何其他手段无法比拟的。

5. 品牌价值扩展和延伸功能

美国广告专家莱利・莱特预言，未来营销将是品牌之战，随着互联网的出现，不仅给品牌带来了新的生机和活力，而且推动和促进了品牌的拓展和扩散。实践证明，互联网对于传播品牌、承认品牌，对于重塑品牌形象、提升品牌的核心竞争力、打造品牌资产具有其他媒体不可替代的效果和作用。

6. 特色服务功能

网络营销使服务功能的内涵和外延都得到了扩展和延伸。消费者不仅可以获得形式最简单的 AFQ(常见问题解答)、邮件列表，以及各种即时信息服务，还可以获取在线收听、收视、订购、交款等选择性服务，无假日的紧急需要服务和信息跟踪、信息定制到智能化的信息转移、手机接听服务，以及网上选购、送货到家的上门服务等。这种服务以及服务之后的跟踪延伸不仅将极大提高服务的满意度，使以消费者为中心的原则得以实现，而且消费者成了企业的一种重要的战略资源。

7. 消费者关系管理功能

消费者关系管理源自以消费者为中心的管理思想，是一种旨在改善企业与消费者之间关系的新型管理模式，是网络营销取得成效的必要条件，是一种重要的企业战略资源。在传统的经济模式下，由于认识不足或自身条件的局限，企业在管理消费者资源方面存在着较为严重的缺陷。针对上述情况，在网络营销中，通过消费者关系管理，将原本疏于管理、各自为战的销售、市场、售前和售后服务与业务统筹协调起来，统筹管理。这样就可跟踪订单，帮助企业有序监控订单的执行过程，规范销售行为，了解新老消费者的需求，提高消费者资源的整体价值，同时又可以避免销售隔阂，帮助企业调整营销策略，收集、整理、分析消费者反馈信息，全面提升企业的核心竞争能力。消费者关系管理系统还具有强大的统计分析功能，可以为我们提供“决策建议书”，以避免决策的失误，为企业带来可观的经济效益。

8. 经济效益增值功能

网络营销会极大地提高营销获利能力，使营销主体提高或获取增值效益。这种增值效益的获得不仅是由于网络营销效率的提高，营销成本的下降，商业机会的增多，更多的是在网络营销中新信息量的累加会使原有信息量的价值实现增值，或提升其价值。这种无形资产促成价值增值的观念和效果，既是前瞻的，又是明显的，是为多数人尚不认识、不理解、没想到的一种增值效应。

知识拓展

网络营销与传统营销之间的共性与区别

网络营销和传统营销都是企业市场营销模式的一种方式，相互整合，共同为实现企业组织目标服务，并体现出许多共同性。

1. 网络营销与传统营销的共性

（1）二者营销目的相同。网络营销和传统营销的目的都是通过销售、宣传商品和服务，加强与消费者的交流和沟通，最终实现企业最小投入、最大盈利的经营目标。

（2）二者都需要通过营销组合发挥作用。二者不是仅靠某一种策略来实现企业经营目标的，而是通过整合企业各种资源、营销策略等企业要素，开展各种具体的营销活动，最终实现企业预计的营销目的。

（3）都是以满足消费者的需要为出发点。无论是网络营销，还是传统营销，都要以满足消费者需求作为一切经营活动的出发点。对消费者需求的满足，不仅仅停留在现实需求上，而且还包括消费者潜在的需求，这些都是通过市场商品交换进行的。

2. 网络营销与传统营销的区别

网络营销是一种新的营销方式，具有全新的方法和理念，与传统营销有着本质区别，具体表现在以下几个方面。

（1）就商品的广告媒体而言，传统营销使用多种媒体，而网络营销使用单一媒体。传统营销使用的媒体是多种多样的，如电视、广播、报纸、杂志等，而网络营销使用的传播媒体只有因特网，虽然网络的宣传离不开传统媒体，但网址的宣传只能间接归属于网络营销，所以网络营销可以认为使用的是单一媒体。

（2）与传统营销相比，网络营销是一种以消费者为导向，更强调个人化的营销方式。网络营销最大的特点在于以消费者为导向，消费者的个性特点决定着企业的营销战略。网络环境使得消费者和企业可以双向互动，同时让企业营销决策有的放矢，从根本上提高了消费者满意度。消费者可以通过进入其感兴趣的企业网络营销网址或虚拟商店，来获取产品的更多相关信息，使购物更显个性。

（3）网络营销提高了消费者的购物效率。在传统的购物方式中，从商品买卖过程来看，一般需要经过一系列复杂程序，导致消费者为购买商品需要在时间和精力上做出很大的付出。然而，随着生活节奏的加快，人们越来越希望在闲暇时间内从事一些有益于身心的活动，并充分地享受生活，在这种情况下，人们用于外出购物的时间越来越少。

(4)网络营销为企业节省巨额的促销和流通费用，大大降低了产品成本和价格。消费者可在全球范围内寻找最优惠的价格，甚至可绕过中间商直接向生产者订货，因而能以更低的价格实现购买。消费者迫切需要新的快速方便的购物方式和服务，以最大限度地满足自身需要。

二、园艺产品网络营销的内容

(一)网上宣传

这是网络营销最基本的应用方式，是互联网作为一种新的信息传播媒体开展的营销活动。企业网站是企业上网宣传的前提与载体，互联网让企业拥有一个属于自己而又面向上网大众的高效率、低成本媒体。超越传统媒体的企业网站，由企业制订，没有传统媒体的时间、版面等限制，并伴随企业的进步发展即时更新；企业网站可应用虚拟现实等多媒体手段吸引消费者并双向交流，及时有效地传递并获取有关信息。这些都是吸引企业上网宣传，使其由内部或区域宣传转向外部和国际信息交流的重要因素。

媒体宣传的关键在于是否被大众注意并留下印象。与传统媒体相比，互联网上浩如烟海的信息很可能使企业网站成为浪花一朵，企业网站如何让消费者知晓并上网浏览就成为宣传的难题。尽管企业可以通过在 ISP 或网址搜索工具中留下链接网址以帮助消费者进入，或者以新颖的媒体形式引人注意，但要真正获得长期宣传效果，仍必须回到现实经济世界，在现实世界形成特色并让消费者接受，这样才可能充分发挥网络威力，实现借助网络宣传扩大市场影响力的目标。

企业上网宣传是网络营销的起步和基础，也是目前大部分中国企业建立网址的基本目标。然而，上网并非一上了事，建立网站并不断更新、增添信息，网站才会有生命力，否则，像在传统媒体宣传广告中那样的一种陈年老面孔，只会成为被消费者遗忘的角落。

(二)网上市场调研

一般企业开展网上市场调研活动有两种方式。

1. 借助 ISP 或专业网络市场研究公司的网站进行调研

这对于那些市场名气不大、网站不太引人注意的企业是一种有效的选择。企业制订调研内容及调研方式，将调研信息放入选定的网站，就可以实时在委托商的网站获取调研数据及进展信息，而不仅仅是获得最终调研报告，这与传统委托市场调研的方式截然不同。这些网站消费者众多，扩大了调查面，专业市场研究公司所具备的市场调研能力也将提高调研效果。但它同时也存在不利的地方，主要是由于这些网站内容繁多，企业市场调研对消费者的吸引力可能会降低，同时，消费者如果想与企业交流，必须重新链接进入企业网站，从而增加了操作，这可能是消费者不太愿意的。

2. 企业在自己的网站进行市场调研

就知名企业而言，其网站的常客多是一些对该企业有兴趣或与企业业务有一定关系的消费者，他们对企业有一定了解（也便于直接在网站上了解），这将有利于访问者提供更准确有效的信息，也为调研过程的及时双向交流提供了便利。网上市场调研作为一种新的市场调查方式已经受到我国一些企业的重视。虽然一些网络服务企业开展了一系列网上市场调研，但如何在大量包围的信息中吸引消费者参加调研并积极配合，仍须做出更多的探索。

（三）网络分销联系

企业通过互联网络构筑虚拟专用网络，将分销渠道的内部网融入其中，可以及时了解分销过程的商品流程和最终销售状况，这将为企业及时调整产品结构、补充脱销商品，以至于分析市场特征，实时调整市场策略等提供帮助，从而为企业降低库存，采用实时生产方式创造了条件。而对于商业分销渠道而言，网络分销也开辟了及时获取畅销商品信息、处理滞销商品的巨大空间，从而加速销售周转。从某种意义上看，通过互联网络加强制造企业与分销渠道的紧密联系，分销已成为企业活动的自然延伸，是加强双方市场竞争力的一股重要力量。

（四）网上直接销售

数量众多的无形商场已经在互联网上开张营业，这就是从事网上直接销售的网站，如抖音、京东等。网上直接销售不仅是面向消费者个体的消费方式，也包含企业间的网上直接交易，它是一种高效率、低成本的市场交易方式，代表了一种新的经营模式。国外有人称这类公司为“漩涡式公司”，即一旦某个网站通过提供有用的产品信息吸引到大批买主，卖主们便会蜂拥而上，他们的产品就会以一种快速循环的方式吸引更多的消费者。

（五）网络营销集成

互联网络是一种新的市场环境，这一环境不只是对企业的某一环节和过程产生影响，还将在企业组织、运作及管理观念上产生重大影响。一些企业已经迅速融入这一环境，依靠网络与原料商、制造商、消费者建立密切联系，并通过网络收集传递信息，从而根据消费需求，充分利用网络伙伴的生产能力，实现产品设计、制造及销售服务的全过程，笔者称这种模式为网络营销集成。应用这一模式的代表有 Cisco、Dell 等公司。网络营销集成是对互联网络的综合性商用，是互联网络对传统商业关系的整合，使企业真正确立了市场营销的核心地位。企业的使命不是制造产品，而是根据消费者的需求，组合现有的外部资源，高效地输出一种满足这种需求的品牌产品，并提供服务保障。在这种模式下，各种类型的企业通过网络紧密联系，相互融合，并充分发挥各自优势，形成共同进行市场竞争的伙伴关系。

网络营销内容反映了一种从初级到高级、从简单到复杂的网络营销渐进应用过程。根据中国目前互联网络应用状况，园艺企业可先期在前 3 个步骤上开展工作，尤其在网络分销联系内容上，它将为企业间加强商业联系，改造传统商务模式，建立网络伙伴关系，进而深化 Internet 应用，开展网络营销奠定基础。

知识拓展

园艺产品的数字营销

园艺产品的数字营销是基于明确的数据库对象，通过数字化多媒体渠道，如电话、短信、邮件、电子传真、网络平台等数字化媒体通道，实现园艺产品营销结果精准化，营销效果可量化，数据化的一种高层次园艺产品营销活动。

(一)数字营销在中国的发展历程

1. 营销形式数字化阶段(2000—2010 年)

这个阶段从互联网应用普及开始，主要是营销“形式”的数字化。在这个阶段，企业网站建设发展迅速，专业化程度越来越高；网络广告形式不断创新，互联网应用不断发展；搜索引擎营销发展，形成了基于自然检索的搜索引擎推广方式和付费搜索引擎广告等模式；网络论坛、博客、RSS、聊天工具、网络游戏等网络介质不断涌现和发展。只有少数大型知名消费品品牌如宝洁、联合利华等品类才会去尝新，比如建立企业网站或品牌体验网站，做 SEO、论坛等。

2. 流量增长为核心的数字营销阶段(2011—2017 年)

在早期，流量增长轻而易举，只要品牌方愿意付出一定的成本，一般都能带来很好的投资回报，当时衡量数字营销活动有效性的指标之一就是流量的增长。这个阶段营销方式变化非常快，从传统网络广告的引流到社交媒体的出现，从微博到微信再到抖音、快手短视频，数字化媒体风向每 1～2 年就变一次。在这个阶段，品牌方最缺的就是流量。当时有流量就有商业潜力，就能产生高市值，然后就可以拿到比较高的投资，所以以争夺用户为主要目的的营销活动到最后就反映在争夺流量上。品牌之间展开激烈的竞争，通过补贴用户，短时间内将利润以补贴的方式回馈用户，获取用户的关注，增强用户对品牌的黏性。2017 年是支付宝和微信进行补贴大战的元年，是用户养成移动支付习惯的大战。谁抢到用户，有了流量优势，谁在某个领域就有发言权。

3. 全域数字化生态阶段(2018—2019 年)

此时，各大品牌方意识到流量的争夺终究是个红海，争抢流量就如价格战一样，终究是不可持续的，也成不了企业获得长远发展的核心竞争力。今天的企业主和品牌方已经开始构建属于品牌自己的数字化生态。“全域”这个词代表着今天数字化渠道的多样化，媒体渠道和信息的碎片化也意味着品牌和消费者进行沟通的介质和方式的广泛化。这也得益于社交媒体在中国百花齐放和在近几年的蓬勃发展。从最早的 BBS、论坛、门户网站到今天的微博、微信、视频网站、短视频平台，以及还有垂直类的知识分享和内容创造平台，所有这些互联网平台都在抢占用户的时间和注意力。此时，企业注重构建全渠道数字化营销方式，用所有可能和消费者接触的渠道和用户进行双向沟通和交流，要有自己的官方网站、公众号，还要有第三方交易平台和电商，线上整合线下，形成端对端的营销闭环。

4. 数字化生态为核心的企业营销模式转型阶段(2020年以后)

新冠肺炎疫情之后,企业纷纷开始推动数字化转型。今天,几乎所有CEO的主要目标都是:我要转型,我要升级,我要数字化。数字化转型是从顶层设计到落地实施的一整套商业流程改造,涵盖员工数字化、经营数字化,以及营销模式的数字化和消费者体验的数字化。在云计算、大数据、人工智能发展的大趋势下,数字营销成为企业数字化转型升级中最核心、市场消费者最广、发展潜力和发展空间最大的一个板块。现在的数字营销就是提升用户体验,采取以用户为中心的一切始于用户、一切为了用户的商业模式创新,以实现新的增长。

(二)数字营销的未来趋势

过去几年,涌现了大量的数字营销新现象,随着数字化经济的发展,新技术、新模式的应用,数字化营销的发力点将与我们的社会经济生活不断融合与深入。

第一,数字化经济深入到产业的各个领域。从国家层面看,国家"新型基础设施建设"战略的重点是数字化在产业领域的应用能得到进一步拓展和升级,首要表现是在B2B的商业模式下数字化营销转型全面加速。从企业层面看,数字化经济从B2C数字营销开始,逐渐渗透到产业互联网领域。B2B企业逐渐看到数字化转型的必然性和价值,开始从营销、电商到生产、供应链、内部运营和组织人才管理,全面寻求数字化机遇。

第二,社交电商持续升温,但增速放缓。2020年是让社交电商"疯狂"的一年,各大品牌涌入电商直播领域,催生了大量以直播产业为生的网红、MCN机构和直播业务代理公司。社交平台的互动性使品牌方能最直接地捕捉到消费者的真实痛点,尽可能地贴合用户需求。随着以快手和抖音为代表的短视频平台全面商业化,社交电商涵盖的形式也越来越广泛,成为当今品牌方争先恐后采取的新营销手段。

第三,大数据、云计算成为智能营销的核心能力。大数据赋予了品牌方全面深入解读消费者习惯和喜好的能力,便于建立和消费者的亲密关系。随着大数据的普及,越来越多的企业开始打造自己的消费者数据库。许多企业会痴迷于第三方电商平台给到的"免费流量",入驻其平台获得新客和销量增长,这当然是短期流量变现的捷径。但企业也应看到数据的长期价值。真正持有有效流量和用户画像的是平台方,而不是品牌方,消费者是核心资产,品牌方和平台方合作共生的同时也不能忽视自建消费者数据库的必要性,品牌方让消费者对自己的品牌产生黏性而不依赖平台才是营销根本。

第四,数字化技术赋能营销创新。营销创新是企业建立核心竞争优势的"护城河",数字化技术是营销创新的基础设施。以人工智能为代表的营销自动化技术成了企业近几年最大的营销投资领域之一。移动互联网时代,通过数字化营销技能大大提升营销效率,降低消费者服务成本,同时也可将这种模式快速复制到跨国公司的其他地区和业务单元,实现规模效应。大胆的创意也因为AR、VR、AI等数字化技术成为可能。

第五,数字营销回归理性。通过大量"烧钱"闪电扩张、获取流量红利以取得垄断优势的局面已经过去,广告主对投资回报的要求越来越高,企业对"效果营销"的呼声也越来越高。企业越来越重视销量与"声量"的合一。杜绝短视营销逻辑,长久营销策略已成为企业的共识。数字营销已经不再作为营销概念而存在,它将切实地成为销售赋能的工具。未来是数字营销从业者可以大展拳脚的年代,其一在于高管的心态和认知的转变，其二在于数字化经济形势。数字营销就业市场将持续活跃，对数字化人才的需求也将不断增加。

任务2 园艺产品网络营销推广

情境案例

女县长徒手榨果汁！10位女县领导现场“吃播”帮助农民卖货

3月8日是“三八”国际妇女节，在这特殊的节日里，广东、陕西、黑龙江三省的十位女县领导相继走进直播间，通过“直播接龙”带货，帮助当地受疫情影响的农产品打通线上销售通道，为助农分忧提供实实在在的解决办法。这是在广东省农业农村厅的大力支持下，腾讯微视联合CCTV-17央视农业农村频道、“央视三农”融媒体，共同策划发起的“微视抗疫助农，女县长们来了”直播带货活动。

广东省德庆县副县长安一宁、连山壮族瑶族自治县县长冯红云、阳西县副县长陈以霜、徐闻县副县长许彩娟、遂溪县副县长张闽英、惠来县副县长候选人陈蓉霞、博罗县副县长潘燕梅，陕西省的紫阳县县长陈莲、武功县县长林梅，以及黑龙江省望奎县人大常委会副主任李亚文带着猕猴桃、沃柑、圣女果、鲍鱼、菠萝、绿茶等地方特色农产品，以“直播接龙”的方式助农卖货，确保产地直销，价格优惠。

德庆县副县长安一宁端出农产品特色菜。“我们的富笋鲜嫩清甜、爽口无渣，鲜食、加工成笋干或用作建筑素材都可以。”为了说服观众，安一宁端出了烹饪好的特色菜肴，包括鲜炒富笋、富笋爆炒鸭肉片，以作品“取胜”。

前一天在一小时直播里卖出7吨连山大米，有着“网红县长”称号的连山壮族瑶族自治县县长冯红云马不停蹄，再次亲自“带货”。一开场，她使用壮语吆喝了一句“买沃柑咯”。“这是我最喜爱的沃柑，色泽光亮，鲜甜多汁”，话毕，冯红云拿着切开的沃柑对着杯子一挤，金黄的果汁顺势流下，她打趣了一句，“要是用洪荒之力，保证能榨得干干透透的。”

据不完全统计，在这场历时4个多小时的直播中，女县领导们各显身手，吸引了超过370万人次观看。网友纷纷评价，“女县长们都好棒，跟着县长脱贫不是梦”“都是年轻有为的女性，这次妇女节活动很有创意”。

据了解，此前腾讯微视曾发起“微爱助农”行动，通过短视频、直播等形式助力受疫情影响滞销的农产品销售，让农产品从“滞销”变“畅销”。目前，微视已引入200余种农产品，覆盖10余省130个乡镇区县。春节期间，通过与各地方农业厅合作，微视定向采购50万份农产品，直接带动销售1 600余万元。

（节选自：莫郅骅．女县长徒手榨果汁！10位女县领导现场“吃播”帮助农民卖货．南方都市报，2020-03-29.）

【引出问题】女县长们运用了哪些手段助力农产品的网络销售？

【生成任务】通过该案例，运用网络营销方法开展园艺产品的推广活动。

一、网络营销推广媒介

我们在进行营销推广的过程中，经常会接触到各种媒体，从传统的报刊杂志到现在互联网社会，媒体随着时代的发展而不断更迭，大体可分为传统媒体、自媒体、新媒体、社会化媒体等。

(一)传统媒体

现代社会中，不同的人获取信息的来源和使用的工具是不同的，如现在的有些老年人仍然保持通过看报纸、听广播的渠道获取信息；中青年人则更习惯于用手机或计算机看新闻、玩游戏、追连续剧等渠道来获取信息。

一般情况下，我们称报纸杂志为第一媒体，广播电台为第二媒体，户外(媒体)为第三媒体，电视为第四媒体，互联网为第五媒体，移动互联网为第六媒体。通常人们把报纸、杂志、广播、电视称为传统媒体，把互联网和移动互联网合并称为新媒体。

(二)新媒体

新媒体是相对于传统媒体而言的，一般又称为数字化新媒体，是继报刊、广播、电视等传统媒体后发展起来的新媒体形态，是利用数字技术、网络技术、通过互联网、宽带局域网、无线通信网、卫星等渠道，以及计算机、手机、数字电视机等终端，向用户提供信息和娱乐服务的传播载体。

(三)自媒体

自媒体又称“公民媒体”或“个人媒体”，是指私人化、平民化、普泛化、自主化的传播媒体，以现代化、电子化的手段，向不特定的大多数或特定的单个人传递规范性及非规范性信息的新媒体的总称。人们一般在内容发布和社区交流新媒体上做自媒体。自媒体包括博客、微博、微信、论坛/BBS 等网络社区，以及像喜马拉雅音频类平台，抖音、快手等直播类平台。自媒体因具有平民化、个性化、低门槛、易操作、交互强、传播快等特征，深受人们喜爱。

(四)社会化媒体

社会化媒体是指以 Web2.0 技术为支持，允许用户创造、分享与传播信息的实时互动网络应用平台。社会化媒体以互联网技术为基础，将以往媒体与消费者间信息交流的一对多的对话模式转变为用户间多对多的沟通模式。它支持的知识和信息的民主化，使在此媒体平台上的用户群体从内容的消费者转变成内容的制作人。社会化媒体具有碎片化、草根化、互动化、社交化、混沌化的特征。

社会化媒体与自媒体的区别主要有以下几方面：一是目的不同，“我”建自媒体是为了传播“我”的信息；“我”建社会化媒体是为了方便大家进行信息交流。二是内容创造者的不同，自媒体的内容创造者为自媒体所有者；社会化媒体的内容创造者为全体网民，社会化媒体本身主要是建平台，而非制造内容。三是互动性有差异，自媒体首先是信息的传递，然后再考虑互动；互动是社会化媒体的命脉，“无互动不社交”“无互动不社会化媒体”。四是平台的不同，自媒体可以自建平台，也可以借用社会化媒体的平台；而社会化媒体本质上是一个信息传播交流平台。

二、网络营销推广原则

不同类别的产品营销目标不同，推广渠道也不同。网络推广方式很多，一般遵循三大原则。一是投入由少到多原则。按着投入的高低来说，网络营销刚开始时投入较少，等网络营销经验丰富或有成效后，再加大投入。二是渠道可控原则。按照营销渠道的所有权和可控性来说，先从自己可以控制的资源渠道着手，待营销成功后，有了再扩展的资本，就可以着手进入其他的不可控的营销渠道进行探索。三是推广方式熟悉优先原则。按照网络信息存储长短来说，先做长期存在的营销推广方式，后做信息阶段性存在的营销推广渠道。根据上述原则我们在实施网络推广时一般是先做自媒体营销，再做社会化媒体营销，最后第三方广告平台营销。

园艺产品，特别是生鲜园艺产品大都是易耗品，使用的时间较短，消费量大，价值较低，消耗快，消费者经常购买、反复购买、大量使用，具有决策周期短、冲动性购买等特点。网络营销目标就不能只停留在信息传递、宣传推广阶段，而是要实现交易达成、重复购买的功效。其网络营销目标就是实现产品销售，网络营销工作就会集中在自媒体营销和第三方平台广告营销上，自媒体营销是指在第三方电子商务平台开设网店或自建官方商城，而第三方平台广告营销则集中在电子商务平台投放直通车上，如节假日的大促销期间配合布展（以站内广告投放为主）等。

三、园艺产品网络营销推广方法

消费者在网络营销过程中的地位提高了，是真正地参与整个营销，网络增强了消费者选择的主动性，以满足消费者需求为出发点。加强与消费者的互动，让消费者参与产品的开发与设计，企业按消费者的独特需求来提供产品。目前，从园艺产品的产品属性来看，企业运用网络营销的方法主要有软文营销、事件营销、网店营销、短视频营销、直播营销、网络广告及信息发布等营销推广方法，下面主要介绍目前运用较多的几种方法。

（一）软文营销

所谓软文营销，是指通过特定的概念诉求，以摆事实、讲道理的方式使消费者走进企业设定的“思维圈”，以强有力的针对性心理攻击迅速实现产品销售的文字模式和口头传播，包括新闻、访谈、采访、口碑等。软文营销是一种古老的网络营销方式，曾经为脑白金等产品营销创造过辉煌战绩，目前软文营销更是网络营销之魂，在网络盛行，某些文章一经发表就被各大网络媒体争相转载。通过简单的几篇软文，就能释放出巨大的引爆力，达到传播品牌的目的。

一般软文成本比较低，性价比高，操作灵活，持续性强。好的软文还能增强信任度，对接的消费者更精准，容易接受，有可能实现二次或者多次传播。但同时在进行软文营销时也存在不足，如网络首页更新快，软文难以保持优势排位。大部分软文水平普通，难以吸引消费者，营销效果欠佳。而随着软文营销的兴起，软文营销的费用也在逐年增加。特别是越权威的媒体，其发布费用也越高，部分媒体审核稿件的条件也越来越苛刻。

1. 软文撰写的基本要求

（1）让标题提升软文魅力。无论是哪种传播载体的软文，读者第一眼看到的都是标题。广告学之父大卫·奥格威曾经说过:“平均而论,标题比文章多5倍的阅读力。”因此,标题的重要性毋庸置疑,据广告学方面的统计资料,好标题激发的广告阅读率在50%～90%,差标题广告阅读率在5%～20%,一般性的广告标题阅读率在20%～50%,一个好的广告标题与一个差的广告标题所产生的利润相差20多倍。如今的网络媒体,信息泛滥,移动端信息多得惊人,软文要想脱颖而出,想让更多的人点击阅读,只有先起一个好的标题,吸引读者眼球。不要觉得标题党“可耻”,只要文能对题,你会发现其实“标题党”手法也是可以借鉴的。

(2)软文开头的撰写。“一个好的开头,等于成功的一半”,这句话同样适用于软文撰写。软文开头一般有以下几种写法。

一是开门见山。开宗明义,直奔主题,引出文中的主要人物或点出故事,或揭示题旨,或点出要说明的对象。这种方式开头,一定要快速切入中心,语言朴实,绝不拖泥带水。如朱自清先生《背影》中的开头:“我与父亲不相见已两年有余了,我最不能忘记的就是他的背影。”一句话交代完,既点了题也可以展开内文。

二是情景导入。在开头有目的地引入或营造软文行动目标所需的氛围、情境,以激起读者的情感体验,调动读者的阅读兴趣。这种方法对渲染氛围、预热主题都有直接的效果。例如,“灯下,我正在赶写堆积如山的作业,父亲轻轻地走进我的房间,把一杯热腾腾的姜丝可乐放到了写字台上。透过层层雾气,望着父亲离去的背景,我的眼睛湿润了,泪水不知不觉地流了下来。”文章中心思想是表达父爱,开头先描写这个场景,温馨感人,下面讲故事就有铺垫了。

三是引用名句或经典话语。在文章开头,精心设计一个短小、精练、扣题又意蕴丰厚的句子,引领文章的内容,凸显文章的主旨及情感,或者找合适的名人名言、谚语、诗词等都可以,既显露了文采,又能提高软文的可读性。这种方式还可以直接把富有哲理的小故事,或与要表达的中心思想、段意相关的小故事直接做开头,一句话解释道理也不失为一个容易入手的开头形式。

四是巧用修辞。修辞的常用手法有比喻、比拟、借代、夸张、对偶、排比、设问、反问等,用这些修辞手法去写开头会非常容易,还可演变出很多的开头方式。

(3)软文的正文布局。软文布局就是撰写软文中对素材、文字和标点符号及数字的组织排列,就是把文章中的所有材料、作者的认识,按照软文的中心思想和行动目标进行合理地排列,组成一个完整而和谐的整体。

简单来说,软文布局就是文章的结构,就是文章的段落安排。软文布局要做到“凤头、熊腰、豹尾”。“凤头”就是开头新奇;“熊腰”就是中间内容详尽;“豹尾”就是结尾巧,强而有力。

具体来说,软文布局要做到:“秩序井然”,所有材料的排列次序要有先后,安排妥当;“气势连贯”,要一气呵成,不能有脱节现象,更不能离开主题;“高度一致”,软文中提出的观点和论据要统一,不能相互矛盾;“身材匀称”,软文中的分段内容不能过长或过短,开头要有吸引力,内容要有说服力,结尾要有震撼力,如此才不会变成“虎头蛇尾”“头重脚轻”。

(4)软文的收尾。软文的收尾一般有以下几种形式。

一是自然收尾。在内容表达完结之后,不去设计含义深刻的哲理语句,不去雕琢丰富的象征形体,自然而然地收束全文。在记叙性文章中,常以事情终结作为自然收尾。

二是首尾呼应式。结尾与开头遥相呼应,文章的开头若提出了论题或观点,中间不断展开,进行分析论证,结尾时回到开头的话题上来。这样收尾的软文多应用于议论性文章,能够让结构更完整,文章浑然一体,能唤起读者心灵上的美感。

三是点题式。文章行文中没有明确提出观点，在结尾时，要用一句或一段简短的话明确点出文章的观点，起到画龙点睛的作用。这种方式的结尾能够帮助读者悟出全文的深意，提升软文的品格，给读者留下深刻的印象。如作文《这是我的承诺》的结尾："无论在人生中会遇到什么样的困难，永远都不会放弃，做一个生活的强者！"——这就是我的承诺。文章的结尾，作者非常明确地表达出"我的承诺"的内容，既紧扣文题，又揭示出文章的主旨，可谓卒章显志，曲终奏雅。

四是名言警句式。用名言、警句、诗句收尾，要么让软文意境深远，要么揭示某种人生的真谛。它往往用三言两语表述出含义深刻、耐人寻味的哲理性或警醒性内容，使之深深地印在读者心中，起到"音已尽，意无穷"的效果。文章结尾，如果能够巧妙引用名言警句，就一定能让文章增色。古今中外，名言警句非常多，可以很方便地"百度一下"搜索出来，不是没有恰当的，而是需要你挑选出更恰当的。

五是抒情议论式。用抒情议论的方式收尾，是要用作者心中的真情，激起读者情感的波澜，从而引起读者的共鸣，有着强烈的艺术感染力。这种结尾方式应用较广，可以用于写人、记事、描述物品的记叙性文体中，也可用于说明文、议论文的写作。

六是余味无穷式。结尾之处留白，让读者自由驰骋，纵横想象，读者可以适当补白、续写，这样的思维阅读会有令人惊奇的收获和非同寻常的深刻体验，韵味悠长的结尾除了妙手偶得，绝大部分都是对生活有了独特的感悟后，再加以精心提炼形成的结晶。比如李白的"孤帆远影碧空尽，唯见长江天际流"、岑参的"山回路转不见君，雪上空留马行处"。

七是请求号召法。在前文讲清楚道理的基础上，向人们提出某些请求或发出某种号召，如"让我们共同抵制公共场所吸烟的行为吧！"

八是结尾展开联想。由此及彼，由表及里，由小到大，由具体到抽象，使主题得到升华。比如"谁言寸草心，报得三春晖"，天下的母亲们就是这样无私和伟大。

九是祝福式。站在第三者的角度对软文中的人活着事物进行祝福，如"愿国氏之星塑造健康品牌之路一帆风顺！"

2. 软文载体营销及其特点

(1)平面媒体软文。平面媒体主要指具有合法发行刊号的报纸、期刊。软文营销选择这些媒体，对软文撰写要求较高，必须提前研究投放媒体的选题偏好、媒体风格、媒体的读者群及费用预算。除此之外，还有一个最重要的问题就是出版周期与发行日期，这些将直接影响到软文营销与发布平台的融合。

(2)非正式出版的基于印刷、打印形式载体的软文。这主要指政府、企业自己印刷的宣传册、DM杂志、企业内刊等。在软文营销实施过程中，这些载体上的软文一定要和硬性广告分开。否则，本来就已经心存芥蒂的读者，会对这些载体上的软文不屑一顾。这类载体上的软文要特别注意校对。

(3)硬性广告中的软文。这主要指户外广告、平面媒体广告中的文字。这些文字除了要符合广告设计的原则之外，还要承担软文营销的目标功能，文字一般不多，但是字字必须千锤百炼。广告中的软文不一定需要华丽的辞藻，实现目标才是重点。

(4)博客中的软文。博客中的软文相对比较轻松，可以多角度、多形式地撰写，不用担心文章被删除，不用担心不能加链接，不用担心图片加不上去，只要符合相应的目标人群即可，博文的篇幅不受限制，但也不能太长，一般600～1 000字符范围，只要把想表达的观点阐述透彻即可。博客中的软文在软文营销的实施过程中，应该承担关键词优化的重要责任。如果一篇软文在网络媒体上投放了，建议不要原封不动地照搬到博客上，这样会降低网络媒体上收录该篇软文的概率。即使要放进博客，也要以转载网络媒体新闻的形式操作。

(5)微博中的软文。每条微博都限制在 140 字符以内，去掉标点符号后文字没有多少。想用有限的文字实现某种目标，难度远远高于博客。微博中的软文要么感性，要么有趣，要么经典。否则没有人去阅读，没有人去转载。微博中的软文要特别注意及时回复粉丝和好友的反馈。在保证微博软文质量的前提下，微博中的软文推广有两个窍门：一个是尽量去@名人，当然也可以去@你的目标消费者；另一个就是许诺某种利益，让别人转发。

(6)微信中的软文。微信与微博最大的不同在于微信中的好友大都是你认识的，或者是你朋友的朋友，因此微信中的软文比微博中的软文有更高的可信度。微信中的软文可以比微博中的"软"一些。当然，分享性、趣味性和价值感同样是微信软文的诱人之处。微信软文的推广取决于微信好友数量，一般微信软文主要在公众平台(订阅号和服务号)发布，也可以再转回到微信的个人账号中，通过分享到微信朋友圈，或群发核心内容带链接。如果微信软文的内容写得比较好，除了真实地邀请朋友协助用微信传播，还建议增加传播费用预算，借用第三方的发布平台来进行微信的矩阵传播，再辅以其他媒介传播效果更佳。

(7)论坛中的软文。论坛中的软文一定不能太像广告，否则随时会被删除。软文的用语不要太书面化，尽量多用网络语言。论坛中的软文如果加图片或者链接遭到抗议，可以退而求其次，但关键词优化是核心。论坛中的软文与其他载体的不同之处在于发布完之后可以顶贴，如果帖子创意很好，再加上成功顶贴，就会成为热门帖子，效果会事半功倍。

(8)网络媒体软文。网络媒体主要分为全国门户、地方门户和行业门户等，它们对软文的审核标准差别也很大。在实践中，网络软文首先是为了引流和展现搜索的效果，其次是解决品牌信任的问题。一般情况下，大站审核都比较严格。新浪、网易、人民网等媒体，很多频道发布软文是不能带链接的。这种情况下，只要文章标题优化了推广的关键词也是可以接收的。

(9)电子邮件中的软文。电子邮件中的软文不需要进行太华丽的平面设计，否则会被别人当成广告直接拒绝或者根本不打开看。建议标题和正文精简再精简，目前不太建议用附件形式再展现，除非是图片之类的不适合直接展现的内容。电子邮件中的软文重点应放在标题和开头上。

(10)站长软文。这类软文的首要目标是迅速增加网站流量，其次才是提高消费者转化、这类软文更看重外部链接。

(11)淘宝店软文。这类软文就是电子商务网站中的产品描述的软文，实际上就是要回答清楚三个问题：产品的优势是什么？为什么要从你那里买？为什么现在就要立即买？如果扩展一下，还要解决信任度的问题，买了不好怎么办？产品背后有哪些东西能让人更信服？这些文字可以独立成章，也可以独立成篇，要与图片配合在一起展现在淘宝页面中，营销效果才会实实在在看得见。这类软文也可以应用到企业产品的宣传页面上，如果应用到网页的设计上，就是营销型网站最核心的部分。

(12)销售信。销售信应用得比较广泛，可以打印出来，也可以用网页呈现出来，还可以用简约的"文字+图片"呈现在微信中。销售信背后的思路就是"引流、说服、成交"，围绕这个思路具体展开。其主要体现在五个方面：第一，要确定一个直击消费者内心的标题。第二，销售信的开篇，要深挖消费者的痛点，不怕往伤疤上撒盐。第三，把产品对消费者的好处说清楚，可以只说重点，附带其他点。第四，进一步塑造产品或者服务的价值。如果能有层层递进的过程效果更好。第五，要写消费者见证，销售承诺。最后，给出行动的理由。

案例链接

我们能为你提供什么特别的吗？

尊敬的消费者：

您好像错过了我们展示最新产品的精彩展厅，可能您太繁忙了，因此脱不开身来。由于您是我们最重要的消费者之一（而且我们也知道您对于跑车青睐有加），因此我们希望向您介绍几款即将于下月中旬开始发布的极致跑车。

我们认为其中一款新型号会让您和您的夫人非常感兴趣，那就是由巴塞罗那汽车制造厂所生产的新型空气动力学设计跑车 Aero。如果您想仔细观察一下这款卓越的跑车，并进行试驾，请在 2 月 21 日之前给我打电话。如果您在 3 月份非常繁忙，我可将 Aero 开到您家或您的办公室，以便您亲自过目，并进行短期试用。

（二）事件营销

事件营销是一种随时抓住热点信息和跟随网民目光的营销方式，对于网络营销来说，它是不可缺少的方式；对于企业来说，它是不可替代的“摇钱树”；对于网民来说，它是时事热点的推动者，让网民在闲暇时还能找到感兴趣的话题并积极讨论。所谓事件营销是指企业通过策划、组织和利用具有新闻价值、社会影响以及名人效应的人物或事件，吸引媒体、社会团体和消费者的兴趣与关注，以求提高企业或产品的知名度、美誉度，树立良好的品牌形象，并最终促成产品或服务销售的手段和方式。

1. 事件营销运营类别

根据互联网出现的热点事件来看，我们可以把企业事件营销的运营手法分为两类：一是企业借用已有的社会热门事件或话题，结合企业或产品在销售或传播上的目标而展开的一系列活动；二是企业整合自身资源，通过策划、组织和制造具有新闻价值的事件，以吸引媒体、社会团体及消费者的关注。

2. 事件营销特征

根据事件营销运作的效果来看，一般具有以下特征。

一是成本低。事件营销一般通过软文形式来表现，避免了其他营销方式的高额宣传费用，可以产生低投入、高回报的宣传效果。

二是多样性。事件营销可以集合新闻效应、广告效应、公共关系、形象传播、消费者关系于一体进行营销策划，多样性的事件营销已成为营销传播过程中的一把利器。

三是效果明显。企业利用时事热点来做事件营销，很容易聚集网民讨论事件，如果反响好，则会被多次转发，从而扩大营销效果。

四是新颖性。事件营销基本上都用热点事件来展开营销，而热点事件一般应是对大众来说比较新颖、反常等的事件，受到大众的关注与讨论。

3. 事件营销要点

一是对事件的敏锐性。事件营销的本质就是借助更大的“事件”帮助品牌造势。所以事件营销必须有具体的事件可供企业“借势”，而企业必须敏锐地抓住一件具有高度关注度和高传播度的“事”。

二是学会创造事件。事件营销除了打出热点牌“借势”，还可以利用如提出新概念与引领生活、借助新闻事件、企业自身公关宣传活动等方式来“创势”。企业可以自己想出一个新概念，引发群体关注和追捧，如发布新产品、新思想、新做法、新方式。实质上就是要创新，有了创新才能更好地引起广大网民的关注，才能在网络营销的圈子里立足。

三是讲究抓住时机。企业在找到一个适合的热点做事件营销时应该乘胜追击，就当时的火爆程度展开营销活动，不要等热点冷却之后再进行推广营销，那样的话，就难以再引起网民太多的注意，他们会觉得这已经是过时的东西，没有必要关注下去。

四是抓住事件的切入点。在网络营销中，事件营销普遍被企业利用，而事件营销的一大关键就是要将最为关键的信息准确地传播给公众。因此，企业在运作事件营销时必须抓准事件的切入点，并与目标消费者心理高度契合，才能发挥事件营销的效果。

4. 事件营销方式

一是俊男靓女营销。企业打出俊男靓女来进行事件营销是第一个技巧牌，毕竟现在是一个“看脸”的时代，俊男靓女出现定能引起轩然大波，特别能吸引人们的目光。在这个“刷脸”的时代，以俊男靓女作为载体来传播企业产品，无疑是一个富有创意而又“养眼”的传播途径。打出俊男靓女牌，只要不恶俗，必然是一种成功的事件营销方式。如我们当今社会的许多品牌都靠明星代言，且效果较好。

二是情感营销。女性消费者相对比较感性，情感需求丰富，很容易被富有感情的事件打动和吸引，企业在进行事件营销时，通过情感牌来打动女性消费者柔软的心。如在大学毕业季时，大学恋情、大学离别、怀念青春的话题本来就很热，这时把很具有话题性的《致我们终将逝去的青春》电影投放市场，便很快受到关注。总之，事件营销的情感牌就是用最牵动人心的事件引发人们感触，夺得眼球。

三是热点营销。事件营销也可以叫“借势营销”，是指企业及时抓住受关注的社会新闻、事件以及明星效应等，结合企业或产品在传播上达到一定高度而展开的一系到活动，简单地说，就是企业利用时事热点，围绕时事热点展开的营销活动。如当一部名为《来自星星的你》的韩剧迅速成为我国热门剧时，网络上就随之出现了剧中的“炸鸡和啤酒”热点关键词，微信上出现大量的炸鸡和啤酒的相关话题，吃炸鸡、喝啤酒成为当时的一个时髦举动，很多餐饮企业顺势推出相关套餐，就能轻松获得消费者的目光，销售相当火爆，企业得到意想不到的营销效果。

四是争议营销。事件营销具有争议性的话题很容易引起广泛传播。但争议往往又都带有一些负面的内容，企业在口碑传播时要把握好争议的尺度，最好使争议在两个正面的意见中发展，不然会让企业臭名远扬，那就得不偿失了。例如，2016 年重塑品牌定位的益达，通过广告语“嘿，你的益达。不，是你的益达。”随后配套全新的广告主题“笑出强大”，由平凡女孩故事入手，重在突出“直面成见、活出自我”的人生观，用自信的笑容去化解生活中的种种困境。广告发布后，一度引起了网友们对“笑出强大”的广告语、广告中的消费场景以及品牌属性上偏离的争议。不过通过大家的争议，也知道了益达品牌的重塑。

五是公益营销。企业在做事件营销的过程中可以打出公益牌，以关心人的生存发展、社会进步为出发点，借助公益的活动与消费者沟通，在产生公益效果的同时，使消费者对企业的产品或者服务产生偏好，并由此提高品牌的知名度和美誉度。例如，王老吉向汶川地震灾区捐款1亿，第二天网上来了一篇题为《让王老吉从中国的货架上消失！封杀它！》的帖子中说：“王老吉，你够狠！捐1个亿！为了整治这个嚣张的企业，买光超市的王老吉！上一罐买一罐！”虽然只有短短40多个字，但其中的巨大杀伤力可抵十万雄兵。王老吉捐赠1个亿的公益行为收获了社会的丰厚回馈——王老吉第二天在全国市场全线飘红，深受消费者追捧。

案例链接

褚橙的事件营销

你不一定吃过褚橙，但一定听过褚橙，这个中国互联网时代第一个农产品标志性品牌。5千克168元的褚橙并不便宜，但它仍供不应求，为什么呢？市面上的橙子让人眼花缭乱，褚时健种的橙子怎么会有这么大的影响？原因是褚橙运用了网络事件进行了成功的营销。

褚时健65岁被抓入狱，75岁出狱后承包了2 400亩荒林种果树。75岁的褚时健到81岁种出橙子被报道后，王石对这个故事做了一个非常经典的评论：“巴顿将军语‘衡量一个人成功的标志，不是看他登到顶峰的高度，而是看他跌到低谷的反弹力’！”之后，柳传志也发了一个评论，这些名人的评论使得褚时健在社交媒体中形成了一定的影响力。但这些评论还没有导致褚橙走红，关键的是当时网络上的两篇文章，一篇是《王石最钦佩的人不是巴菲特，不是比尔·盖茨，而是一个86岁的叫褚时健的老人》，还有一篇《柳传志最钦佩的人不是巴菲特，不是比尔·盖茨，而是一个86岁的叫褚时健的老人》。很多人都是因为点开了这个标题，看了里面的内容之后，觉得褚时健的故事非常感人，将一枚橙子与褚时健大起大落的人生经历深深地绑定在一起，形成了“励志橙”。当消费者购买褚橙时，不仅是因为味道有多好，更多是为一种跌到低谷时人生反弹的勇气买单。自己吃，自我激励；送朋友，借此送祝福。整个事件经过社交媒体的炒作彻底引爆网络，获得了巨大的成功。

在2015年11—12月，在分众的楼宇电视上又推出了一个落地的广告，是用褚时健的照片搭配精彩的文案：“65年跌宕人生，75岁重新出发，85岁硕果累累，褚橙，褚时健种的冰糖橙，24∶1黄金甜酸比，中国人喜欢的甜是苦尽甘来的甜，是历史的喜悦，人生总有起落，精神终可传承。”这段精炼而富有哲理的广告语让褚橙的励志属性更加深入人心。

（节选自：程镔，沈雪龙. 网络营销实用教程. 北京：中国人民大学出版社，2019.）

（三）网店营销

网店营销即网上商店营销，是指企业为自己的网上商店进行营销推广，或是利用网上商店推广自己的产品和品牌。与线下传统实体店的营销相比，网店营销具备成本低、消费者范围广、展示空间大、可跨时空营销和营销方式灵活等优点。

1. 网店营销的形式

网店是网络销售产品、宣传品牌的重要渠道，随着电子商务的普及，网上经营的形式越来越多，不断创新。网店营销的形式根据企业经营者各自的情况和需求，一般分为三种。

一是企业直销网店。它是企业的门户网站，企业通过内部信息系统和外部网站，将面向上游供应商的采购业务和面向下游代理商或终端消费者的销售业务有机地整合在一起，降低了彼此间的交易成本，提高了消费者的满意度。随着移动互联网的发展，企业纷纷利用 APP、微信小程序等建立类似的直销网店。

二是网上商场。它主要由商品目录、购物车和付费平台构成，形式上既有电脑端的网站，也有移动端的 APP 等。这类网店的投入一般比较大，既有自营的，也有提供平台服务的，比较适用于商贸流通企业，如当当网、京东、顺丰优选等；也适合经营无形产品和服务的企业，如喜马拉雅、小红书、美团等。

三是网上店铺。它是在专业的大型平台网站注册会员，借助建店模板开设的个人网店或企业网店，如慧聪网、淘宝网、天猫商城、京东商城等网上商城都支持这类网店。

2. 网店营销的方法

网店越来越多，竞争日趋激烈。如何才能在众多网店中脱颖而出呢？可以从销售额入手来解析网店成功运营的关键。销售额可以分解为网店流量、网店转化率、客单价三个指标。

$$网店销售额 = 网店流量 \times 网店转化率 \times 客单价$$

网店流量是指单位时间进入网店的消费者数，网店流量取决于营销推广；网店转化率是指购买人数和进入网店浏览人数的比值，网店转化率取决于店面营销激发的消费者购买冲动；客单价是指销售额和购买消费者人数的比值，客单价取决于网店提供的商品与消费者需求的匹配程度。对于企业门户网站和网上商城来说，域名和站外引流是营销重点，对于开设在电商平台上的网上店铺来说，站内引流和转化率则是营销重点。

（1）增加网店流量。增加网店流量就是要设法吸引消费者来访，通过宣传网店的网址或店名来吸引尽可能多的消费者访问网店，一般的方法主要有以下几种。

一是要进行网址或店名的宣传，以提升网店知名度。主要包括广告、社交电商、公共关系及线下活动的推广等形式来扩大网店的知名度。

二是建立更多营销渠道吸引消费者访问网店。增加流量可以通过建立外部链接、搜索引擎优化、组建网上连锁店、站外推广等方法建立更多的营销渠道，吸引消费者访问网店。

三是提高消费者的访问频次。消费者访问网店越频繁，网店实现销售的机会越多。提高消费者访问频次常用采用吸引消费者短期内二次访问、提供消费者高频次购买的商品等形式来实现。

（2）提高网店转化率。网店消费者在做购买决策时先要找到满足其需求的产品，然后确认该网店是否值得信赖，最后还要找个在该网店购买商品的理由。因此，要想提高网店转化率，就要做好商品展示、网店布置和网店现场推广。

在商品展示上，要引人注目，可通过商品陈列、商品图片、商品介绍、商品分类等进行视觉营销。如商品图片是诱发消费者购买冲动的最重要的因素，“一图胜千言”，高质量的商品图片对成交有决定性的影响。要让消费者第一眼就被网店首页的大图吸引住，继而产生购买欲望。纯色背景、多角度拍摄并能展示商品卖点的图片有助于消费者挑选商品。网店商品的具体介绍要突出描述商品的卖点，从给消费者利益的角度组织文字和图片，从多角度进行描述，让消费者在充分了解商品的同时而增强购买意愿。有时，某个商品的详情页就是消费者的着陆页，要图文并茂，善用视频和动态图，利用场景全方位生动地展示商品，以激发消费者的购买兴趣。

在网店布置上，要使消费者值得信赖。可以通过打造金字招牌、美化店铺形象、建立网上商誉，让消费者免除交易的后顾之忧。店名、店标和店铺公告是树立网店形象的重点。店名要朗朗上口、简单、特别、易记，最好能体现网店的经营内容，如“三只松鼠”已成为网店品牌。企业可以设计并改进店面的展示效果，力求美观生动，贴合商品或服务的网格。企业要建立网上商誉，如像淘宝网加入消费者保障计划联盟，通过签署消费者保障服务协议并缴纳保证金后，企业可通过拥有金牌卖家、正品保障、细节特写、假一赔三、第三方质检、7 天无理由退换、30 天维修、虚拟闪电发货、24 小时发货、配送安装和退货运费险等服务，为消费者提供更多保障，免除消费者的后顾之忧。

在网店现场推广上，要有感召行动，网店利用能够激发购买冲动的促销活动、与众不同地互动沟通、鼓励再次购买和转介绍，以及为店铺关联的个人空间提供增值服务等，给消费者留下不一般的印象，进而感召消费者在本网店购买商品。如通过限量版销售、节假日促销、每日特价、不定期特价、秒杀、抽奖专送、限时限量免费、免运费、满就送、搭配套餐等促销活动来吸引消费者；通过即时通信工具与消费者真诚、专业、热心地交流，树立自身形象。商品详细介绍和网店布告栏等处的网络文案要力求语言生动，具有故事性和幽默感，给消费者留下深刻的印象。通过设置 VIP 待遇留住优质消费者，在发货邮包中附赠商品清单和促销预告，提供特殊的优惠信息鼓励回访，形成回头客，免费提供可赠送亲友的令消费者无法抗拒的广告礼品。提供商品相关的信息和精美图片，塑造专业的形象，有助于消费者更信任你的店铺。

(3)提高客单价。客单价也称平均交易金额，是指网店中成交的消费者平均购买商品的金额。客单价的计算公式是：

$$客单价 = 销售额 + 成交笔数$$

提高客单价是提高网店盈利能力的重要途径，因为让一个有购买意向的消费者多买一些比吸引一个新消费者产生购买意向要容易得多。通常，网店作为一个销售渠道，要提高客单价可以通过提高商品价格、关联营销、促销活动、网店业务设计、客服主动推荐来实现。

(四)短视频营销

网络视频营销是指通过网络营销视频宣传产品或品牌以实现的营销目标。得益于信息技术的快速发展，自 4G、5G 应用以来，在线看视频越来越流畅，网络视频日渐成为网络营销的重要工具。相对于传统的电视广告营销而言，网络视频营销的个性和特点鲜明，其具有制作和传播成本低廉，传播形式、内容和平台更具互动性和灵活性，效果监测更精准，投放更有针对性，检索回放更方便，更具有兼容性等优势。网络视频营销要根据营销目的、产品特性和目标市场的要求选择不同的视频形式。目前，网络营销视频按表现形式可分为广告片、宣传片、微电影、网络直播、短视频等形式。

所谓短视频是指互联网新媒体上传播的时长5分钟以内的视频传播内容，我们又称短片视频。自优酷、土豆、酷6等PC端视频网站主导的拍客短视频模式出现起，以及在2008年汶川地震等社会突发事件发生时，短视频展现出了及时、快速地传播现场内容方面的特性及传播价值后，短视频便开始了第一阶段的发展探索；随着4G、5G和移动互联网技术的成熟，快手、秒拍、抖音等移动端短视频应用大量涌现，“冰桶挑战”等一系列短视频内容爆红，网红效应引发内容快速扩容。

随着信息技术与社会的深度融入，短视频产业链竞合趋势明显，产业环节开始长尾化、细分化。信息碎片化趋势不断加剧，短视频目前已成为内容的最佳载体，社交、资讯、电商等领域纷纷采用短视频作为内容的展现方式。短视频因其高度灵活性和易传播性成为各领域生态布局不可忽视的环节之一。目前，短视频市场正高速发展，短视频用户规模保持强劲增长势头，用户获取与留存能力可观。

1. 短视频营销的制作

如何使网络视频成功营销，视频内容符合消费者的口味是关键。在“互联网＋”的时代下，消费者对泛娱乐化的学习已成为人们茶余饭后的休闲放松的追求，适合在移动状态或短时休闲状态下观看的短视频就成了人们的首选。在信息爆炸的网络世界，如何在成千上万条短视频中脱颖而出，制作成功的短视频，一是要有创意，二是要有技巧，两者缺一不可。

(1)短视频营销的创意方法。成为消费者关注的视频，网络视频的创意不可缺少，这也是吸引消费者眼球的引爆点之一。短视频的内容既要能反映企业文化、彰显企业实力、展示产品特点或卖点，还能将文学、音乐、美术、动画等艺术元素等融汇于作品中。优秀的短视频关键就是看创意，它不是对视频素材的简单拼凑，而是制作人员对视频内容的理解、把握及构想，他们致力于挖掘那些能够吸引消费者、带来高转发率的内容，将素材融入奋斗历程、先进技术、产品测试、领导视察、荣誉资质、采访评论、参展比赛等题材，进行提炼、加工。一般以下几种方法可以助力短视频的营销创意。

一是用户燃点法。要想使更多的用户产生共鸣，就需要找到当下用户关注的热点内容。因此，研究平台上的一些热点内容，并进行创意延展，可以展现更有效的内容。除此之外，选择热门挑战，并在上传时打标签，可以让视频展示量增加。趣味娱乐、新奇炫酷、情感共鸣、美好颜值等类型的内容更受用户欢迎，而模仿热门内容的“梗”和表达方式的广告创意则效果更好。

二是场景原生法。展示产品的生活化场景，巧妙植入品牌信息，如在一款产品展示实际应用时，更有可能引起用户对该品牌的兴趣并增加购买意向。一般展示产品生活场景的广告相较于促销广告点击率更高，而以人物为生活场景展示的广告创意相较于没有人物的广告创意点击率更高。

三是第一人称法。无论是红人还是素人，引入角色都有助于建立真实感，使用第一人称更能增加连接深度，Facebook的研究表明，当人们第一次看到展示广告时，会集中关注广告的形象部分，而不是周围的内容。明星与达人出色的表演能力会带来更加有效的广告触达，而包含明星、达人的广告创意则更能有效地提升播放率，使用第一人称的表达方式更有助于提升点击率、有效播放量和平均单次播放时长的占比。

四是黄金时间法。合理把控内容的黄金时间，在较短时间内吸引用户注意力，广告长度与用户单次观看视频广告完播率之间有着显著关系，15 秒内的广告相较于 15 秒以上的广告播完率更高。更高的完播率能够帮助广告主更加深刻地传播信息，转发率和评论率也更高。一个抢眼的开头，5 秒钟就能抓住用户注意力。同时要注意广告的卖点要单一化，切忌卖点扩散。

五是智能优化法。把握短视频平台的智能化技术，优化展现效果。短视频平台通过智能个性化推荐，打破传统的互联网品牌转化路径，打破了时间序列和空间限制，让高质量的内容能精准遇见对的人，进而让志趣相投者相遇，实现高效触达和高效驱动。因此，智能短视频不仅引领着用户交流方式的升级和进化，也重新构造着品牌与用户的交流生态。使品牌变身为内容创作者，成为关系链的组成部分。通过智能技术，品牌可以精准触达到目标用户。

（2）营销短视频的摄制技巧。视频摄制是影响营销效果的一个重要因素。不同的网络视频摄制，其侧重点也各不相同。在网络视频广告的摄制上，可多采用暗示的手法，减少广告中的商业气息，增强说服力。还可以充分利用互动做一些创意，如康师傅方便面的一个视频广告，主题是吃面，画面上几个康师傅面桶随着鼠标移动，面桶就变成了小叉子，类似游戏性质，让人感觉很有趣。网络视频广告可参考电视广告，要做到主题突出、品牌明了；围绕一个中心画面；表现独特，片头即吸引消费者的注意力；画面简洁流畅、真实可信；制作系列广告，多角度重复同一主题。网络视频广告消费者往往缺乏耐心，视频时间要短，而且要创意出众。

在具体的宣传片摄制上，要表现企业实力，既要适当地渲染，又要把握尺度。要统一人员着装以及拍摄的环境风格、现场布置，全体员工要保持良好的精神风貌。

在拍摄角度上，多采用远景和全景，景深悠远，还可采用仰拍等拍摄角度，仰拍与俯拍相结合的方式，配合广角镜头的使用，使画面更具气势，体现企业综合实力。

在音效的设置上，同期声可以增加内容的真实性、可信性。

在画面的组接上，要注重节奏的把握，力求简洁精练，绝不拖沓，见好就收，将节奏把握得恰到好处。根据主题灵活运用节奏，或用节奏穿插点缀，可以给宣传片带来更多的生气。如缓慢的节奏，会带给消费者宁静、平和的感觉；急速、跳动性的镜头以及快节奏的音乐，则会对消费者形成视觉的冲击。

在后期制作中，新颖的手法和富有新意的表现方式的运用，会让消费者感到新鲜，增强宣传的效果。

特效的运用和背景音乐的烘托也会为宣传片增色不少。用三维制作、特技合成的特效贯穿全片，以利于凸显宣传片的特性。音乐贯穿宣传片始终，激昂、雄壮的交响乐会令企业显得大气磅礴、与众不同，舒缓柔美的民谣可映衬出企业的民族特色。

2. 短视频的营销推广方式

（1）短视频的广告营销。广告营销是短视频营销的主要形式。贴片等传统广告营销模式在短视频市场的效果有限，内容植入、信息流广告以及整合营销将成为短视频营销市场的主力形态，在以提升用户体验为出发点，短视频的广告营销也不断升级，广告与内容的界限更加模糊，视频广告将朝着更具温度、调动用户深层需求的方向发展，视频的短化将帮助广告主在占领用户心智和注意力上更进一步。

短视频的广告营销植入方式可分为两种：一是软性植入。它是品牌方围绕产品、品牌特性及核心营销诉求制作内容原生态的短视频，以实现广告内容原生态的广告模式。在软性植入的过程中，抖音、快手等短视频平台都致力于为广告主对接优质创作者资源并提供数据分析服务以及交易服务等。一是硬性植入。硬性植入是同样借助流量达人的影响力，以贴片、口播、道具、场景植入、原创帖等形式将品牌广告嫁接到短视频内容中，使品牌获得更多曝光机会。相比软性植入，这种方式操作简单、成本低廉；相比传统硬广告而言，这种方式对用户的短视频观看体验影响较小，能将广告价值潜移默化地向消费者进行传导。

(2)短视频的互动营销。短视频互动营销通常是品牌方与平台方联合发起的线上运营活动，是围绕某一品牌传播诉求，调动用户积极参与，并引导用户主动分享、讨论、传播，以此帮助品牌信息在全国范围内触达到目标用户，将用户对内容的积极、正面心理转移到品牌方。对于品牌方来说，短视频互动营销突破了创意难、互动难两大难题，它是将用户作为最核心的营销内容创作者，激发大量具有个性化、创意性的 UCC 内容，并通过用户深度参与实现从传播到互动。在视频互动中，用户既是创作者也是传播者，他们参与程度越深，互动的空间就越大。短视频互动营销容易借助用户的自发传播，形成爆点事件从而突破圈层，甚至成为网红，从而助力营销价值的不断拓展。

目前，短视频互动营销的玩法包括表情贴纸、配音对嘴、话题挑战等。一方面提供了多样化的激励机制和运营手段，降低了用户参与门槛，创新了互动玩法；另一方面以短视频平台为基础，融合了社会化媒体，共同打造了立体式的传播矩阵。它利用丰富的运营手段和新鲜的功能玩法吸引大量年轻、潮流用户参与，利用互动营销实现品牌诉求。

(3)短视频电商导购。短视频电商导购的核心是需要解决用户信任度和认可度的问题，可通过聚焦精准用户人群或提供重度垂直细分内容的短视频来提升更高的转化率。常见的短视频电商导购有短视频“边看边买”和自建商城模式。“边看边买”模式是以视频为主体，以短视频红人为起点，打造粉丝经济，构建共同消费观念，从而刺激商品购买。这一模式是从电视购物、视频网站“边看边买”发展而来的。而自建商城模式则以短视频为导流利器，确立电商主体，贩卖生活态度。自建商城模式的营销过程包括视频引流、价值认同、引起购买三个阶段。根据自建商城短视频营销过程，可将自建商城短视频内容分为价值内容型、售后服务型、产品展示型等三种类型。

3. 短视频营销的发布

第一，选择高流量的发布平台。一条电视广告只要投放在央视的黄金时段，很快就会全国闻名。同样，流量高的网站也是理想的发布网络营销视频的平台。腾讯视频、新浪视频、百度视频、搜狐视频、抖音、优酷网、土豆网等平台自然是网络营销视频投放的首选。特别是发布到腾讯视频的网络营销视频可以被便捷地应用于微信公众号。

第二，根据宣传内容的特点选择特定的网络平台。例如，在汽车网上发布精彩的汽车视频剪辑，一定会吸引很多眼球。

第三，多平台投放视频。网络具有长期保存且易于检索的特点，因此，多平台投放视频有助于扩大影响。如一个服装品牌的推广，可以在优酷网等平台投放时装秀等品牌发布活动的视频，也可在阿里巴巴发布经营经验介绍的视频，在土豆网投放品牌发展历史的视频，在微博发布时装发布会的花絮，在淘宝直播做潮搭攻略等，多平台、多角度、多层次开展宣传报道。

第四，吸引受众点击。可以从视频的名称、分类、配套推广活动等入手，这里也用到了搜索引擎优化的技巧。以下是一个成功的推广案例，MINI Cooper 广告。取一个吸引人的名称：“超幽默有才 MINI Cooper 经典广告”，让需要了解 MINI Cooper 的消费者主动点击，也让那些喜欢创意或是喜欢幽默的消费者不自觉地点击。归在“经典广告”一类中，它是作为经典供品鉴而不只是普通的广告等待被点击。该广告的主题是怀旧,采用幽默诙谐的解说词,给消费者上了一堂关于 MINI Cooper 的课,一开始的电铃声还有黑板上的字,一下子就抓住了消费者的心,使他们似乎一下子回到了自己的学生时代……广告颇为有趣,因此很多人把视频分享到论坛、博客和微博,让更多的人观看这则广告。

案例链接

火了!"洛川苹果大叔"在"抖音"上一年卖出 40 万斤苹果

848 个作品,28.4 万点赞,2.8 万个粉丝……这是"洛川苹果大叔"在"抖音"上的收获,也是一年卖出 40 万斤洛川苹果的"法宝"。

"洛川苹果大叔"是洛川县旧县镇洛阳村果农张永亮的网名。2019 年 10 月 12 日,第十二届中国·陕西(洛川)国际博览会开幕,张永亮也来到了现场。他说,"果博会来的人多,做直播宣传效果会更好。"

2009 年,张永亮买回了村上的第一台电脑,通过 QQ 群推广自家的苹果。一次偶然的机会,他在网上结识了 4 个客商,并帮他们收购苹果,40 多天就赚了 6 万元。这次机遇,一下子打开了张永亮的思路,他开始专心做起了苹果买卖。2012 年开始,张永亮就率先在淘宝开店,通过网络卖苹果。2018 年 12 月,张永亮又开始接触"抖音",在他发布的视频里,大多是他与妻子在苹果园劳作的状态。他说:"我几乎天天都会拍'抖音',都是日常生活,干着活、卖着货,向粉丝展示苹果的种植管理全过程,很多人其实对这些东西感兴趣,他们看到了苹果是怎么种的,就会放心购买,慢慢地,我的粉丝也越来越多,形成了稳定的客户群体。"

目前,张永亮的抖音有近 3 万粉丝,最好的一条视频点赞 11 万多个,播放量 800 多万次。2018 年,张永亮通过网络销售苹果达 40 万斤。2019 年,11 万斤早熟苹果也已经卖完。从卖家里的几千斤苹果到卖全村的苹果,张永亮"红"了。

(五)网络直播

网络直播是在互联网平台上对表演、游戏或其他日常行为活动的实时呈现,是一种在线的娱乐和服务方式。从最初的电视直播到今天的网络直播,消费者不再只是电视机前面被动接收的观众。消费者的需求决定了直播的内容,甚至他们直接自己生产内容。近年来,受中国年轻消费群体的娱乐消费方式演进及生活方式转变等因素的驱动,中国移动端文化和娱乐开支迅速增长,移动端直播的月活跃用户群由 2012 年的 560 万人起步,复合年增长率达到 99%。移动端直播市场规模由 2012 年的 10.57 亿元起步,复合年增长率达到 200.0%。

按移动端直播的主要内容划分,网络直播可大致分为游戏直播、泛娱乐直播及其他直播。泛娱乐直播平台的主播进入门槛一般较低,且要求提供较丰富的直播内容,而游戏直播则相当依赖于小部分优秀游戏主播,其他直播则需要主播具有一定的专业知识和良好的展示能力。

走红的主播们还能得到经纪公司的运作支持(MCN 整合了大量行业内优质资源,能提供从制作到传播一条龙式的完整解决方案)。

1. 网络直播要素

一是人物。网络直播关联着主播和用户。不同的主播形成差异化的传播。网络主播通常可分为名人主播和素人主播两种。名人主播具有吸引粉丝关注的号召力。品牌商可以很好地利用明星代言人做网络直播营销。如直播明星参加品牌活动的现场或日常生活场景,并在直播中自然地植入相应的品牌信息。素人主播在进行网络直播时,语言的使用和风格比较网络化,传播的内容比较生活化。他们能够从用户需求出发,传播符合用户期待的内容,直播过程突出真实度、可靠度、实用性。主播自身的高颜值妆容、发型、穿着等都能为直播加分。其次是用户。只有有效地分析用户并有针对性地设计直播,用好沟通策略,才能达到期望的效果。

二是场景。直播场景能潜移默化地影响用户的感受。直播活动的场地分为户外场地和室内场地。常见的户外直播场地有公园、商场、广场、游乐场、景区等。常见的室内场地有直播间、办公室、咖啡馆、店铺、发布会现场等,通常产品体验、产品演示、培训、见面会等在室内场地进行直播。在室内直播,无论直播间的背景是墙面还是物品,都要看上去整齐干净,物品色调要尽量保持一致,为营造直播氛围并突出宣传产品,还要组织群众演员,但也要注意场地的秩序和噪声。

三是产品。直播也是一种推销方式,因此,可以应用 FAB 法则(即属性、作用、益处的法则)进行产品介绍。在直播前要从整体产品层次分析产品,罗列产品的特性、优势并提炼出产品的卖点,为直播做好准备。产品的特性包括产品形状、规格、颜色、主要结构、成分、功能等。结合用户应用产品产生的效果,挖掘超越竞争对手的优势(如某款手机可能的优势包括超大屏、机身薄、充电五分钟通话两小时等),再从中选出直击目标消费者痛点的优势作为卖点来确定直播的主要内容。

四是创意。首先是创新直播形式来吸引流量。有个性的才艺表演、喊麦、卖萌、挑战等直播形式不断在推陈出新,吸引消费者的关注和参与。例如,“直播对战”玩法。其次是丰富直播内容,强化体验式营销。常见的是通过场景刺激加试用体验,达到引导购买、传播之效。

2. 网络直播的过程

网络直播的执行过程包括开场、过程和收尾三阶段。开场要快速导入,获得感知;过程中要互动交流,提升兴趣;收尾时要引导接受,建立联系。

常见的直播活动开场形式包括直白介绍、开场提问、引用数据、故事开场、道具呈现、谈论热点等。

网络直播过程一般是以互动形式来体现,具有现场真实的特点,主播与网友之间妙趣横生的互动方式、主播自身的属性和定位联合,造就了主播在网络空间进行传播活动的独特性。网络直播以情感连接为主,信息连接为辅,带动利益连接。常见的直播互动包括弹幕互动、参与剧情、直播红包、发起任务、打赏致谢等形式。

直播营销需要以结果为导向,通过直播达成营销目的,实现品牌宣传或销售,而直播收尾正是关键。常见的收尾方式有销售转化、引导关注、邀请报名等。

3. 直播前后的营销

直播前后的营销主要是通过直播前的引流与直播后的二次传播来实现。直播前常见的引流渠道或方法包括硬广引流、软文引流、视频引流、直播引流、问答引流、线下引流等。直播后的二次传播是通过制作高质量视频，实现直播内容的二次传播以及撰写与直播相关的软文，提升企业品牌曝光度，扩大影响。

知识拓展

直播带货的类型

除了采摘，现在直播带货也成为农产品销售的新渠道。很多农户也想自己做电商运营，但是账号没有粉丝、直播没有人观看、售后经验不足等问题都是面临的困扰。想直播卖货并不容易，不同的商品采用的带货方式各有千秋。

第一种：吆喝式直播带货

这种模式是很多人最熟悉不过的直播带货方式了。一般是一个主播在那里歇斯底里地卖力吆喝，然后旁边是气氛组在那里适时地搞气氛。这种直播间主播的话术想必很多人都能背下来了："今天不需要699，也不需要599，直接降到69，我给大家争取了一个福利3 000单，只有3 000单，我数5个数，5、4、3、2、1。上链接，家人们，亲人们，快上车……"

怎么样，这样的直播间话术太熟悉了吧，这种直播带货算是吆喝型直播带货，典型特点就是吵，让人感觉很不舒服。

第二种：平静讲解产品型直播带货

这种直播带货的方式也是近年才流行起来的，大家最深切的感受就是安静、温馨。只有主播一个人在田间或库房详细地介绍产品、产地、品质、价格等。这种安安静静的直播风格能够很快吸引粉丝，看粉丝们的留言大家就会发现，他们很喜欢这种安安静静直播的风格，很多粉丝不仅愿意当下下单，甚至很多粉丝还成了直播间的回头客。

第三种：创意型直播带货

这种直播带货也很受人喜欢，有时可能直播间也会显得很吵闹，但人家的创意直播方式，却为之增色不少。这种直播间就是将场、货、人中的任何一种或几种做到极致，从而吸引用户点进直播间了解观看。

比如一对夫妻在鲜花大棚直播，周边蝴蝶翩翩起舞，不停地在花棚内飞来飞去，让人们感觉到养花也是一种享受，能够把粉丝带入养花的意境当中。

四、园艺产品网络营销常用的推广工具

网络营销除了几种常用的营销推广方法外，还可以充分利用互联网的终端设备自带的网络工具进行网络营销的推广。依托于互联网技术的网络工具较多，常应用于网络营销的有微信营销、APP营销、搜索引擎营销、电子邮件、即时通信工具（QQ等）、BBS论坛、博客、微博等网络工具，下面主要介绍园艺产品网络营销推广的几款常用工具。

(一)微信营销

微信营销非常火爆,早已深入人心,在移动互联网营销中受关注度高,应用最广泛。微信是腾讯公司于 2011 年 1 月 21 日推出的一个为智能终端提供即时通信服务的免费应用程序。微信基本上沿着“积累用户数量—增强用户黏性—培养用户习惯—探索商业模式”的路径发展。随着移动互联网的发展,作为现阶段最活跃的即时通信工具,微信凭借其多样化的功能和强有力的社交关系链,在营销上凭借其更强的黏性和更精准的目标定位,成了企业继微博之后的又一营销利器。

1. 微信营销的特点

在微信面世之后,它极大地影响了人们的生活。随着微信的火热,微信营销应运而生。微信营销是网络创新时代的新型营销方式,凭借其独特的优势,它受到越来越多企业的关注,越来越多的企业利用微信对企业本身和产品服务进行营销。微信营销的特点主要有:

(1)低廉的营销成本。传统的营销方式如电视广告、报纸、宣传海报等耗费大量的人力、物力,而微信营销基于微信平台,微信的各项功能用户都能免费使用,使用过程中仅有流量费。相较于传统营销方式,微信营销的成本极为低廉,几乎接近免费。

(2)用户主导。微信的营销是基于用户许可的,除非主动通过扫描二维码或录入账号的方式添加企业微信平台,否则不可能收到来自这个品牌的微信消息。粉丝的质量远远高于微博的,只要发送的内容符合订阅用户的心意,就很有可能获得忠诚的消费者。

(3)精准的营销定位。在微信公众平台中,企业可以通过用户分组和地域控制,针对用户特点,通过一对一地关注和推送,将信息精准推送至目标用户。通过微信,企业建立了自己的消费者数据库,微信已成为企业有效的消费者关系管理系统。

(4)信息交流的互动性。微信的载体是智能手机,只要手边有智能手机,无论何时何地,企业都可以与消费者进行互动,进一步了解消费者的需求,进而满足消费者的需求。微博营销虽然也可以与粉丝进行互动,但其即时性远远比不上微信营销。

(5)多元化的营销模式。微信有着漂流瓶、位置签名、二维码、朋友圈、微信公众平台等多元化的营销模式,另外,微信可以支持语音、视频、文字、图片等多种类型的信息传送,可以利用微信完成和消费者的全方位交流与互动。

2. 微信营销的模式

(1)漂流瓶营销。漂流瓶是一种和陌生人简单互动的方式。通过“扔一个”,用户可以发布语音或者文字并投入大海中以便其他用户捞取;通过“捡一个”,用户则可以获取其他用户发出的信息并与之展开对话。通过漂流瓶的模式,可以提高品牌的知名度。如招商银行的“爱心漂流瓶”。微信用户只需通过“漂流瓶”捡到招商银行漂流瓶并进行简单互动,招商银行就会通过“小积分,微慈善”平台为孤独症儿童提供帮助。这项慈善活动在吸引大量参与者的同时,也提升了招商银行的形象。

(2)位置签名营销。微信用户可以改变自己的签名档内容,这对企业来说相当于是一个免费方便快捷的移动广告位。企业附近的微信用户则可以通过“查看附近的人”的功能插件发现企业的位置、用户名和签名档等内容。通过位置签名的草根广告模式,吸引周边用户。如企业将自己想让消费者知道的信息置于签名档,周围的消费者只需点击“查看附近的人”,企业信息便会强行进入消费者的眼中，此时消费者就可以与企业互动，从而完成微信订餐等活动。

(3)二维码营销。微信用户通过扫描微信中的二维码，或在其他平台上发布二维码来拓展微信好友，这现已成为企业宣传、发动营销的有力载体。企业设定自己品牌二维码并公开发布，微信用户通过扫描二维码关注企业信息，获得相应的折扣和优惠，从而打造忠实消费者群体。如大悦城“微生活会员卡”，是腾讯微信—微生活会员卡首场针对地标购物中心的大型活动。在这次活动中，微信用户只需用微信扫描朝阳大悦城专属二维码，即可免费获得朝阳大悦城微生活会员卡，消费者享有多项优惠特权。

(4)开放平台、朋友圈、微信公众平台等营销。开放平台和朋友圈是有效的社交平台，可以群发文字、图片、语音三个类别的内容，实现信息传播；微信公众平台是对开放平台和朋友圈的细分和延伸。企业可将信息精准化推送给目标人群，再借助用户的开放平台和朋友圈，通过微信的分享模式，实现企业信息的“病毒式”传播，实现微信的口碑营销。如美丽说微信平台，通过与开放平台的“对接”，用户无须离开聊天窗口即可获取美丽说的图片、价格、购买链接等信息。用户可将美丽说平台发布的内容分享到微信中，并通过开放平台、朋友圈、微信公众平台实现社会式分享，促成信息的“病毒式”传播，达到有效口碑营销的效果。

3. 微信公众号的运营营销

微信公众号设置完成后，需要进行日常运营与维护。微信公众号的运营营销核心是内容，重点是互动。其主要有以下几个方面。

(1)纯原创。微信公众号的原创内容更具备竞争力和优势。

一般微信公众号原创内容的方法有：一是文字。文字类是最基本的内容形式，和传统媒体的内容相比，微信公众号的内容要求要简单得多，字数不宜过多，控制在 1 000 字以内为宜；内容不需要过于深奥。二是访谈。针对微信公众号的定位和涉及的领域可以发布相关专家、名人，相关的企业负责人、高管，行业从业人员，用户等的访谈内容。三是图片。制作一些有意思的图片去传播。四是漫画。可以将生活中、公司、身边的一些人和事，做成漫画来传播。在传递企业文化和品牌理念时，这个方法非常有效。五是视频。视频可以是一个带点情景的小段子，可以是分享，可以是观点点评，也可以将网络上的一些视频进行汇总，还可以对网络上的一些素材进行加工。六是语音。微信公众号是可以接发语音的，也可以制作语音内容，还可以将网络电台与公众号结合。

(2)二次创作。如果实在原创不出，那么可以进行二次创作。可以在其他现有内容的基础上进行重新加工。在进行内容二次创作时，可以从以下四个方向入手。一是盘点。对某一类相关的内容进行重新加工。二是案例。无论是哪个行业还是领域中的人，对案例都是非常感兴趣的。三是数据。数据类的内容也是大众非常喜欢的。可以将这些数据重新加工整理，然后做成图表等形式来发布，效果非常好。四是 PPT。可以将一些优秀的文章或内容重新用 PPT 的形式呈现。五是采写新闻。如果微信公众号的定位涉及一些时效性的内容，那么采写新闻也是不错的内容形式。新闻类的内容是比较好组织和创作的。比较简单的做法是对网络上现成的新闻进行重新编排，用自己的话或角度重新描述出来。

(3)伪原创。伪原创是指将别人的文章，用自己的逻辑重新写一遍。具体的表现方式有以下三种：一是修改式。直接对一篇现成的文章重新编排修改后发布。二是再造式。将别人的文章，完全用自己的文字风格和逻辑重新写一遍。三是汇总式。结合若干相关文章，整理成一篇全新的文章。

(4)转载。原创的内容比较有特色和竞争力,但是却要花费一番工夫。如果条件不允许,直接转载也没关系。实际上,在现在的微信公众号中,大部分内容都是以转载为主的。转载的核心要点在三个方面:一是对用户需求的把握。其实对用户来说,是原创还是转载,并不是最重要的,最重要的是内容能不能吸引他们。二是对内容有甄别能力,掌握了用户的需求后,接下来就是围绕用户的需求去选择内容。三是对互联网上流行元素和内容有敏感度。

(5)用户投稿。鼓励用户投稿也是一种非常不错的内容产生方式。不过,此方法的前提是账户具有一定的权威性或影响力,比如,粉丝数足够多,这样用户才有投稿的动力。如果用户无法撰写优质的文章进行投稿,那么让用户提供素材,然后由微信公众号的运营者进行重新加工也可以。

(二)APP营销

APP是人们手机、移动设备里的“常驻嘉宾”,时时影响着人们的工作和生活。APP给人们生活带来乐趣、便利的同时,也在改变着企业的营销模式。APP营销是通过特制手机、社区、SNS等平台上运行的程序来开展营销活动。APP营销是整个移动营销的核心内容,是品牌与用户之间形成消费关系的重要渠道,也是连接线上线下的天然枢纽。对于用户来说,APP安装方便,使用简单。而对于企业来说,APP营销可以结合图片、文字、音频、视频等方式生动展示品牌和产品信息。

1. APP营销的特点

(1)投入小。移动互联网时代的APP营销模式费用相对于电视、报纸等传统媒体,甚至是现代网络都要低很多。只要开发一个适合于企业自身特点的APP就可以应用了,可能还会有少量的推广费用。这种营销模式和营销效果是电视、报纸等传统媒体所不能代替的。

(2)持续久。用户将APP下载到手机成为消费者端或在SNS网站上查看,觉得效果好的话,那么持续性使用就会成为必然。有了APP的竞争优势,无疑增加了产品和业务的营销能力。

(3)精准营销。APP营销借助先进的数据库技术、网络通信技术及现代物流等手段,保障和消费者的长期个性化沟通,通过可量化的精确市场定位技术突破传统营销定位只能定性的局限,实现营销的可度量、可调控等精准要求。APP营销保持了企业和消费者间的密切沟通,从而不断满足消费者个性需求,建立稳定的忠实消费者群,实现消费者链式反应增值,从而达到企业的长期稳定高速的发展。每一款手机或多或少都有一些移动应用。用户通过应用程序的精准对接,让手机成为一个生活、学习、工作上的好帮手。

(4)信息展示全面。移动应用能够全面地展现产品的信息,让用户在没有购买产品之前就已经感受到了产品的魅力,能够刺激用户的购买欲望,降低用户对产品的抵抗情绪。同时移动应用还可以提高企业的品牌形象,让用户了解品牌,扩大品牌影响力。良好的品牌实力是企业的无形资产,能为企业形成强有力的竞争优势。

(5)服务方便快捷。用户通过移动应用对产品信息有了全面的了解,可以及时地在移动应用上下单或者是链接移动网站进行下单。用户通过手机和网络与企业之间开展交流和反馈,用户的喜好、格调和品位等信息传递到企业,这对产品大小、样式设计、定价、推广方式、服务安排等,均有重要意义。

2. APP 的营销模式

随着使用 APP 的人数呈爆发式增长，企业自己的 APP 便应运而生。企业一般主要通过安装平台、手机绑定、微博、免费发放、刷榜、视频、资源置换等方法来推广 APP。待 APP 推广成功后，企业就可以运用自己的 APP 模式推广相关的产品。

一是广告营销模式。广告营销模式是最基本的 APP 营销模式，广告主通过动态广告栏链接植入动态广告，当用户点击时就会自动链接到指定的界面，可以了解广告详情或者参与活动。这种模式操作简单，适用范围广，只要将广告投放到热门的、与自己产品消费者相关的应用上就能达到良好的传播效果。

二是 APP 植入广告模式。APP 植入广告模式是指企业通过在 APP 中以动态广告栏的形式来植入广告，当用户点击广告栏时，进入预设的效果，达到宣传企业产品或者参与企业营销活动目的。

三是用户营销模式。用户营销模式的 APP 类型分为网站移植类和品牌应用类。企业把符合自己定位的 APP 发布到应用商店内，供智能手机用户下载。用户营销模式具有很强的体验价值，能够让用户了解产品，增强产品信任度，提升品牌美誉度。用户营销模式的重点是培养忠诚消费者，忠诚消费者是经常重复性购买系列产品的。

四是内容营销模式。内容营销模式主要是通过优质的内容，吸引精准消费者和潜在消费者，从而实现营销的目的。内容营销模式对于一般品牌来说难度较大，加之企业社会化媒体 ID 为了保持活跃度，对日常内容的流量要求较多，因此更需要创意来整合内容，使常规内容尽可能有趣、有关、有价值。例如，支付宝的“十年账单日记”。

五是购物网站模式。购物网站模式是指企业开发自己产品的 APP，然后将其投放到各大应用商店以及网站上，供用户免费下载。该模式基本上是将互联网上的购物网站移植到手机上，用户可以浏览网站获取所需的商品信息和促销信息，进行下单。

项目小结

本项目包括两方面的内容：一是认识园艺产品网络营销，介绍了园艺产品网络营销的概念、特点，园艺产品网络营销的功能及内容；二是园艺产品网络营销推广，介绍了园艺产品网络营销推广的媒介，园艺产品网络营销推广原则，园艺产品的软文营销、事件营销、网店营销、短视频营销、网络直播等网络营销推广的方法；园艺产品网络微信营销、APP 营销等常用网络营销推广工具。

项目实训

实训项目 1：园艺产品的网络短视频营销

实训目标：能够制作短视频，开展园艺产品网络营销。

实训要求：以 3～5 人的小组为单位，选择熟悉的某一家庭农场或农民专业合作社、园艺实体产品经营店，进行园艺产品的网络短视频营销。最后形成一个 5 分钟以内的营销短视频。

实训项目2:园艺产品软文营销

实训目标:能够撰写软文,开展园艺产品网络营销。

实训要求:以3～5人小组为单位,选择熟悉的某一家庭农场或农民专业合作社、园艺实体产品经营店,撰写软文对其开展园艺产品的软文网络营销。

习题测试

一、基本概念

园艺产品网络营销　软文营销　事件营销　短视频营销　网店营销　直播营销　微信营销

二、单选题

1. 网络营销依托论坛、阿里旺旺、微信等网络客服软件工具,通过网站在线提交表单、留言、QQ、E-mail的双向交流,消费者便可以在产生对某种产品需求欲望时就能够有针对性地了解产品和服务信息特点体现了网络营销的(　　)。

A. 传播超时域性　　B. 交互便捷性　　C. 超前性　　D. 技术性

2.(　　)是一种旨在改善企业与消费者之间关系的新型管理模式,是网络营销取得成效的必要条件,是企业重要的战略资源。

A. 消费者关系管理功能　　B. 信息搜索功能

C. 商情调查功能　　D. 特色服务功能

3. 一般企业开展网上市场调研活动有(　　)种方式。

A. 2　　B. 3　　C. 4　　D. 5

4.(　　)是指以Web2.0技术为支持,允许用户创造、分享与传播信息的实时互动的网络应用平台。

A. 媒体　　B. 社会化媒体　　C. 自媒体　　D. 新媒体

5. 利用互联网即时聊天工具进行推广宣传的营销方式,称为(　　)。

A. SEM　　B. SEO　　C. 即时通信营销　　D. BBS

6. 网络消费者在进行网上购物时,最终的结果是要完成并提交(　　)。

A. 单证　　B. 订单　　C. 商品信息　　D. 反馈意见

7. 常见的APP营销模式主要有(　　)。

A. 植入广告模式　　B. 二维码营销模式

C. 小程序营销模式　　D. 网上商城营销模式

8. 王老吉利用网友的爱国、好奇及追捧等心理,在向汶川捐款1亿元后,在网络平台利用正话反说,激发了网友的舆论热情,使王老吉"一夜成名",这是网络推广中(　　)的应用。

A. 事件营销　　B. 网店营销　　C. 微信营销　　D. 搜索引擎营销

9. APP营销主要利用(　　)为传播平台,直接向目标消费者定向和精准地传递个性化即时信息。

A. 电脑　　B. 手机　　C. 微博　　D. 互联网

10. 关于微信公众号运营方法,比较合理的是(　　)。

A. 确定传播目标　　B. 按一定的周期发送

C. 熟悉平台的审核制度　　D. 对微信小程序进行分析

11. 网络软文的点击量取决于(　　)。

A. 图文并茂　　B. 文题相符　　C. 吸引人的标题　　D. 文章生动有趣

12. 以下哪些营销方式是免费的？(　　)

A. 搜索引擎广告　　B. 搜索引擎优化　　C. 付费收录　　D. 友情链接

13. 目前短视频互动营销的玩法包括表情贴纸、配音对嘴、(　　)等。

A. 话题挑战　　B. “边看边买”　　C. 自建商城　　D. 软性植入

14. 很多真正表现出色的广告往往(　　)。

A. 关键信息展示过晚　　B. 场景过于拖沓

C. 卖点扩散　　D. 能在 5～7 秒就抓住了用户眼球

15. 网络营销广告效果的最直接评价标准是(　　)。

A. 曝光量　　B. 点击量

C. 画面简洁流畅、真实可信　　D. 播出转化率

16. 网络直播中的(　　)平台的主播进入门槛一般较低，能提供较丰富的直播内容即可。

A. 游戏直播　　B. 明星直播　　C. 泛娱乐直播　　D. 其他直播

三、复习思考题

1. 简述园艺产品网络营销的功能。
2. 简述园艺产品网络营销的内容。
3. 简述事件营销的要点。
4. 简述园艺产品网店营销的方法。
5. 简述短视频营销的创意方法。
6. 简述微信营销的模式。
7. 简述 APP 营销模式。

参考文献

[1] 杨春玲，师求恩. 新零售环境下物流发展动因、模式及升级路径[J]. 商业经济研究，2021(15)：96-99.

[2] 田象松. 拼多多“病毒”营销模式的策略优化[D]. 延边朝鲜族自治州：延边大学，2021.

[3] 古思佳，李红艳. “农业互联网”背景下生鲜电商发展 SWOT 分析及对策[J]. 热带农业工程，2021，45(03)：11-14.

[4] 宋瑜. 生鲜电商发展思考[J]. 合作经济与科技，2020(19)：98-99.

[5] 刘冬辉. 简述市场营销理念创新的精准营销研究[J]. 中外企业家，2019(18)：117.

[6] 唐英，冯博博. 短视频广告的传播特征及监管路径[J]. 当代传播，2019(5)：92-93，105.

[7] 徐睿涵. 自媒体公信力建构研究——以微博平台为例[J]. 科技传播，2018，10(2)：87-88+112.

[8] 陈祖元. 研究特色农产品包装策略[J]. 时代农机，2018，45(3)：177.

[9] 肖月明. 竖屏视频广告变现之路困境——结合抖音商业化之路探讨[J]. 传媒论坛，2018，1(14)：68-69.

[10] 王国盛. 浅谈企业品牌形象的塑造[J]. 经济师，2018(6)：246-247.

[11] 陈桢铭. 企业微信营销策略研究[J]. 大众投资指南，2018(11)：82-83.

[12] 劳颖宜. 论社区生鲜超市外延服务功能内容及模式探究[J]. 经贸实践，2018(22)：200.

[13] 王小芬. 从“快手”看短视频行业的机遇与挑战[J]. 传媒，2018(22)：43-45.

[14] 浦秋霞. 从“观看”到“参与”：网络直播的场景建构[J]. 新媒体研究，20184(18)：6-8.

[15] 宋志敏. “互联网农业”背景下河南省新型农业经营主体培育研究[J]. 河南农业，2018(3)：4-7.

[16] 宋志艳，张海成. “互联网共享经济”时代新零售发展路径探讨[J]. 商业经济研究，2018(22)：26-28.

[17] 周绪元，张永涛，付成高，等. 黄瓜采后商品化处理与冷链配送技术[J]. 长江蔬菜，2017(19)：41-43.

[18] 杨琨，杨伟. “网络直播＋”：移动互联网影响下的品牌营销新模式[J]. 出版广角，2017(10)：65-67.

[19] 黄婷婷. 营销 3.0 时代下 APP 营销模式的研究[J]. 企业导报，2016(6)：104.

[20] 李楠，关佳. 行使消费者反悔权的适用障碍与对策[J]. 中国国际财经：中英文版，2016(23)：69-72.

[21] 冯海芳. 蔬菜配送进社区的可行性探讨[J]. 现代营销(下旬刊)，2016(4)：158.

[22] 李焰，陈治诚. 浅谈存货管理方法[J]. 四川劳动保障，2016(S2)：111-112.

[23] 王维,刘东琴,王佩.果品分级检测技术的研究现状及发展[J].包装与食品机械,2016,34(6):55-58.
[24] 周晓月.差异化精准营销体系的探讨[J].现代营销:学苑版,2016(8):69.
[25] 刘莹.新产品引入期的企业营销问题及对策研究[J].河南科技,2015(23):239-240.
[26] 于英慧.微信营销推广策略研究[J].商,2015(40):211.
[27] 田媛.浅议包装设计构成元素[J].美术教育研究,2015(12):62.
[28] 毕秀芳.浅析产品定位在企业营销中的作用[J].现代商业,2015(12):32-33.
[29] 边长山.农产品市场营销特点[J].北京农业,2015(30):172-173.
[30] 谭亚平.农产品包装设计的朴实感研究[D].成都:西南交通大学,2015.
[31] 徐可塑.基于电子商务的移动 APP 营销策略效果评价研究[D].西安:西安石油大学,2015.
[32] 曹丹.关于企业产品定价问题的探讨及价格策略[J].决策与信息,2015,7(17):21,23.
[33] 哈金芳.微信用于营销时面临的问题及对策浅探[J].企业导报,2014(20):59,58.
[34] 李鹏,黄琼.浅析微信病毒性营销在企业网络营销中的应用[J].考试周刊,2014(13):195-196.
[35] 李松岐.企业目标市场选择问题探讨[J].商场现代化,2014(28):141-142.
[36] 林云.企业产品价格策略的初步探讨[J].中国市场,2014(34):20-21.
[37] 杨梦瑶.品牌赢天下口碑助宣传——如何做好文具口碑营销[J].文体用品与科技,2014(11):24-27.
[38] 李微.价格促销频率对不同生命周期阶段下产品品牌资产影响的实证研究[D].重庆:重庆工商大学,2014.
[39] 李颖.基于消费心理的营销策略分析[J].商,2014(24):16.
[40] 李江华.新鲜蔬菜和水果的标准知识[J].中国标准导报,2013(3):9-11.
[41] 韩宁.市场营销精细化管理探析[J].科技信息,2013(8):95,97.
[42] 郭有为.市场调查方法的选择与应用[J].企业改革与管理,2013(3):57-58.
[43] 汪田.社交网络在企业营销中的应用[D].昆明:云南大学,2013.
[44] 杨自强.浅议快消品行业新产品营销策略[J].市场周刊(理论研究),2013(7):38-39.
[45] 赵萍.立足国内市场夯实品牌基础——中国品牌发展现状与品牌国际化[J].中国经贸,2013(11):6-7.
[46] 李春光.产品导入期的营销策略[J].企业改革与管理,2013(4):72-73.
[47] 张建凤.移动互联网 APP 营销三模式[J].现代营销(学苑版),2012(9):292-293.
[48] 赵玉梅.试论网络营销新特点[J].现代营销(学苑版),2012(2):55.
[49] 甘文斌,李健.浅论营销过程中的市场细分[J].现代营销(学苑版),2012(9):65.
[50] 张文莲.农产品网络营销模式构建[J].合作经济与科技,2012(20):73-74.
[51] 王玫.卖西瓜的"百变金刚"[J].农家科技,2012(4):29.
[52] 赵鲁越.在通货膨胀的情况下如何抓住消费者的购买心理[J].中国市场,2011(48):41,43.
[53] 申鹏飞.现代包装六要素——企业产品包装新要求[J].中国包装,2011,31(4):50.
[54] 耿朋飞.我国农产品网络营销的策略及模式研究[D].武汉:武汉工业学院,2011.

[55] 孙冠中.谈种业营销中的促销策略[J].种子科技,2011,29(5):9-10.
[56] 刘克果.如何设计统计调查方案[J].才智,2011(27):340.
[57] 梁娜,刘军.浅析市场细分与目标市场选择[J].商丘职业技术学院学报,2011,10(4):51-52.
[58] 杨云霞.浅析市场细分对企业发展的影响[J].商场现代化,2011(9):48.
[59] 张霞.浅谈企业的存货管理制[J].职业技术,2011(6):148.
[60] 武铮铮.基于消费者购买行为变化的市场机会分析[J].中国商贸,2011(36):248-249.
[61] 高峰.基于体验营销的营销说服效果研究[D].乌鲁木齐:新疆财经大学,2011.
[62] 陈嘉庚.基于品牌管理的市场营销策略探析[J].中国商贸,2011.
[63] 尚亮.个性化营销的十大关注点[J].企业改革与管理,2011.
[64] 徐颖.直邮在我国媒体市场的发展探析[D].北京:北京邮电大学,2010.
[65] 黄磊.我国农产品包装发展路径探析[J].广东农业科学,2010,37(8):365-367.
[66] 邱立波.如何借助事件营销提升企业品牌形象[J].新闻界,2010(1):176-177.
[67] 王雷.浅谈市场对包装设计流程的要求[J].才智,2010(32):158.
[68] 李紫敬.企业发展与环境关系的研究——以江西宏达科技发展有限公司为例[D].南昌:南昌大学,2010.
[69] 王娇.企业定价方法与策略[J].国际商务财会,2010(3):86-88.
[70] 陈海珍.农村超市消费者心理与行为影响因素研究[D].大连:大连理工大学,2010.
[71] 常岩利.马太效应让品牌快长[J].科技与企业,2010(6):38-39.
[72] 欧阳敏.绿色包装的可持续应用[J].今日科苑,2010(8):73.
[73] 蔡利勤.论以传统包装设计为基础的绿色包装设计[J].科技信息,2010(19):378,418.
[74] 范春克.客户满意与客户忠诚的关系研究——以乌苏啤酒为例[D].西安:西北大学,2010.
[75] 家勇.对现代品牌管理的思考[J].中国质量技术监督,2010(5):66-67.
[76] 涂维亮.中小企业市场营销的路径选择及策略[J].中国集体经济,2009(10):70-71.
[77] 汲剑磊.品牌命名的五项准则[J].现代营销(经营版),2009(8):22.
[78] 汲剑磊,王征兵.品牌创立的五大基本要素[J].现代营销(经营版),2009(11):42-43.
[79] 王素雅.农产品短期价格分析及预测方法选择——以北京新发地批发市场苹果为例[D].北京:中国农业科学院,2009.
[80] 涂进荣.略论增加销售量和销售利润的科学定价[J].现代商业,2009(29):10-11.
[81] 王兆新.包装的设计要素[J].上海包装,2009(12):24-25.
[82] 傅钢.包装的功能性与设计原则之探讨[J].包装学报,2009,1(1):65-69.
[83] 周修亭.运用包装提升农产品品牌形象的有效策略[J].蔬菜,2008(2):36-39.
[84] 刘学.我国城市蔬菜配送模式及网络规划问题研究[D].大连:大连海事大学,2008.
[85] 丰小强.蔬菜市场营销渠道策略[J].四川农场,2008(11):1-4.
[86] 孙青峰.浅谈商品包装中的市场化设计因素[J].商场现代化,2008(24):40-41.
[87] 李长安.农民为何得不到农产品涨价的实惠[J].党政干部文摘,2008(6):13.
[88] 杨继福.论蓝海战略对企业营销创新的启示——基于创新管理与营销管理的交叉分析[J].消费导刊,2008(14):105,107.

[89] 尹智.快速消费品营销中的包装策略[J].淮南职业技术学院学报,2008(1):92-94.
[90] 苏华.具有销售竞争力的N种定价艺术[J].现代营销(经营版),2008(8):26-27.
[91] 张晶成.基于改进蚁群算法的蔬菜物流配送车辆优化调度研究[D].长沙:长沙理工大学,2008.
[92] 罗勇.基于差异化营销提升产品价格优势的研究——以北京动力源DUM系列通信电源产品为例[D].南宁:广西大学,2008.
[93] 刘文海.撰写调研报告的几点体会[J].秘书工作,2009(10):17-18.
[94] 王慧彦.怎样设计产品的包装[J].中国市场,2007(41):110-111.
[95] 窦宇海.消费心理对营销管理影响分析[J].合作经济与科技,2007(11):19-20.
[96] 孟雷.谈跟随营销与创造营销[J].企业活力,2007(8):34-35.
[97] 胡巧华.市场的构成要素新探[J].现代商业,2007(13):165,164.
[98] 田晖.浅析企业的市场定位策略[J].内江科技,2007(7):33.
[99] 郭淑香.企业营销中如何搞好市场定位[J].科技咨询导报,2007(13):66.
[100] 阮捷.品牌心理效应与个性化营销策略探析[J].市场周刊(新物流),2007(12):58-59.
[101] 黄庆.品牌传播的媒介和渠道研究[D].南宁:广西大学,2007.
[102] 卢昂.农产品包装优化策略探究[J].农业考古,2007(6):321-323.
[103] 高延萍.卖水果的金点子[J].今日财富:财智领袖,2007(11):46.
[104] 余圎.论小型网站网络营销的实施策略[J].消费导刊,2007(6):223-224.
[105] 胥勤利、孙华伟.基于消费者与企业互动关系看品牌建设[J].江苏商论,2007(8):40-41.
[106] 马丹.基于企业生命周期的渠道动态设计与管理研究[D].吉林:吉林大学,2007.
[107] 郭军明.电子商务活动的诸环节[J].商场现代化,2007(16):85-86.
[108] 高延萍.做销售要动脑子、想点子关键还要——将新点子变成金点子[J].中国商贸,2006(5):11.
[109] 田洁,王继平.渠道冲突的动因分析与对策研究[J].前沿,2006(3):46-47.
[110] 马建军.情感营销不可或缺的现代思维[J].经济管理,2006(21):62-65.
[111] 朱亚多.浅谈产品的市场定位策略[J].科技信息(学术研究),2006(9):208-209.
[112] 彭婷.企业如何做市场调查[J].经济师,2006(1):197.
[113] 崔鸽.农产品人员推销的策略及技巧[J].安徽农业科学,2006(19):5099-5100,5102.
[114] 刘刚.敏感性问题调查方法的选择与分析[J].江苏商论,2006(5):86-87.
[115] 叶敏.买方市场下的非价格竞争策略[J].企业经济,2006(9):74-76.
[116] 刘海亮.论网络营销和传统营销的关系[J].市场研究,2006(10):47-48.
[117] 邢艳梅.关于市场定位策略的思考[J].天津职业院校联合学报,2006(6):159-161.
[118] 陈兆春.供应链环境下连锁门店选址与配送中心选择联合决策研究[D].沈阳:东北大学,2006.
[119] 杨晓.对农村市场营销的战略性思考[J].商场现代化,2006(20):98-99.
[120] 党建德."决胜终端"营销策略浅析[J].商场现代化,2006(32):108-109.
[121] 郑锐洪,王崇惠.寻找渠道激励的"均衡点"[J].企业活力,2005(8):20-21.
[122] 胡金盛.心理定价策略技巧[J].投资与营销,2005(6):13-14.
[123] 金国斌.物流链中的运输包装优化问题[J].包装工程,2005(3):93-95.

[124] 肖勇.浅析市场细分的四种实用方法[J].商场现代化,2005(28):21.
[125] 范利萍.企业营销环境与市场机会的研究[D].济南:山东大学,2005.
[126] 陈英.品牌的塑造、维护与更新[J].企业改革与管理,2005(6):20-21.
[127] 牛荣,李嘉晓,焦红良.论我国企业绿色营销[J].陕西农业科学,2005(2):107-110.
[128] 王丽萍.市场营销危机管理研究[D].南京:南京理工大学,2004.
[129] 丽娜,范鹏飞.试论市场定位[J].市场周刊(财经论坛),2003(1):32-33,31.
[130] 骆桂江.绿色食品与农产品标准化生产[J].沿海环境,2003(9):38-40.
[131] 林素娟.价格调整的技巧[J].广西市场与价格,2003(8):19-23.
[132] 高慧颖.分销渠道中的物流网络优化与分销商选择研究[D].上海:上海海事大学,2003.
[133] 兰玲.电视片成功的三大要素[J].当代传播,2003(2):94-95.
[134] 孙敬水.企业如何成功地开展网络营销[J].江苏商论,2002(7):51-53.
[135] 肖勇.企业市场细分运作方法[J].管理科学文摘,2001(9):54.
[136] 邱颖.顺应消费发展趋势创新新商品包装[J].商业研究,2000(1):4.
[137] 吴凡.潜在市场开发妙招[J].市场观察,2000(11):42-43.
[138] 赵弘.企业如何制定和实施目标市场战略[J].经济师,2000(8):207-209.